すべての災厄をはねのける

スピリチュアル・パワーブック

江原啓之

Hiroyuki Ehara

中央公論新社

目次

第1章　つらい思いをかかえたあなたへ ——— 7

聖なる人　8
祈り　12
カルチェリの庵　14
アッシジ　18
信仰　20
ルルドの聖母　24
奇跡　28
天使　30
ファティマ　32
希望　34
ピオ神父　36

守護　40

モンテ・サンタンジェロ　42

太陽の賛歌　46

フェアリー　50

第2章　あなたを導く金言集

本当の幸せとは何でしょう　57

運命の築き方　59

日々自分の欠点を見つめる　61

1　孤独を感じるあなた　68

2　結婚が決まらないあなた　70

3　イライラして子どもにあたってしまうあなた　72

4　お受験失敗に悩むあなた　74

5　夫がリストラされたあなた　76

6　夫の浮気が許せないあなた　78

7　離婚に直面しているあなた　80

8　子どもがニート・ひきこもりになったあなた　82

9　空(から)の巣症候群のあなた　84

10　義父母との関係がうまくいかないあなた　86

11　更年期がつらいあなた　88

12　ご近所トラブルをかかえるあなた　90

13　認知症の親をもつあなた　92

14　介護に疲れてしまったあなた　94

15　重い病気に見舞われたあなた　96

16　大切な人を喪ったあなた　98

第3章　運命逆転法　103

理解の逆転を図る　104

自分のオーラを強化する 106
他人のせいにしない 110
口癖には人格が表れる 113
笑顔は笑顔を呼ぶ 117
落ち込んでいるときほど〝おしゃれ〟を 119
ネガティブな気を遠ざける 121
バイオリズムにフェイントをかける 123
心のチューナーを合わせる 125
愛にも充電を 127

巻末特別付録説明 130

すべての災厄をはねのける
スピリチュアル・パワーブック

第1章 つらい思いをかかえたあなたへ

実は人は
誰もが聖なる存在なのです。
祝福されていない人など、
誰ひとりとしていません。

聖なる人

実は人は誰もが聖なる存在なのです。
祝福されていない人など、誰ひとりとしていません。
あなたは聖なる人として生きていますか?
もし、あなたが「NO」と答えたなら、それはあなたに問題があるのです。
それは、あなたが自分自身の意思によって、聖なる存在という立場を捨てているということなのです。
そしてもし、あなたの生きる環境で、荒(すさ)んでいることがあれば、それはあなたが導いたのです。

波長の法則＝類は友を呼ぶといいます。
自分自身の環境を作るのは、自分しだいということです。
あなたを聖人とするのも、罪人(ざいにん)とするのも、あなたしだいなのです。
あなたは天国の心で生きていたいですか?
もし、天国の心で生きることをのぞみであれば、簡単なことです。
あなたが聖なる存在として生きていれば良いだけなのです。
あなたは聖なる人としての、想い、言葉、行動をしていますか?
天国を作るのはあなたしだい。

第1章　つらい思いをかかえたあなたへ

もし、日々の暮らしの中で、聖なる気持ちを失ったら、この写真を見てください。
そして、あなたの本来の姿に戻ってきてください。天国の心に。
すると、あなたの周りが天国となり、みんな幸せになるでしょう。

祈り

祈りを大切にしましょう。
祈りにはいのちが宿り、力を持つからです。
だからこそ、大切に祈りましょう。
清らかな心で祈りましょう。
美しい心で祈りましょう。
愛と優しさに満ちた祈りは、人を美しくさせます。
そしていつの間にか、祈りはその人の人生を美しく照らします。

カルチェリの庵

ここは聖地アッシジに近い山の奥深く。
聖フランチェスコがたくさんのインスピレーションを受けたところです。
そして私もたくさんのインスピレーションを得ました。
また、私はここを訪れ、強い感動も得ました。
「ここは天国に一番近い場所だ」と。
人はよくリゾートのようなところを「天国に近い場所」とイメージしますが、張りつめた霊気と静寂の極みこそ、たましいの故郷——天国です。
私はときどき思うのですが、現代人は静寂を嫌うように思えてなりません。
けれども考えてみてください。もし毎日が、エキサイティングな楽しい時間だけだったら……。
おそらく人は自らを見つめず、成長もしないことでしょう。
人生にはときに躓（つまず）くことがあります。
つらく苦しいこともあります。
しかし、そのとき天から大切なギフトを与えられるのです。それが……静寂です。

「自分はどうして躓いたのだろう」など、楽しいときには求めない内観をします。
「孤独は人を賢者にする」という言葉があります。それは正に静寂を意味するのです。
けれども、私たちは躓くこと以外でも静寂を得る必要があります。
内観＝自らを見つめることは、自己の成長となります。
また、静寂のときにこそ、インスピレーションを得るものです。
そして、それはあなたにとって必要なメッセージと導きが与えられます。
あなたは「自分にはインスピレーションなどないから」と投げやりになっていませんか？
それは違います。ただあなたが聴こうとしないだけなのです。
もし、あなたが人生に迷い、答えを見出したいと願うなら、ひとり静寂の時間を持ち、この写真に心を向けてみてください。そして、素直な清らかな心で内観してみてください。
あなたの内観（まこと）が真ならば、きっとインスピレーションにて導きが与えられるでしょう。

そして、私も尊敬するマザー・テレサは、心の静寂を得るために心構えを伝えています。

☆他人の過ちや、罪深いすべてのものに目を閉じ、神の美徳をさがす（目の沈黙）

☆ゴシップや告げ口、無慈悲な言葉などの声に耳をふさぎ、神の声や貧しい人の叫びに耳を傾ける（耳の沈黙）

☆暗さや動揺、苦しみを引き起こすべての言葉をつつしみ、私たちを啓発し、鼓舞し、平安や希望や喜びをもたらす神の真理の言葉、イエスの言葉を口にする（舌の沈黙）

☆嘘や混乱、破壊的な考え、軽率な評価、他人への誤った疑い、復讐心、さまざまな欲望などに精神を閉ざし、祈りと黙想において神の真理と知識に精神を開く（精神の沈黙）

☆すべての自分本位の考え、憎しみ、うらみ、ねたみ、欲ばりを避け、私たちの心、たましい、精神、力において神を愛し、神が愛するように人を愛する（心の沈黙）

情報過多でかえって心は混乱ばかりとなりやすい時代、静寂に向かってみませんか？

アッシジ「聖フランチェスコの祈り」

わたしをあなたの平和の道具として
お使いください

憎しみのあるところに愛を
争いのあるところにゆるしを
分裂のあるところに一致を
疑いのあるところに信仰を
誤りのあるところに真理を
絶望のあるところに希望を
闇に光を
悲しみのあるところによろこびを
もたらすものとしてください

慰められるよりは慰めることを
理解されるよりは理解することを
愛されるよりは愛することを
わたしが求めますように
わたしたちは与えるから受け
ゆるすからゆるされ
自分を捨てて死に
永遠の生命をいただくのですから

信仰とは、宗教ではありません。
「目に見えないものへの敬い」です。

信仰

ここはフランスのルルドという聖地です。聖地に集う期間には、毎晩1万人ほどの人が祈りの行進をします。このキャンドルの灯りのひとつひとつに人生と祈りがあります。

信仰は大切です。

信仰とは、宗教ではありません。

「目に見えないものへの敬い」です。

私たちは目に見えることばかりに心を奪われがちになりますが、ほんとうは「目に見えないものへの敬い」こそ大切なのです。

「心」も目に見えないものです。

物質よりも心を大切にして生きていってこそ、豊かな人生といえるのではないでしょうか。

もちろん現世は物質界。物質がなければ生きていけません。けれども、私たちが生きている中心は「心」のはずです。ですから主従関係を誤ってはいけないのです。ここしばらくの現世は「物質」を主としてしまったように思えます。そのため、心よりも、機能性や経済効率そして利便性を優先してしまったように思えます。物質的な豊かさを優先してしまいました。そして心が置き去りにな

った……。成果主義で人を判断したりすることにより、生きることに疲れる人もたくさんいます。

私たちは本当に幸せでしょうか？

自然破壊なども、私たち人間の傲慢さではないでしょうか？

この地球は人間のものではありません。すべては借り物です。

科学の時代といっても、科学は万能ではありません。災害ひとつも防げないのです。人類の夢の実現のロケットさえ、宇宙ゴミとなっては、地上のどこに落ちるかわからないほど幼稚な状況なのです。

私たちは心が生きているのです。ですから、主従関係をしっかりと理解しなければいけません。「心」が豊かに生きることのための「物質」でなければならないはずです。

ルルドは奇跡の泉が有名です。

そのため世界から、病にある方々が癒しを求めてやってきます。

病はつらいものです。けれども彼らこそ、人生において一番大切なことは何かを知っているのかもしれません。

本当の幸せな生き方が見えなくなったとき、この写真から答えを見つけ出してください。

人間らしく、心を重んじて生きたいと願うとき、
そして、病にあるとき、苦難に生きるとき、
この聖母と対話してみてください。
あなたのもとに気づきや奇跡が訪れることでしょう。

ルルドの聖母

マリア像があるこの岩屋の場所に聖母マリアが降臨されました。
そしてベルナデットという、家も貧しく、病弱な娘、けれども心清く信仰深いこの娘のもとに、聖母マリアは大切なメッセージを届けました。
そして「この泉を飲み、清まりなさい」と告げたのでした。
私はその言葉のほんとうの意味に気づきました。それは物質的な水を飲むということばかりではなく、その真意は、「ほんとうの生き方を受け入れ、目に見えないものを敬い、悔い改め生きなさい」というメッセージであったのだと理解しました。

聖母マリアをはじめとして、天界からのメッセージは、確かに届いています。
ファティマでもルルドでも聖地にて起きたことは事実です。
そして聖地には、今も大いなる力が働いています。

人間らしく、心を重んじて生きたいと願うとき、そして、病にあるとき、苦難に生きるとき、この聖母と対話してみてください。
あなたのもとに気づきや奇跡が訪れることでしょう。

奇跡

私の手に落ちる雫、これはルルドの泉の岩屋から落ちる雫です。
この泉は、奇跡が起きることで有名です。
聖母マリアが出現されたとき、泉が湧き出ました。
この泉に沐浴させたことで、「不治の病」にある人が完治したという奇跡が起き、有名になりました。その後も、同様の奇跡は続きました。
しかし、ここを訪れる病にあるすべての人に奇跡が起きているわけではありません。

ではなぜ、奇跡が起きる人と起きない人がいるのでしょうか？

私が分析するには、聖母出現の当時は、奇跡を現すことによって、民衆に聖母の出現を事実として受け止めさせ、目に見えないものへの敬いと信仰の大切さに気づかせるための、天の演出であったのだと思います。

ルルド以外でも、たとえ聖地でなく、あなたの日常でもこのような奇跡は起きるものです。奇跡が起きるとき、そこにはルールがあります。それはどれだけ自分自身を内観でき、自分のたましいと人生の学びに気づいているかということです。

自身の未熟さ、至らなさに気づき、また人生の過ちを素直に反省できる清らかなたましいとなったとき、奇跡が起きる準備ができたといえるでしょう。

私たちは、つねに自分自身のたましいを見つめ、内観と気づきと反省をしなければなりません。そして、見守られ、導かれていること、たましいの成長のために学べることへ、真に感謝できるたましいでいられれば、あなたのもとに何かしらの奇跡が訪れるのです。

天使

ここはポルトガルの、のどかな田舎。

しかし、ここは天使が降りてきたところ。

天使は天界からのメッセンジャー。

私たちに必要なメッセージを届けてくれます。

あなたはメッセージを望みますか?

もし望むのであれば、資格が必要です。

☆結果に執着しないこと。

☆自らの至らなさを理解できること。

☆素直、従順であること。

☆感情的でなく、理性的であること。

あなたがメッセージを望むとき、この空を見つめてみてください。

きっと天使が届けてくれることでしょう。

ファティマ

ここはポルトガルの聖地ファティマ。
この地にも聖母マリアが降臨されました。
無垢な羊飼いの子どもたちの前に現れ、大切なメッセージが届けられました。

あなたは声なき声を聴いていますか？
あなたに声なき声が届いていますか？
この世に起きることのすべては、偶然ではなく必然なのです。
あなたが日目にすることも、あなたの周りで起きていることのすべてには、意味があるのです。それに気づいて生きるか否かで、人生は大きく変わります。
あなたの周りで起きた些細なことも、それをただの出来事ととらえましたか？ それとも、あなたへの「気づき」のメッセージととらえましたか？ 嫌な出来事にも、うれしい出来事にも、あなたの心が動いたとき、そこには、あなたのたましいの成長に必要な「気づき」のメッセージが宿っているのです。

ですから、すべてに感謝なのです。
たとえ人間関係で嫌な思いをしたとしても、あなたがほんとうに悲しい思いをしたとする

ならば、きっとあなたは他者に対して同じ思いをさせないようにすることでしょう。
そうです。
悲しく感じたことも、あとになればわかるのです。
あなたの成長となれば、感謝できることなのです。
ですから、人を恨む必要はないのです。
そのことを、マザー・テレサも伝えていたのです。
「最後に振り返ると、あなたにもわかるはず。結局は、全てあなたと内なる神との間のことなのです。
あなたと他の人の間であったことは一度もなかったのです」と。

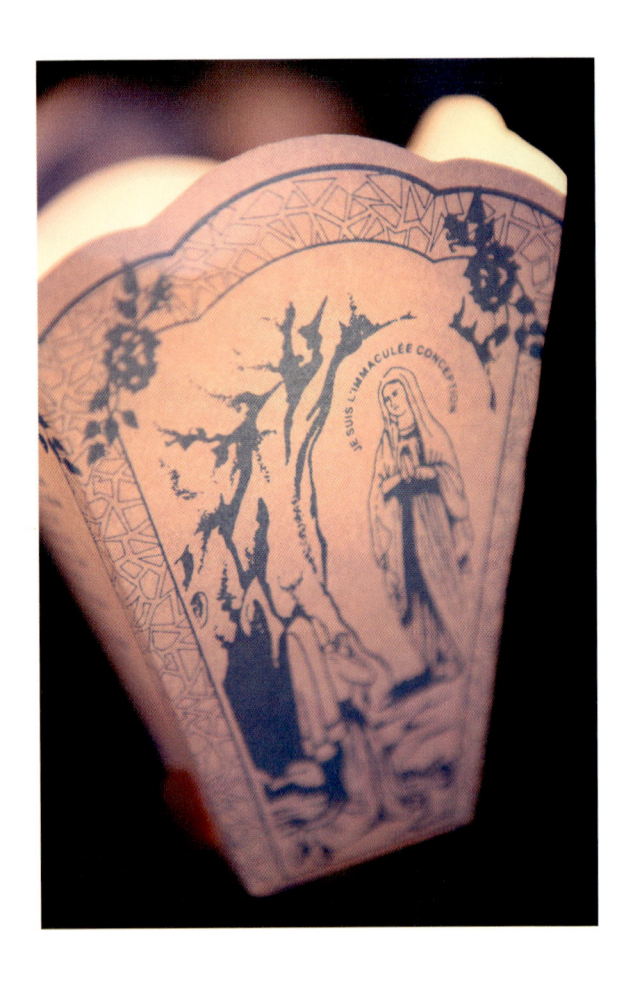

「あなたの中の最良のものを」（マザー・テレサ「孤児の家」に書かれた言葉より）

希望

人は不合理、非論理、利己的です
気にすることなく、人を愛しなさい

あなたが善を行うと
利己的な目的でそれをしたと言われるでしょう
気にすることなく、善を行いなさい

目的を達しようとするとき
邪魔立てする人に出会うでしょう
気にすることなく、やり遂げなさい

善い行いをしても、
おそらく次の日には忘れられるでしょう
気にすることなく、し続けなさい

あなたの正直さと誠実さとが、あなたを傷つけるでしょう
気にすることなく正直で、誠実であり続けなさい

あなたが作り上げたものが、
壊されるでしょう
気にすることなく、作り続けなさい

助けた相手から、恩知らずの仕打ちを受けるでしょう
気にすることなく、助け続けなさい

あなたの中の最良のものを、世に与えなさい
けり返されるかもしれません
でも、気にすることなく、最良のものを与え続けなさい

最後に振り返ると、あなたにもわかるはず
結局は、全てあなたと内なる神との間のことなのです
あなたと他の人の間であったことは
一度もなかったのです

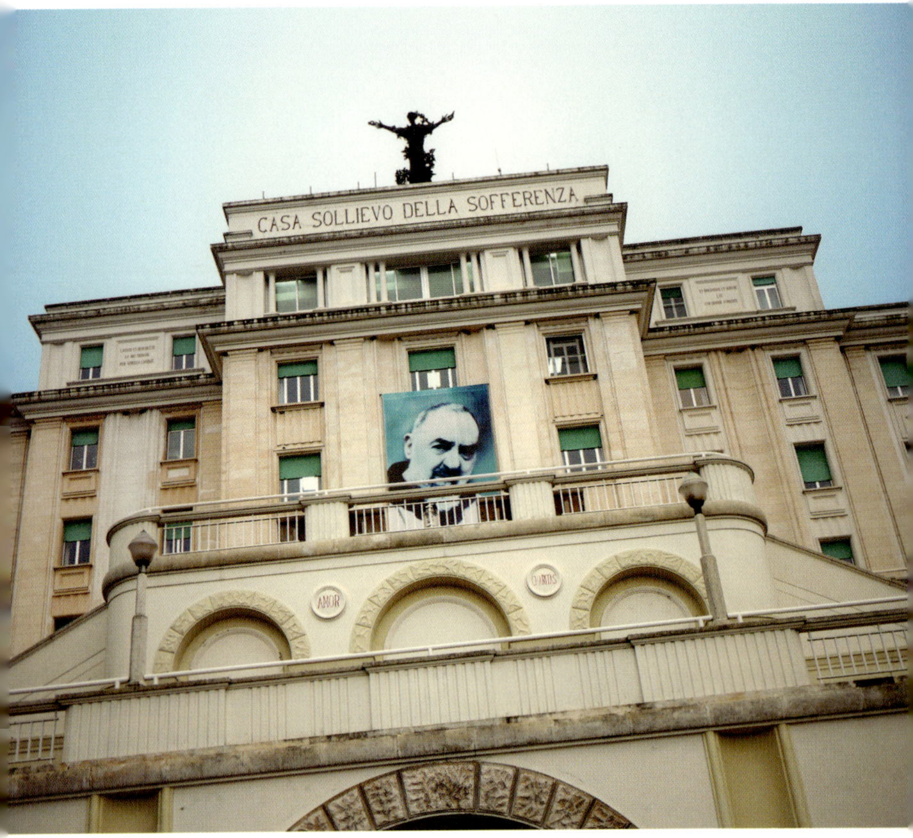
CASA SOLLIEVO DELLA SOFFERENZA
AMOR
CHARITAS

ピオ神父

みなさんは自信を失っていませんか？

ここはイタリアの人口2万6千人あまりの片田舎サン・ジョヴァンニ・ロトンド。聖ピオ神父がいた聖地です。

そして、この建物は「苦難救済の家」と名付けられた病院です。中央に飾られた肖像こそがピオ神父です。ここは今では立派な病院ですが、もともとは荒涼とした場所で、そこに、たったの20床あまりの小さな施設がありました。

ピオ神父は、愛の実践の中で、苦難にある人に癒しの場を提供したいとの想いで、懸命に活動し、その神父の熱意に心動かされた人々の支えによって、今ではこれだけの大きな病院となったのです。特に遺伝子の研究においては世界的に有名で、子どもや貧しい人には無償で治療をしているといいます。

ピオ神父は、聖フランチェスコやマザー・テレサのように神の声を聴いた人でもあります。そして神父は、たくさんの奇跡を起こした人としても知られていますが、しかし、その生涯は神父への無理解、偏見、弾圧ばかりの苦渋に満ちたものでした。それでもここまでの働きが出来た理由は二つ。愛の実践に生きた神父を理解し、純粋に受け止め支えてきた民衆の力。そして、利他愛に満ちた無償の愛だったからです。

現世の人のほとんどは、小我の愛に翻弄されています。

人というものは、自分自身だけを愛する小我の心を持っているものなのですが、実は、自分自身のためだけでは信念は湧かないものなのです。

人は守るべき誰かがいるとき、とてつもない力が湧き上がるのです。たとえば「女は弱し。されど母は強し」とよく言われますが、子どもを愛し守る母は、どんな苦難も乗り越えていくほどに、実に強いものです。

もし、あなたが自信をなくしたとき、自分自身に問いかけてください。「あなたは誰かのために生きていますか？」と。

それが人間ではなく、動物であっても、愛し守るものがある人は強くなれるのです。

自信を失う多くの人は、誰かのために生きていない人です。

また、「自分は何の役にも立たない存在」と思っている人も多くいます。

しかし、それは嘘です。心を閉ざしているだけです。

マザー・テレサが生前、マザーの施設でボランティアを希望した人に尋ねられました。

「マザー、私に何ができますか？」と。

そこでマザーは答えました。「ここに来れば自然に手が動きます」と。

そうです。いくら考えても無駄なのです。大切なのは関心を持つことなのです。困っている人が側にいたとき、あなたは何をお手伝いすれば良いのか考えますか？　心を寄り添わせていれば、勝手に手が動くものなのです。

そしてマザーは言います。「この世で一番不幸な人は誰からも必要とされていない人」と。

しかし、真実は「人は誰もが必要とされている人」なのです。そう、あなたも必要とされている人なのです。

もし、あなたが生きる力や、自信を失ったとき、この写真をみてください。あなたにも勇気が漲（みなぎ）ってくるはずです。

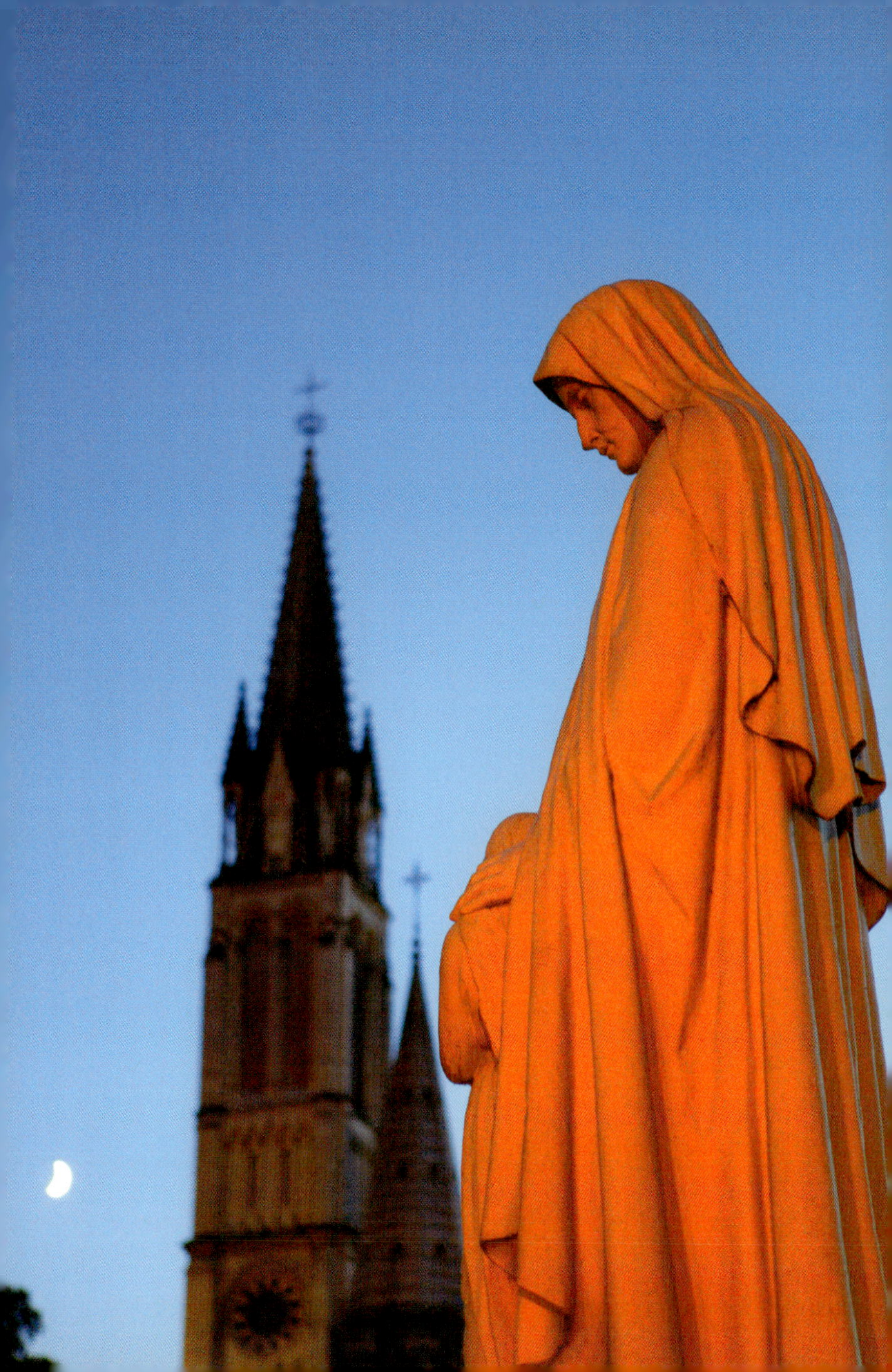

守護

あなたは見守られていることを知っていますか？
喜びにあるときにも、悲しみにあるときにも。
もし、見守られていないと思うのなら、それはあなたが、差し伸べられている手を離しているのです。
まるで太陽が雨雲に覆われて見えなくなっているように。
その雨雲とは、叶わないことに執着していたり、頑固になっていたり、意地悪になっていたり、後ろ向きになっていたりする、あなたの想い。
何を嘆くのですか？ あなたも見守られているのに……。
見守られていることを忘れそうになったら、
この写真を見つめてください。
きっとすぐに、自分が見守られていることを実感することでしょう。

モンテ・サンタンジェロ

ここはイタリア、大天使ミカエルの聖地。

むかしむかし、ここに大天使ミカエルが降臨したといいます。

そして戦いを収めたという伝説があるのです。

その理由によって、大天使ミカエルを表す彫刻などの多くは、相手の攻撃から祖国を守護する意味で、剣と鎧のお姿であるのでしょう。

伝説はそれまでとして……。

実はこの聖地を初めて訪れた私は、これまでに体験したことのない大きな衝撃と感動を得たのでした。

初めて私の真意を明かしましょう。

これまで数多の聖地を訪れてきた私ではありますが、この聖地ほどのパワーを感じたことはありませんでした。

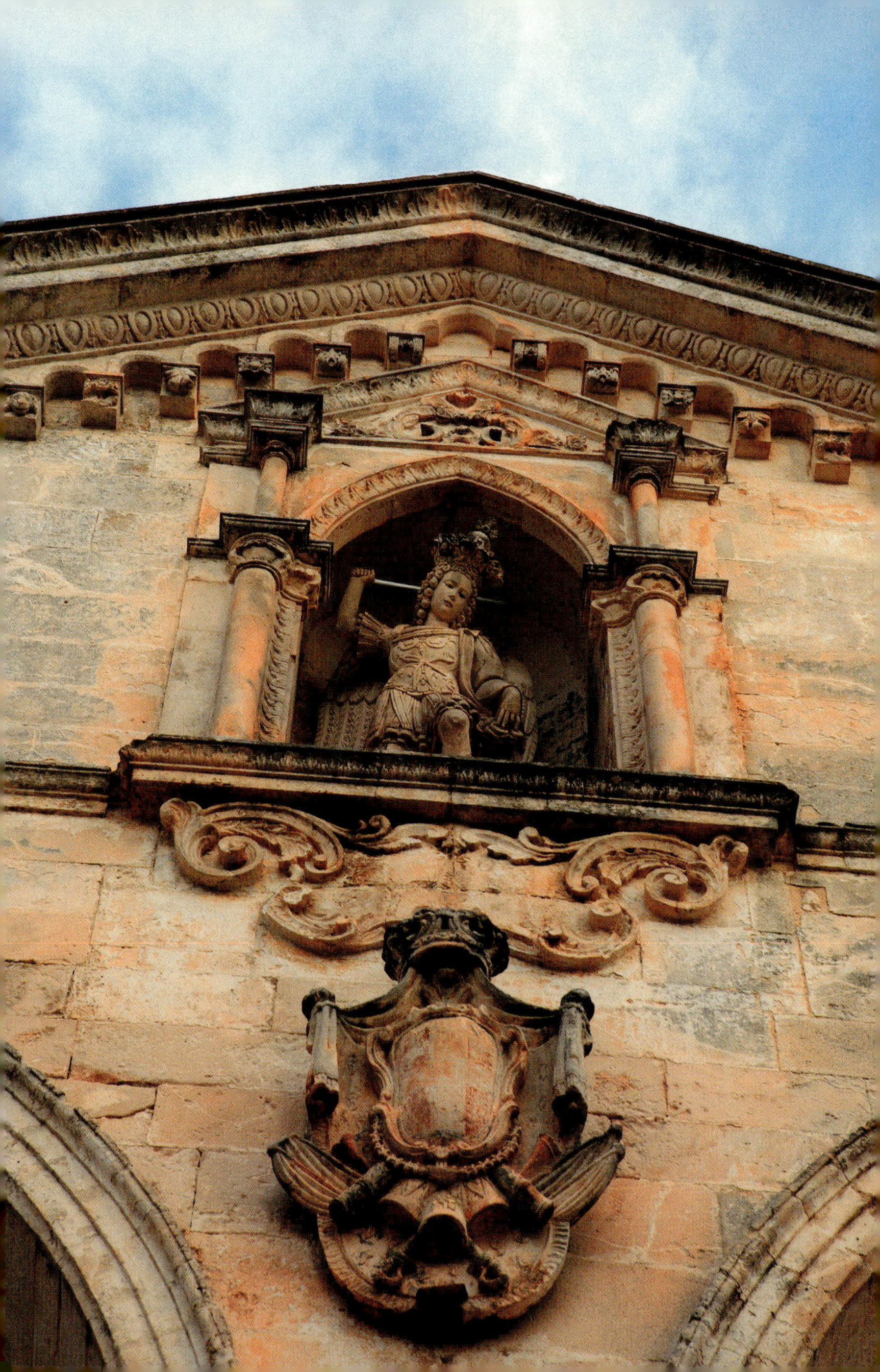

聖堂の中に足を踏み入れたその瞬間、思わず身体が吹き飛ばされるような衝撃を受けたのです。

これは正にスピリチュアルな現象で、この聖地の、いや大天使ミカエルの強烈なパワーに私のたましいが吹き飛ばされそうになったのです。

ここは聖フランチェスコをはじめ、ピオ神父など、いま聖人とされる方々も、大切な聖地として巡礼された特別な地。

私はその理由を深く理解させられました。

ここは正に霊的エナジーの源泉のようなところ。究極のパワースポットとは、このようなところを指すのだと思います。

私はすぐさま敬いの念と祈りを捧げ、私の知る、いま病にある人の名を告げ、それが天の御心に叶うものであれば平癒いただきたいと祈りました。後日その祈りが認められた証として、奇跡的な回復がありました。

第1章　つらい思いをかかえたあなたへ

「人事を尽くして天命を待つ」といいますが、もしあなたが、大きな苦難にあり、自分自身に負けそうなとき、どうかこのページに祈りを捧げてください。あなたの祈りが天の御心に叶うことであれば、きっと大きな力を授けてくださることでしょう。

ここは、大天使ミカエルの懐(ふところ)への入り口です。

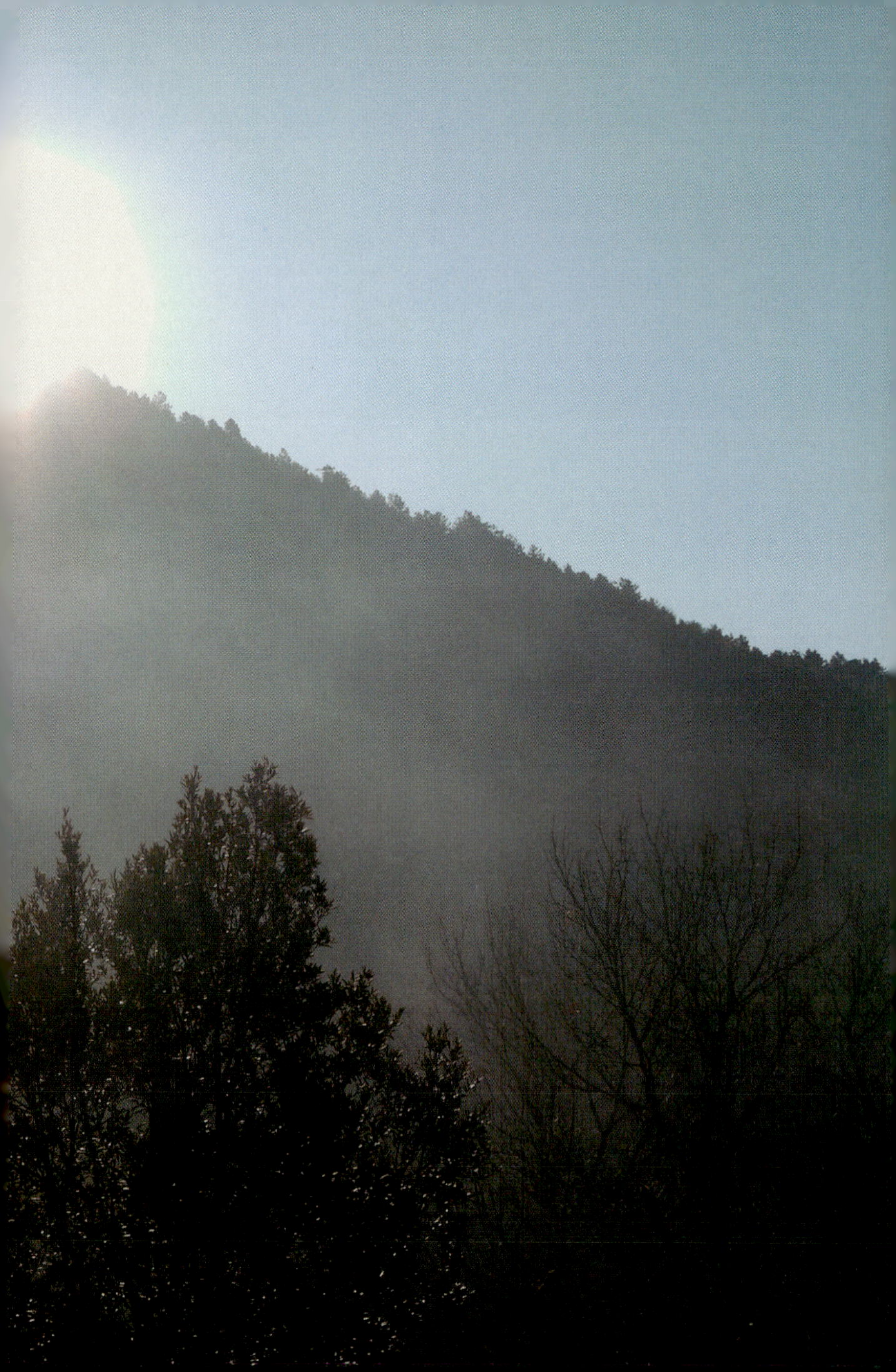

神よ、造られたすべてのものによって、
私はあなたを賛美します。

太陽の賛歌

聖フランチェスコは、私のすべてなのです。いま日本は、大自然という恵みの神を賛美しなければなりません。そして地上のことも。ほんとうは世界のすべてが、世界遺産なのです。

「太陽の賛歌」聖フランチェスコ

神よ、造られたすべてのものによって、私はあなたを賛美します。

私たちの兄弟、太陽によってあなたを賛美します。太陽は光をもって私たちを照らし、その輝きはあなたの姿を現します。

私たちの姉妹、月と星によってあなたを賛美します。月と星はあなたの気高さを受けています。

私たちの兄弟、風によってあなたを賛美します。風はいのちのあるものを支えます。

私たちの姉妹、水によってあなたを賛美します。水は私たちを清め、力づけます。

私たちの兄弟、火によってあなたを賛美します。火はわたしたちを暖め、よろこばせます。

私たちの姉妹、母なる大地によってあなたを賛美します。大地は草や木を育て、みのらせます。

神よ、あなたの愛のためにゆるしあい、病と苦しみを耐え忍ぶものによって、私はあなたを賛美します。終わりまで安らかに耐え抜くものは、あなたから永遠の冠を受けます。

私たちの姉妹、体の死によってあなたを賛美します。この世に生を受けたものは、この姉妹から逃れることはできません。大罪のうちに死ぬ人は不幸なものです。

神よ、あなたの尊い御旨(みむね)を果たして死ぬ人は幸いなものです。第二の死は、かれを損なうことはありません。

神よ、造られたすべてのものによって、私は深くへりくだってあなたを賛美し、感謝します。

もし、あなたが悲しみにあるとき、
そして傷ついているとき、
また苦しみにあるときに、
そっと、このページを眺めてください。
そして、心が望んだら、
手をかざしてみてください。

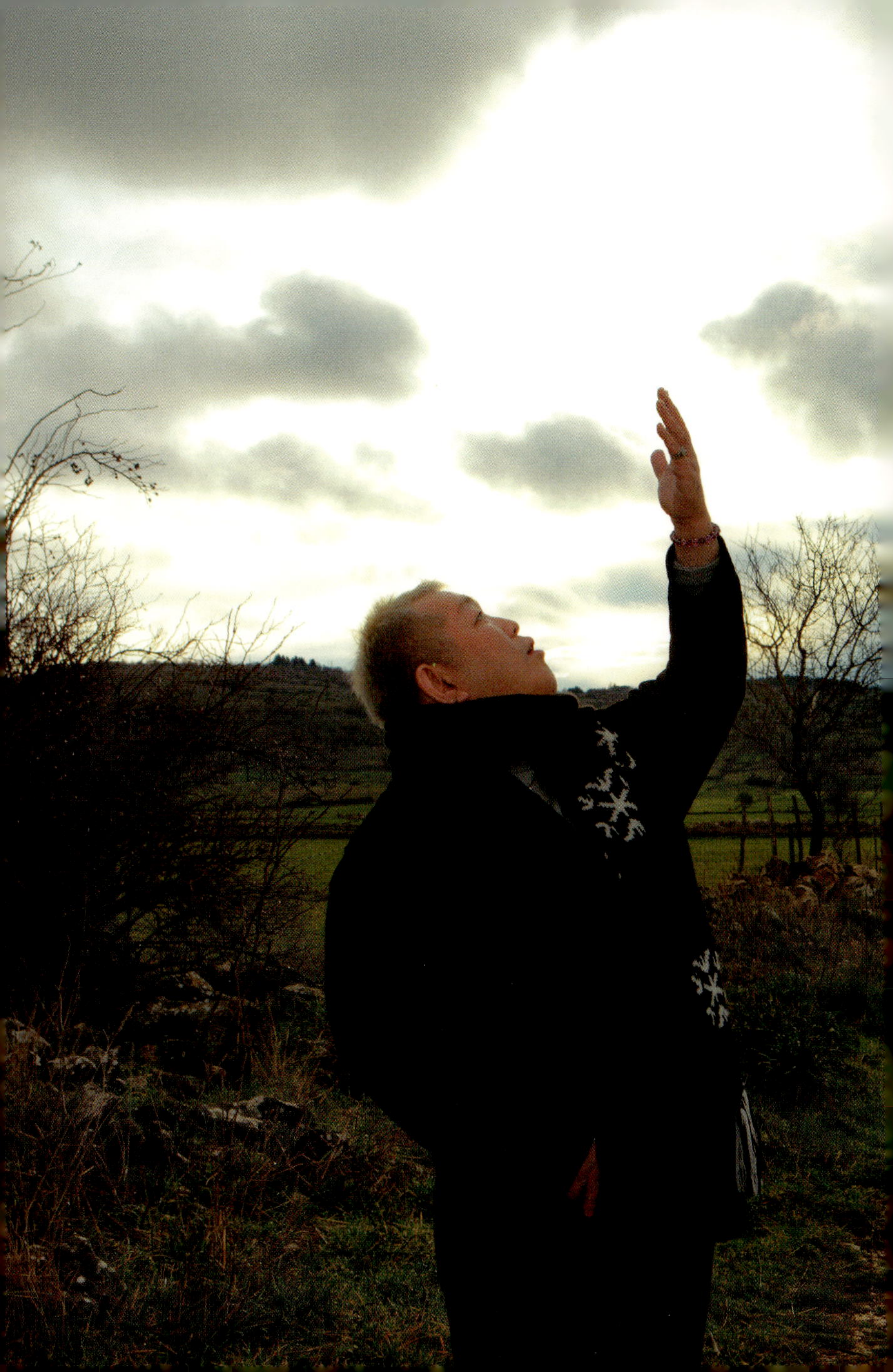

フェアリー

ここはイタリアの秘密の場所。
私はここで天から舞い降りる、たくさんのフェアリーを視ました。
みなさんにも視えますか？

フェアリーとは、妖精のこと。
その姿は、あるときには羽のあるティンカーベルのような姿をしていたり、またあるときには、翁のような姿をしていたり。
このときには、キラキラと光の群れのように、舞い踊っていました。
実はフェアリーはとても臆病で、荒い波動の人には近づけません。
心やさしい人、そして心に悲しみを秘めている人のもとに現れ、愛と癒しのエナジーを届けてくれるのです。
人は、病気の人をお見舞いしたり、労(ねぎら)いの気持ちを表したいときには、不思議と花を贈ります。

なぜ不思議かといえば、そのとき、その花にはフェアリーがこっそりと宿っていたりするからです。

花は、やさしさと癒しのエナジーを届けるフェアリーにぴったりの美しい宿り。

だから人は、花から癒しを得るのでしょう。

そう、そこにはフェアリーがいて、あなたの悲しみや痛みに寄り添ってくれるから。

私からあなたに素敵な提案があります。

もし、あなたが悲しみにあるとき、そして傷ついているとき、また苦しみにあるときに、そっと、このページを眺めてください。

そして、心が望んだら、手をかざしてみてください。きっとフェアリーは、あなたの心に寄り添い、光のダンスで励ましてくれることでしょう。

第2章 あなたを導く金言集

生きていると、さまざまな苦難に見舞われます。もしかしたら、この本を読んでいるあなたは、今まさに苦しみの中にいて悩み、迷い、惑い、涙しているかもしれません。でも安心してください。この世に意味のない苦難はありません。

苦難の意味を理解していますか？　苦難と思うこと、不運と感じることのほとんどは、実は「身から出た錆」なのです。なぜ、つまずいたのか、なぜその苦難を得たのかを深く内観しないから、「つらい」と感じるだけのこと。

どんなことも、自分の波長が招いたことなのです。過去に自らが蒔いたカルマを刈り取っているだけなのです。そのことを受け入れ、内観することができれば、おのずとなぜその問題が起きたのかを理解できるでしょう。

この第2章では、悩みの渦中にいるあなたの内観の一助となる言葉を紡ぎました。具体的な悩み別の内観ポイントも挙げてありますので、参考になさってください。

続く第3章では、私自身も実践している災厄をはねのける思考法や、パワーをチャージするための具体的な方法の数々をご紹介します。わが身に振りかかった不運を「災厄」だととらえて嘆くのか、それとも、たましいを磨き、さらにステップアップするための「チャンス」ととらえるかは、あなたしだい。そのことを念頭に置いて、読み進めていっていただけたらと思います。

本当の幸せとは何でしょう

あなたにとって幸せとは何でしょう？

私はかつて個人カウンセリングを行っていましたが、何が自分にとっての幸せなのかについて深く分析せず、棚ボタの幸せを望んでいる人も多くいました。人と比べて「私は不幸なんだ」と嘆いたり、他人の持っているものをうらやましいと思うだけで何の努力もしない人は、まず、「自分の幸せ」には気づいていなかったように思います。

そもそも幸せとは、他人と比べてはかるものではなく、自分自身の中にあるもの。あなた自身で気づかなければ、永遠に得られないものです。そうしたことを理解せず、ただやみくもに「幸せになりたい！」と言うのは、喩(たと)えていえば、スキーがどんなスポーツなのかを知らずに「スキーに行きたい！」と騒いでいるのと同じことなのです。

幸せとは何か定義ができていない人には、折に触れてその意味を語ることもありましたが、それがその人の望むような答えではないこともありました。人より多くを得たい、素敵な恋人がほしいといった〝物質的な欲〟を満たしたいと考えている人にとっては、私の説く「幸せ」の価値観は、不本意なものだったかもしれません。なかには、耳の痛いこと

もう一度聞きます。あなたにとっての幸せとはどのような状態のことを指すのでしょう？　災難に見舞われないことですか？　元気で長生きをすることですか？　人気者であることですか？　相思相愛の恋人がいますか？　思い通りの学校に入ったり、思い通りの仕事に就くこと？　それとも一生お金に困らないことでしょうか？

残念ながら、こうしたことはすべて現世での物質主義的価値観による視点でとらえた幸せでしかありません。一方、私がお伝えしたいのは、スピリチュアリズムの視点でとらえた「本当の幸せ」です。

では「本当の幸せ」とは何かといえば、失うことの恐れから解放されること。人の苦しみは、地位や名誉、財産や愛する人などに対する執着から生まれます。たとえば長く生きることが幸せだと考える人はやみくもに死を恐れますが、「あの世がある」「人は死して死なない」というスピリチュアリズムの視点を持っていれば、この世でどれだけ長く生きても、反対に、どれだけ短い人生だとしても、たましいの視点で見るとそれほど大差がないということに気づくでしょう。失うのは肉体だけで、たましいは永遠なのです。

死ということひとつとってみても、この「現世」の視点と「あの世」（霊的価値観）の視点は真逆です。現世でいうところの〝苦難〟は、実は、たましいを成長させる〝幸い〟

なのです。

物質主義的価値観による幸せを望んでいる人には、苦難は文字通り"苦しみ"でしかないかもしれません。しかし、霊的視点に立てば、人生に起きる大きなトラブルや難題でさえ、"前進のための一歩"ととらえることができるものなのです。

運命の築き方

私たちはみな、それぞれに「宿命」を持って生まれてきています。生まれた国、時代、性別などは「宿命」ですが、それも自分で選んできた「素材」です。宿命という言葉の響きでしょうか。一生のシナリオが最初からすべて決まっていると勘違いする人もいますが、決してそんなことはありません。私たちには、「運命」を築く自由も与えられているのです。

宿命という素材の上に、どう運命を築くかは、人それぞれ、創意工夫しだいです。

自分の身に起きた不運を受け入れられない人は、「どうしてこんな目に遭うのか」と嘆いてはいますが、私から言わせれば、ただの怠け者。「宿命」という素材は決まってきますが、その素材をどう料理するかが腕の見せ所だというのに、料理もせずにお手上げ状態になっているだけだからです。

わが身に起きる不運を「宿命」と思ったほうが、誰かのせいにできて気が楽なのかもしれませんが、そのような考え方では、本当の意味で人生をひもとくことはできません。人生は、ままならないことの連続でしょう。けれど、それは、たましいが成長を志している証でもあります。

お金のことや仕事のことなど、生きていればあれこれ悩みます。当然です。けれど、そうした悩みにとらわれてしまうのではなく、もっと達観した大きな視点で見つめましょう。あなたは、あなたという人生の〝主役〟であると同時に、〝舞台監督〟なのです。人生を俯瞰してみれば、日々の悩みやトラブルは、舞台を面白く見せてくれる素晴らしい〝演出〟だと気づくはずです。山も谷もない脚本では、きっと退屈で退屈で仕方ないでしょう。

人生という舞台の終わりには「死」がありますが、それもただ「出番がなくなる」だけのこと。あとは、楽屋（＝あの世）に戻るに過ぎません。ただ、舞台の上演時間は限られていますから、その時間を無駄にせず、生き抜くことが大切です。やってきた試練にいちいち慌てふためいたり、憤慨するだけ、時間がもったいないのです。いかに、この人生という大舞台を務めあげられるか──。それは、あなたの演出力、そして演技力にかかっています。

不運の意味を理解せず、受け入れられずにただ嘆くだけの〝大根役者〟にならないよう

に、常に客観的な視点で舞台を見つめてください。

「試練に遭ったときこそ、冷静たれ」です。

日々自分の欠点を見つめる

占いなどでよく言われるような〝幸運期〟や〝不運期〟というものはありません。スピリチュアルな視点で見た場合、自分自身が過去に蒔いたカルマ以外には返ってきませんから、たとえ〝不運〟と思えることがあったとしても、それはあなた自身が蒔いた種なのです。その視点があれば、単純に「幸運」だとか「不運」だというふうにとらえるのがいかに浅はかなことか、想像がつくでしょう。カルマと言うと、イコールすべて「悪いもの」と思うかもしれませんが、悪しきカルマだけではなく、「よいカルマ」もあるのです。よいカルマ（よき種）を蒔けば、悪しきカルマを学ぶときに助けられることもあります。ですから究極のことを言えば、不運が訪れるのが嫌だ、心配だと思うのなら、常によき種を蒔き続けていればいいだけのこと。降ってわいたように降りかかる「不運」など、この世には一切ないのです。

ただ、確かに人生にはバイオリズムはあります。一見よくないことばかりが起きるとき、

単純にとらえる人はそれを「不運期」だと思うのかもしれませんが、スピリチュアルな視点で見た場合、そういう時期は、自分を見つめ直すための「内観期」。順風満帆なときには気づかなかった自分の欠点や未熟な点があぶりだされる時期ですが、それらを見つめることは、人生を次のステップに進めるために必要不可欠です。

何にもつまずくことのない人生だと、人はなかなか自分を見つめようとしないものです。つまずくからこそ立ち止まり、足元を見直すことができる。それは考え方を変えないと、この上ない幸いです。人生でしょっちゅうつまずく人は、こうした哲学がまったく理解できていないといえます。考えていないから、同じようなところで転んでしまうのです。一度で気づかなければ、二度三度となりますし、しだいに事も大きくなるように思えてきます。現世的な視点だけで見れば、雪だるま式に不運が積み重なっているように見えるかもしれませんが、それこそが、スピリチュアルな世界から愛されている証。愛されているからこそ、何度でも気づくようにメッセージが送られているのです。

あぶりだされた欠点や未熟さから目をそらし、自分を一向に見つめようとしない人は、「幸せになりたくない」と宣言しているようなもの。そのことを理解すれば、不運や災厄だと思えることが起きても、いたずらに嘆かなくなるでしょう。目の前で起きたことをまず受け入れ、その意味を思考し、哲学することこそが、何よりも大切だとわかるはずです。

こうしたことを踏まえたうえでないと、第2章で紹介する言霊などは、"馬の耳に念仏"でしょう。第3章にいたっては、"おまじない"の域を脱しないかもしれません。この先を読み進める前に、まず、あなた自身が今どういう時期にあるのかをきちんと分析してください。哲学することなしに読んだところで、そこに書かれている本当の意味を理解することはできないでしょう。

金言

この世に「不運」はありません。
これからどう生きるのか。
人生を見つめ直す作戦タイムと受け止め、内観しましょう。

金言

たとえ今が苦しくても、
それは「今が試練のとき」なのだからであって、
永遠に続くわけではないと、
人生を長い目で見る余裕を持つことが大切です。

金言

試練のときこそ、何かのせいにして逃げるのではなく、自分の心を見つめてください。スピリチュアルな視点で見れば、試練は、たましいを成長させるための磨き砂です。

金言

暗い顔をしていても苦悩から解き放たれるわけではありません。
そればかりか低い波長は、負のパワーを増幅させてしまうのです。
苦しいときほど笑ってください。

1 孤独を感じるあなた

内観ポイント

＊孤独を、不幸なことと考えていませんか
＊自分は一人ぽっちだと思いつめていませんか
＊自ら「孤立」を招いていませんか

「孤独」と「孤立」は別物です。「孤独」というのは、れっきとした〝人間関係〞なのです。この世に本当にたった一人しかいなかったら、孤独という発想自体浮かびません。他人がいるからこそ孤独を感じることもできる。そう考えれば、孤独を味わえることも、ある意味では幸いです。

孤独は人を賢者にします。いつもワイワイと楽しく騒いでいるだけだったら、人は成長できるでしょうか？　いいえ。失恋ひとつでもその痛みを知るからこそ、人を愛することを真に理解できるようになるのと同じで、孤独を知るからこそ、精神的に豊かになれるのです。

一方、「孤立」は、コミュニケーションがうまくとれないなどの原因から、自ら作り出してしまう環境のこと。そういう意味では、「孤立」はよくありません。似て非なる言葉なのです。

そもそも、スピリチュアルな視点で見れば、一人で生きている人などいません。たとえ現世での親が早くに亡くなってしまったとしても、「守護霊」というたましいの親が一生見守ってくれていることを忘れてはいけません。

孤独から逃げないでください。孤独を恐れないでください。

金言

孤独には、たくさんの豊かさが内包されています

ネガティブになりがちなときには、「孤独」のとらえ方を見直しましょう。人にも優しくなれますし、自分自身について見つめ直すことができるのです。人は孤独を知るから周りの

2 結婚が決まらないあなた

内観ポイント

＊結婚は「調和と忍耐を学ぶ修行」ととらえていますか
＊コラボレーションできる相手がいますか
＊物質的価値観から結婚を勧めていませんか

お互いに異なる価値観を持った者同士がひとつ屋根の下で暮らす結婚生活は、考え方や生活スタイルなど、さまざまな違いを認め、許し合っていかなければ成立しません。スピリチュアルな視点で見れば「調和」と「成長」、そして「忍耐」を学ぶレッスンなのです。

結婚してパートナーと共にたましいを磨く学びもあれば、一人で生きるという学びもあります。友人や仕事仲間を通しても「人間関係」の学びはできます。その選択は、一人一人の自由ですし、どちらを選んでも平等。結婚していればしあわせで、していなかったら不幸だなどと第三者が決められるものではありません。ですから、周囲にいる未婚の人に「結婚はまだ？」などと聞くのは、余計なお世話なのです。

幸せになれるか否かは、毎日の暮らしの中でどれだけ多くの経験を積み、そこで喜怒哀楽すべての「感動」を味わえるかにかかっています。ですから、結婚しているか、していないかが問題なわけではないのです。

そして、結婚すればパートナーに幸せにしてもらえる、ということもありません。夫婦であっても基本は「一対一」の対等な関係。お互いにきちんと自立できていないと、片方に依存することになって、いつ

金言
結婚は人生のオプショナルツアー

かどこかで不満が出てしまいます。精神的に支え合い、励まし合うことは大事ですが、それは、どちらかにもたれ掛かるということではないのです。

3 イライラして子どもにあたってしまうあなた

内観ポイント

＊生まれてきてくれたことに感謝できますか
＊想いを込めて子どもに接していますか
＊「あたる」と「叱る」の違いがわかりますか

　子どもはスピリチュアルな世界からの預かりもの。神様から子どもを預かって、「育てる」というボランティアをしているのです。そもそも、親子であっても、たましいは別。持って生まれた課題も違いますし、この世で果たす使命もまったく異なる存在です。ですから、たとえ血がつながっているとしても、ひとりの人格として、たましいとして尊重していくことが必要になります。
　結局、世にある親子問題の大半は物質的価値観によるもので、血がつながっているがゆえの葛藤というのも多いことでしょう。けれど、「産みの親より育ての親」という言葉もあるように、血のつながりがすべてでは決してありません。
　また、子どもに"もてなし"はいりません。巷には子どもに目をかけすぎて、まるで"名旅館"に泊まらせているかのように手厚くもてなしている親を見かけます。でも、子どもは"お客様"ではありませんから、サービスは不要なのです。
　最近、「子どもを育てる自信がない」と、産むことをためらう女性も多いように感じるのですが、最初から完璧な親など誰一人としていません。国家試験でも通もがあなたを親にしてくれるのであって、

金言
子どもはスピリチュアルな世界からの預かりもの

って親になるのなら話は別ですが、みな経験しながら少しずつ学んでいくのが「子育て」なのです。

子どもにイライラをぶつけてしまうときは、親の未熟さの表れだと認識を。同じ注意をするにしても、そこに愛がこもっていれば、子どもはそれを悟り、親の注意にも耳を傾けるものです。もし、子どもが言うことを聞かないのなら、「感情」であたっているのではありませんか？「叱る」のには、本来理性が必要で、相当根気もいることなのです。

4 お受験失敗に悩むあなた

内観ポイント

＊あなたの想いは本当に子どものため？ それとも自分のため？
＊ブランド志向で選んでいませんか
＊子どもの個性、気質を見ていますか

本来、教育というのは子どものためにあるべきものなのに、親や周囲の願望や見栄で、子どもに理想ばかりを押し付けているケースが多いように思います。どこかに自己満足の愛（小我の愛）があるのです。本当にわが子のことを思うなら、たとえ前途多難に見える道でも「どこまでできるか頑張ってやってごらん」と、そっと背中を押すことができるはず。その見守りこそが、本当の愛（大我の愛）なのではないでしょうか。

私は、もし子ども自身が受験を望むのならば、積極的に受けさせてあげてもいいと思っています。たとえ志望校に合格できなかったとしても、それは「失敗」ではありません。挫折を味わうことも、人生勉強においては重要なことだと思うからです。もちろん、合格することを目標に精一杯努力するのも、人生勉強要するに、ただ学力を問われるのが受験なのではなく、その過程でたくさんの喜怒哀楽を味わうことができることのほうにこそ、学びがあるのです。

幼稚園受験など、まだ子どもが幼いときは、本人の意思をどういうふうに確認したらいいのかと悩む人もいますが、たとえどんなに年齢が幼くても、きちんと対等に話して意見を聞きましょう。受験に限らず

> 金言
>
> 親はサポート役。
> 子どもの人生の主役は
> 「子ども自身」です

ですが、どんな場合でも、子どもの意思を尊重することは忘れないでください。無理にやらせるのが一番よくありません。

5　夫がリストラされたあなた

内観ポイント

* 物質的豊かさ＝幸せと思っていませんか
* 「条件」で夫を見ていませんでしたか
* 夫にばかり依存していませんでしたか

　結婚生活は、テニスに喩えればダブルスの試合のようなもので、互いに信頼し、フォローし合っていく気持ちが必要です。ですから、どんなに厳しい状況に陥ったとしても、パートナーと分かち合っていくことが大切です。

　収入が減ったことだけで夫婦の絆が弱くなってしまったり、夫への信頼が薄くなってしまうとしたら、実はリストラされる以前から何かしらの問題が家庭内にあったのではないでしょうか。夫は、あなたにお金を運んできてくれるだけの存在なのでしょうか。夫の稼ぎが悪くなったから家庭不和になったというなら、その家族にはもともと愛が欠けていたのです。そのことから目をそらし、だましだましやってきたあなた自身にも、反省すべき点はあるはずです。

　夫婦は、対等なパートナーです。家族に問題が起きたり、リストラされるなど、何らかの試練を味わっているときこそ、本当の絆が試されているのです。グチを言う暇があったら、少しでも生活における工夫をして節約するなど、現実的な対処を考えるほうが先決。感情主体でカッカと怒りにまかせていても、解決にはいたりません。

金言

お金では得られないものが、この世にはたくさんある

夫にばかり依存せず、では、自分にはいったい何ができるのかを、しっかりと振り返ってみてください。夫婦においても、お互いに自立していることはとても大切なのです。

6 夫の浮気が許せないあなた

内観ポイント

＊夫婦間にゆとりはありましたか
＊「女」を捨てていませんでしたか
＊夫を愛し、尊重していますか

ここでは「夫の浮気」としていますが、基本、あなたが男性で妻の浮気に悩む場合も同じこと。わがことに引き寄せて読んでください。

さて、浮気に限らず夫婦間で起きる問題というのは、どちらか一方だけが悪いということは、絶対にありません。互いに反省すべきことが必ずあるのです。浮気をされる以前に、あなたがパートナーをないがしろにしていたのかもしれません。相手が"愛の電池切れ"になっていたのに気づかず、他に癒しや愛を求めたということもあるでしょう。浮気したパートナーやその相手を責めたい気持ちになるのもわからなくはありませんが、ここで一番見つめなければならないのは、他者ではなく、あなた自身のこと。これまで相手にどう向き合ってきたか、分析してください。

一方、浮気を繰り返されたり、浮気が本気になったときには、理性的に離婚を考えるという選択肢もあります。ただ、この場合も「今別れたら経済的にやっていけない」などと、感情にひきずられないこと。別れるも別れないもあなたの責任主体で決めることですが、いずれにしてもその場しのぎの対処で済ませないようにしましょう。相手を変えたいなら、まずあなた自身が変わらなくてはいけません。

金言
浮気はフィフティ・フィフティである

あなたは本当に夫を愛していますか？ 実は、自分だけを愛しているのではありませんか？ 「愛していない人から、愛されることはない」のです

7 離婚に直面しているあなた

内観ポイント

* 妻（夫）としての義務を果たしてきましたか
* 相手への憎しみや依存心はありませんか
* 自立心を持って生きてきましたか

　私たちは、未熟だからこそこの世に生まれてきました。確かに、結婚生活を続けるのは「継続」と「成長」という素晴らしい〝学び〟です。しかし、たとえ一度目の結婚でうまくいかなくても、そこで自分自身の未熟さを目の当たりにしたり、ままならないことを知ることができたのなら、それもたましいにとっては〝学び〟となるのです。

　子どもがいる場合、親の問題にわが子を巻きこむのですから、果たすべき責任はやり遂げる必要があります。ある程度の年齢であれば、きちんと話せば理解できるはずです。「あなたのために別れなかった」などと、離婚できなかったことをまるで子どものせいだと言わんばかりの人がたまにいますが、子どものせいにするのはもっともよくありません。過去のカウンセリングでは、「自分のせいにされるくらいなら、別れてくれてよかったのに……」と、冷静に話す子どもの声をたくさん聞いてきました。

　離婚においては、その決断が「逃げ」か「卒業」か見極めるのが、とりわけ大事になります。結婚というカリキュラムを「卒業」する場合は、自己責任をもって人生を自由に生きていく「自立心」が大前提に備わっています。いろいろなことを学ばせてくれた相手に対しても、すがすがしいくらいの気持ちや感謝

金言

「卒業」の離婚ならば、平和的に決断できる

が湧いているはず。

一方、離婚したら自活できないなど、物質的な恩恵だけを愛している場合、また、相手への憎しみや恨みが残っている場合は、「逃げ」の段階。そのタイミングでは踏み切るべきではありません。責任を果たすべきことを話し合い、理性的に受け止め、考えられるようになるまで、時間をかけることが必要です。

8　子どもがニート・ひきこもりになったあなた

内観ポイント

＊物質的な愛を与えていませんか
＊子どもへの依存はありませんか
＊本当に〝わが子のため〟に悩んでいるのですか

お金や物質を与えること＝愛ではありません。本来、親が子どもに与えるべきものは、無償の愛です。そして、そこには「厳しさ」という愛もこもっています。お金を与えて家に閉じ込めているのは、実は〝親の都合〟ではありませんか。犯罪にでも走られたら困るとか、家庭内暴力を振るわれたら怖い、外聞が悪いなど――そんな「世間体」を気にしているのではないでしょうか。子どもが自主的にひきこもっているようでいて、その実、親がそうさせてしまっているということもあるのです。

そもそも、ひきこもれる家があるから、ニートにもなれるのです。よく考えれば、贅沢な話。ひと昔前の親ならば、「そんな甘えたことを言う子は出ていきなさい」と一喝していたでしょう。それは一見厳しい言葉のように思えるかもしれませんが、本当に子どものことを想う愛があればこそ、言えることなのです。よく、「叱られているうちはまだいい」と言いますが、叱るということ自体、子どもへの愛情であり、信頼なのです。子どもにしてみれば、叱ってももらえない状態というのは、無視されているのと同じ。そこに、愛の欠如を感じ取っているのです。マザー・テレサが「愛の反対は、無関心です」と言っていますが、まさにその通り。深層心理では親の愛を求めている子どもからすると、物質だけ与えてひきこもらせ

金言

物質的な愛で子どもを閉じ込めてはなりません

ている状態は、"無関心"の極みなのです。子どもが求めているのは、親の本気。あなたが本気で自分に向き合って叱ってくれていることがわかったら、きっとその想いは伝わります。腫れ物に触るような気持ちでビクビクと接するから、余計に子どもは反発するのです。

9 空の巣(からす)症候群のあなた

内観ポイント

＊自分の人生プランはありますか
＊必要とされる自分ですか
＊「自分の幸せ」に自分で責任を取っていますか

スピリチュアルな視点で見たとき、親として「たましいの子育て」をしなくてはいけないのは、せいぜい12歳から15歳くらいまでです。そのくらいまでに、社会的な常識やマナーなどをひと通り教えるのが親の務めなのです。その後、学生の間は援助が必要だとしても、「自分で考える力」を持った大人として接していいのです。

子どもが巣立つこと、それは親として大きな幸せです。「離れていくのが寂しい」と思うのは、厳しいようですが依存心の表れ。子どもは親の私有物ではありません。たましいは別々で、霊的世界から一時お預かりしている存在なのです。子離れというひとつの「卒業」を経て、新しい学びが始まるのだと考えましょう。

そして、子どもがまだ幼いうちから、子どもが巣立った後のことを考えておく計画性は必要です。子育てては日々が葛藤で、とても自分のことなど考えられないと思うかもしれませんが、あなたは親である前にひとりの人間。子育てを精一杯頑張りながらも、一段落したら「将来はこういうことがしてみたい」と計画を立て、それに向かって、できる範囲で実際に勉強などを始めてみるといいでしょう。

金言 子どもの巣立ちは、人生を飛躍させる契機

親は親で、ひとりの人間として頑張って生きている。その背中を見ることが、子どもにとってプラスの刺激になることもあるのです。お互いに切磋琢磨し合える親子でいましょう。

10 義父母との関係がうまくいかないあなた

内観ポイント

＊義父母を「人間」として見ていますか
＊夫に対しての不満はありませんか
＊夫婦の絆は強固なものですか

　スピリチュアルな視点で見れば、家族とは「たましいの学校」に集まった同窓生。そして、結婚して得る家族は、言うなれば「転校先の学校」の同窓生。当然、校風も校則も違います。新しい環境に馴染むためには、分析力が必要で、そのためにも、義父母をひとりの人間として見ていくことが欠かせません。

　すべての人間関係に通じる極意ですが、「相手は何をしたら喜び、何をしたら気に障るのか」を見極めることが円満な関係を築く第一歩。それらは、経験をしながらひとつずつ理解していけるものですから、最初のうちはピントがずれてしまうこともあるかもしれません。しかし、相手を理解しようという気持ちがあれば、しだいにわかるようになっていきます。

　相手が望むことを的確につかみ、ふるまえれば、争いや不和の芽を未然に摘むこともできるでしょう。相手におもねるためにするのではなく、相互に理解しあうための工夫です。相手に理解されることを求めるよりも、まずあなたが相手を理解すること。その心がけが必要なのです。

　そうした努力をしているにもかかわらず関係がうまくいかないときは、実は内心にパートナーへの不満が潜んでいることも。夫婦間の不満を、無意識のうちに義父母にぶつけてしまっているのかもしれません。

問題の根が夫婦関係にある場合、当然ながらそちらの解決が先なのは言うまでもありません。

夫婦、そして新しい家族との絆を築いていくためにも、こうした理性的かつ客観的な分析と考察が必要です。

金言

義父母との関係は、「夫婦や家族の絆」を映し出す鏡

11 更年期がつらいあなた

内観ポイント

＊心身の変化を自然なことと受け入れられますか
＊自らの環境や性質を分析できていますか
＊家族の支えはありますか

　以前『婦人公論』ムックの取材で更年期専門クリニックのルポを行ったのですが、その際、先生が「更年期障害の問題には、"ホルモン"と"環境"、そして"性質"が深くかかわっている」とおっしゃっていて、私自身とても納得しました。というのも、個人カウンセリングを行っていたとき、更年期の諸症状で悩む女性から相談を受けたことが多々あったのですが、この三つに通じる傾向があったからです。まず、「環境」という意味では、夫や家族がそのつらさを理解してくれないことへの不満を口にする人が多くいました。他にも、家業をやっている人などは、なかなかゆっくりと休めないため、肉体的につらいと訴える例もありました。まさに、「環境」の影響も考えられるということでしょう。

　肉体面の不調があってもわりあい症状が軽くて済む人もいましたが、そうした人は、あっけらかんと「そういう年齢だからしょうがないですね」と受け入れていたように思います。逆に、せっかちな人は、すぐに動けない自分を許せなくなって、かえって症状が重くなっていたということもありました。こうした個人の「性質」も、症状に影響しているということでしょう。

　あくまでスピリチュアルに見た場合で、すべてのケースではありませんが、ホルモンの影響を強く受け

金言

更年期こそ「等身大の自分」を見直しましょう

る時期には、男女問わず霊的な憑依を受けることも。自分でも制御できないような不安定な感情にさいなまれたり、ホルモン治療など、肉体的なケアはしているにもかかわらずつらい状況が続くなら、第3章で紹介する「入浴法」を、体調をみながら補助的に試してみてもいいでしょう。

ただ、更年期に表れる不調をネガティブにとらえることはありません。今まで心身両面で無理してこなかったか、じっくりと振り返る時期なのです。更年期を試練の時期と思わず、これからをより良く生きるための作戦タイムだと受け止め、自分自身を大切に見つめましょう。

12　ご近所トラブルをかかえるあなた

内観ポイント

＊ "腹六分" のつきあいができていますか
＊ かかわらない賢さを持てていますか
＊ あなたは「近所づきあい」のために生まれてきたのですか

騒音問題やゴミの出し方など、ご近所との問題で悩む人はたくさんいます。けれど、はっきり申し上げて、そういうことで必要以上に悩む人は、人生にも通じることで、何が真（中心に置く大事なこと）なのかを理解したうえで、その次（副）、そしてさらに次（控）と考えていくことが必要なのです。

ご近所問題に限らず、自分で悩みを大きくしてしまっている人を見ていると、大抵さして優先順位の高くない「控」程度のことで悶々としているように思えます。厳しい言い方ですが、そこまでいったらもはや悩むのが趣味なのでしょう。悩むのが好きなら話は別ですが、解決したいと真剣に考えているのなら、人生においての「真」は何か考え直すべきです。

あとは、いわゆる "腹八分" よりさらに二分少ないくらい（＝腹六分）のつきあいをしていれば十分です。役所に相談してみるなど現実的な対応もしながら、尽くせる手を尽くしても改善できなければ、長い目で見て「引っ越し」も一案。これは泣き寝入りではなく、押して駄目なら引いてみる、損して得を取るという発想です。

金言
問題が深刻なら、環境を変えるのも一案

家は、家族との和合をはかる大切な空間ですから、副や控のことで悩みすぎ、家族にイライラをぶつけたりしては本末転倒です。何が一番大事かを再度振り返ってください。

13 認知症の親をもつあなた

内観ポイント
＊親の人生を丸ごと受け止めてあげられますか
＊本人のもどかしさに寄り添えますか
＊言動を否定したり責めたりしていませんか

スピリチュアルな観点では、認知症は当人のたましいにとっては一種の浄化作用で、表れる症状は、実は、本当にその人がやりたかったことであったり、トラウマの解消であったりするのです。

たとえば、徘徊する人は、これまでの人生で逃げたくて仕方がないことが多々あったのでしょう。それでも耐えて頑張ってきた。だからこそ今、認知症という症状を得てはじめて、本当にしたかったことを行動に移しているのです。ほかにも、暴言を吐く人は言いたかったことを我慢していたのでしょうし、誤飲や誤食の場合は、食べることに苦労した人生だったのかもしれません。このように、〝過去のトラウマ〟から、そうした〝表現〟をすることがあるのです。

そう理解すれば、親御さんのことが愛おしくなりませんか？ ただ「厄介だ」と思ったり、元気だった頃と比べてショックを受けるといったこともなくなるでしょう。認知症と向き合うときは、親の人生を丸ごと受け止めていく大きな愛が必要なのです。

とはいえ、現実問題として世話をする家族は気の休まる暇がなく、しんどいかもしれません。しかし、ここですべてを吐き出せるのは幸せなことなのです。「どうしてそんなことをするの！」と、感情的にあ

金言

認知症の症状は、たましいの浄化作用です

たるのではなく、気持ちに寄り添いましょう。

ゆるやかながらもこういうふうに、あちらの世界への里帰り準備をしているともいえます。いたずらに狼狽（ろうばい）せず、自然なこととして受け止めていきましょう。「どうせ何を言ってもわからないから」と、暴言を吐いたりしてはいけません。どんなに症状が進んでいても、たましいでは、すべてを理解しています。

14 介護に疲れてしまったあなた

内観ポイント
* 根底に愛がありますか
* 人に委ねることも学びと思えますか
* 世間体を気にして介護していませんか

孝行娘・息子・嫁ほど、「自分が面倒を見ないと」と頑張りすぎてしまう傾向にあるようです。その責任感は大事で、深い愛がある献身だと思います。それでも、自分の器を超えたことはできません。無理をして自分が体を壊してしまったら、今度は別の介護問題が起こってしまいます。

「心」と「実務的な介護」は、分けて考えるのがいちばんです。プロに任せたほうが行き届いたサービスを受けられるのですから、積極的に利用しても悪いことではありません。大事なのは、そこに込める〝想い〟。そして〝動機〟です。他人に任せて楽をしたいなど、まるで昔の〝姥捨て山〟的な気持ちでいるのなら問題ですが、そうではなく、お互いにとってそれが最善の選択と思うなら、施設にお任せするのも一案でしょう。

「施設に預けるなんて愛がない」と批判する人もいますが、そういう人は、今どきの施設事情を知らないのかもしれません。私自身、見学に行ったこともあるからわかるのですが、中には違うところもあるかもしれませんが、なかには本当にプロフェッショナル。実務の専門家として真摯にケアを行っておられます。ならば、介護を受ける家族にとってふさわしいところを真剣に探してあげればいいのです。そうした努力を

金言
動機に愛があるなら、プロの手を借りるのも一案

かけられるか否かでも、想いの度合いをはかれます。根底に愛があるなら、行動にはっきり表れるのです。施設に預けて終わりではなく、できる限り定期的に顔を出し、心をつねに寄り添わせていくことはできるはず。込めた想いは、必ず相手に伝わるのです。

15 重い病気に見舞われたあなた

内観ポイント

* 悔いのない生き方をしてきましたか
* 病に込められたメッセージを受け止められますか
* やり遂げたいことをし尽くしていますか

　重い病を得てもっともつらいのは、肉体的な痛みだけではありません。かつてカウンセリングをしていたとき、余命わずかな方たちの声をたくさん聞いてきましたが、人生に対する悔やみにさいなまれているケースがとても多かったように思います。「あれをやっておけばよかった」「どうしてあのときああしなかったのか」といった後悔。それをぬぐうことができず、最初はみな、病にあることを受け入れられなかったりするのです。

　「人は死して死なない」というスピリチュアルな真理を知ることで、死への恐怖が和らいだとしても、過去への悔やみをどうすれば解消できるのかという葛藤のほうが深刻なこともありました。ですから、今まさに病と向き合っている人だけではなく、この世を生きている人はみな、今この時点からでも「悔やまない生き方」に切り替えるべきなのです。

　誰しもこの世に生を受けた以上は「死」に向かっています。終わりがあることを理解していれば、一秒たりとも無駄にはできないとわかるはずです。会いたい人がいるなら会う。行ってみたい場所があるなら、体調と相談したうえで出かけるなど、とことんやり遂げることが大切です。

金言

病気を苦難にするか、受け入れるかは、あなたしだい

究極のことを言えば、それが、"死後の生き方"をも左右します。未浄化な想いを残して旅立つことほど、つらいことはないからです。悔やまない生き方を貫くことは、悔やまない"死に方"にもつながります。

16 大切な人を喪ったあなた

内観ポイント

＊その悲しみは故人のためですか？　自分のためではありませんか？
＊長生きが幸せで短命が不幸と思っていませんか
＊常日頃から「死」を意識していますか

　霊的な視点では、死は「あの世への里帰り」です。たましいの故郷へようやくにして帰れたのですから、亡くなった本人にとっては死に対する苦しみはありません。たとえ、病や事故などで肉体的に痛みを伴って亡くなったのだとしても、それはこの肉体を持っていた現世だけの痛み。たましいだけになった後は、苦しみはなくなっています。

　ですから、「あの人は無事にあの世に帰れているのでしょうか」とか「どういうふうに供養したら浄化できるのですか」などと、心配することはありません。実は、むしろ、生きている人間のほうにこそ「供養」が必要なのです。亡き人は、現世に残された人たちのことを案じているもの。たとえ、肉体の年齢でいう「子ども」でさえ、遺された親や家族が幸せに暮らしてくれることを望んでいます。そんな事例を、私はたくさん視てきました。

　大切な人を喪うと、「もっとああしてあげておけばよかった」と後悔したり、尽くせなかった想いに苦しむこともあるかもしれませんが、亡き人はすべてその気持ちを汲んでいます。生きているほうがいつまでも悔やんでいたら、余計な心配をさらにかけてしまいます。もし、本当に亡き人を想うなら、遺された人のほうが精一杯人生を生き抜くことが大事。心配をかけない生き方をすること自体が、真の供養になる

金言

死を想うことで、今を充実させて生きられる

○○をお供えしないと浄化できないとか、お墓が傾いているから家に不幸が続くなど、人を脅すようなことを言う間違った霊能者もいるようですが、そんな言葉に惑うことは一切ありません。どんな念仏やお墓を用意するよりも、「私たちはみんな元気で、人生を生き抜いていますよ」と報告するほうが、故人のたましいに届くエールとなるのです。

大切な人を見送ってすぐは、悲しみも深いことと思います。どうぞ心のままに思いきり泣いてください。けれども、いついつまでも嘆き続けてはいけません。それは、本当の意味で故人のためではないと、おわかりいただけることでしょう。"大事な人に先立たれた自分がかわいそう。だから泣き続ける"。そんな本末転倒な供養にならないよう、あなたの生き方のほうこそ、浄化していきましょう。

金言

人生は「回転寿司」と一緒です。
目の前に来てからあたふたしていたら、逃がしてしまいます。
最初から〝斜め45度〟を見て、
「これを取ろう!」という気合いが必要なのです。

金言

勇気を出して一歩踏み出せば、失敗したとしても逆転のチャンスは巡ってきます。
けれど、道を選択できず停滞すれば、人生がストップしたままになります。

金言

区切りをつけるためにも、己の決意を言葉にしましょう。
「過ぎたことはもう悔やまない!」、「さあ、次に行こう!」と口にすることで、過去への執着、そして未来に対する怖れも消えます。ネガティブな感情を一掃して、「明日」を見据えましょう。

第3章 運命逆転法

理解の逆転を図る

20代前半までの私の人生は、はた目から見れば、「不運」に見えるのかもしれません。幼くして両親を亡くし、7歳年上の姉が早くに嫁いだために、高校生の頃から一人暮らしを余儀なくされていました。自分だけのために食事を作り、たった一人で夕飯を済ませ、誰におやすみなさいと告げることもなく床に就くという毎日。もちろん不安もありましたし、貧しさもありましたし、親がいないことで偏見の目で見られたりもしました。そのうえ霊能力を持っていたため、数々の霊障に悩まされ、一年のうちに何度も引っ越しをしなければならなかったこともありました。若い時分にはそれらすべてをとても受け入れきれず、「もう死んでしまいたい」と考えたことも一度や二度ではありませんでした。

しかし、私は、死に逃げることはしませんでした。それは、「どうして自分だけがこんな思いをするのか」という嘆きを越えて、「自分は何のために生まれてきたのか」を考えたからです。その疑問を突きつめていく過程で、スピリチュアリズムという霊的哲学に出会ったことも大きな支えとなりました。

「人は死して死なない」。たとえ肉体がなくなっても、たましいは永遠にあるということ

を理解できたことが、私の生き方を変えました。死んですべてが終わるのならば、確かにこの世の尺度で言うあらゆる快楽や悦楽を追い求めたほうがいいのでしょう。しかし、そうではない。死後もたましいが存在する限り、「今さえよければいい」は、通用しないのです。

そのことを理解できたとき、「つつがない人生」が必ずしも幸せだとは言えないということに気づきました。波瀾万丈の人生であるほど、乗り越えるべき課題も多いのですが、たましいを磨くことができるととらえれば、「つつがなくない人生」に感謝する気持ちにさえなれるのです。

このように、霊的真理への理解が深まるだけで、まるでネガとポジが反転するように一瞬にして物事に対する価値観が変わります。どんなにつらい経験であろうと、この世に無駄な経験はないということが、真に理解できるのです。

私は、自らの体験からも、「不運はない」と断言できます。現世で言うところの不運とは、要は〝今の自分にとって不都合な状態〟であるというだけ。とらえかたを変えるという**理解の逆転法**を実践すれば、いかなる災厄が訪れようとも恐れなくなるでしょう。

人生において不運だとか不幸と思えることに遭遇したとしても、それは過去に自分が蒔いた種が返ってきているだけで、本当の「不幸」ではないのです。不幸と思える出来事が

あったとき、その状況を分析し、何につまずいたのかを知ることが大事。しっかり見つめれば、自分にとってプラスになるメッセージが必ずあることに気づくでしょう。それを拾い出さず、ただ転んで「痛い！」と言っているだけでは、まったく意味がありません。

私はよく「転んでも、"まんじゅう"をつかんで立ち上がれ」というふうに言っているのですが、それは人生につまずいたときにこそ、必要なメッセージをつかみ取りましょう、ということ。それができてこそ、後々振り返ったときに、「あのとき、転んでおいてよかったね」と言えるわけです。

この世には、不幸も不運もありません。不運と思える中にこそ学びがあり、メッセージがあるのです。

自分のオーラを強化する

「この世に無駄な経験はない」と頭ではわかっていても、苦難の真っ只中にいるときにはつらいと感じることでしょう。自分の置かれている状況を分析できていないときほど、自らの感情に溺れやすく、ストレスを感じて体調に響くこともあります。また反対に、肉体が極度に疲れているときには、ネガティブな感情が湧き出やすくなってしまいます。この

ように、心身は密接につながっています。

不調を感じたときには当然現実的なケアも必要で、十分な睡眠、バランスのとれた食事をとるなど、基本的なところから注意を払う必要があります。そうしたベーシックなことに加え、**呼吸法**を普段から取り入れるといいでしょう。深い呼吸によって心身のバランスが整い、リラックス効果も得られます。

職場や学校でのトラブル、お金のトラブルなど、現世で起きる問題のほとんどは、元をただせば「人間関係の問題」が根底にあると言えるのではないでしょうか。ただし、相手ばかりが悪いわけでもありません。実は、自分自身の波長を、まるで鏡のように映し出しているだけなのです。それが「表映し出し（自分と同じ姿を見せるもの）」か、「裏映し出し（反面教師となることやあなた自身の苦手意識を突いてくるもの）」かは、ケースバイケースですが、良きにつけ悪しきにつけ、まったく波長が合わない相手と引き合うことはありません。

ですから、自らの波長を高めることが何よりも大切なのは言うまでもありません。しかし、すでに波長が下がっているときには、どうしてもネガティブな考え方に陥り、それがもとでさらにネガティブな状況を呼び寄せてしまうこともありえます。その際、自らの「想い・言葉・行動」に責任を持って波長を高めるのが最優先なのですが、補助的な方法

としては **「卵オーラ法」** がおすすめです。卵の殻で自らが囲われているようなイメージを抱くとわかりやすいでしょう。

私も、自分自身に負けそうなときには、この「卵オーラ法」を行って、ネガティブなエナジーをシャットアウトするようにしています。

「卵オーラ法」は、他人から向けられるねたみやそねみといった負の想念から身を守るだけでなく、あがり症の人、人の誘いを断れない人、優柔不断な人、落ち着きのない人にも適しています。冷静さが備わり、どっしりと肝が据わって、堂々とした態度をとることができるようになるでしょう。

呼吸法、「卵オーラ法」のやり方

① 両足を肩幅に開いて立つ。
② 丹田(たんでん)(お臍の下あたり)に意識を集中させる。
③ できるだけゆっくりと鼻から息を吸い、吸った息が全身に行き渡るのをイメージする。
④ これ以上吸えないところまで吸ったら、口からクモのように、細く、長く息を吐き出す。
このとき、体内からネガティブなエネルギーが出て行くイメージを描く。
⑤ これ以上吐き出せないところまで息を吐いたら、いったんリラックス。

第3章　運命逆転法

⑥③から⑤までを1セットとして3セット繰り返す。

卵オーラ法

＊「卵オーラ法」は呼吸法をベースに、息を吐くときに自分のまわりに卵の殻のような丈夫なオーラが張り巡らされるイメージを強く抱くのがポイント。1回目は前後、2回目は左右、3回目は全体に。そして、最後に丹田に両手を当てます。強化したオーラに鍵をかけるイメージで行いましょう。

他人のせいにしない

自分にとって不都合なことが続くなと察知したら、いの一番に気をつけたいのが自分の発する言葉です。

言葉には「言霊」というエナジーが宿っています。ポジティブな言葉にはポジティブなエナジーが、ネガティブな言葉にはネガティブなエナジーが宿るのです。言霊を意識し、常に前向きな気持ちで話すことを意識しましょう。昔から、日本では「するめ」を「あたりめ」と言い換え、「掘る」というネガティブな言葉を「当たり」に切り替えていました。

これも、言霊による発想の切り替えです。

自分にとって良くないこと、不幸だと思えることがあったときも、安易に「最近なんだかツイてない」とか「不幸なんだ」などと言わないようにしましょう。そうした言霊を口にした時点で、そのエナジーが現実に影響します。また、言葉だけではなく、心に抱いた"想い"も同じ。「不幸だ」と思った瞬間に、そちらにエナジーが切り替わってしまうのです。ですから、そう思ったら瞬時に「これは学び。メッセージなんだ」と考え方を切り替え、そう口にして、そう思ったら瞬時も切り替えていきましょう。

また、大きな声で溌剌と話すことも大事。そこに「音霊」が宿るからです。想像するとわかると思いますが、人間、自信のないときや緊張しているときには声が小さくなってしまいがちなもの。けれど、波長を下げないためにも、不安があるときこそハキハキと明るいトーンで話すことを心掛けましょう。言霊に想いを込め、明るい音霊を発することで、"ネガティブな気"を払うのです。

「もうダメ！」「無理！」「大嫌い」「苦手だ」「つまらない」「やる気がしない」などの否定的な言葉を使うと、波長を下げることにつながります。もしも口にしてしまったら、即座に「というのは冗談」「な〜んてことはない」と打ち消す言葉で、明るく切り替えましょう。

特に「もう死にたい」と言ってしまった場合には、大きな声ではっきりと「いや、死にたくはない」と撤回しなければいけません。「死にたい」という言葉に反応して、未浄化霊が、「だったら協力しますよ」とばかりに憑依することがあるからです。もちろん、未浄化霊だけが悪いわけではなく、お互いに引き合う波長があって"お見合い"が成立しているということは忘れず、まず、自分の波長を高めるよう心がけてください。

「苦しいときに、ポジティブな言葉なんて言えるわけがない」と思ったらそれまで。切り替えるためにも、言霊からチェンジしていきましょう。絶対にできるはずです。「もうダ

メ！」と口にしているときでさえ、その心は、実は「"もうダメ"になりたくない」。ダメになりたくないからこそ、あがいているのです。ならば、「ダメにはならない！」というプラスの言霊に切り替えていけばいいのです。

また、もし誰かに心ないことを言われて傷つくことがあると、相手に対して、「ああも言ってやりたい」、「こうも言ってやりたい」とネガティブな想いが次々に浮かんでくることがあるかもしれません。

しかし、大事なことを忘れてはいけません。どんなにひどいことを言われたとしても、結局は、全てあなたと内なる神との間のことなのです。あなたと他の人の間であったことは一度もなかったのです。まさに「他人との間」の問題ではなく、「（内なる神＝）自分」の問題ということなのです。

第1章で紹介したマザー・テレサゆかりの「あなたの中の最良のものを」の中で、「結局、すべては「自分の中の出来事」だということ。

つまり、結局はすべて「自分の中の出来事」だということ。

それが「自分のことだ」と思わなかったら、その言葉に反応することはまずないのです。

そのことを理解できれば、いたずらに、人から言われた言葉やされた行為に一喜一憂することもなくなります。内観により自分の心を見つめられれば、解決するための方法も見えてくるでしょう。

口癖には人格が表れる

あなたは自分の口癖を意識したことがあるでしょうか。実は、言葉というのはその人を如実（にょじつ）に表すもので、口癖を聞けば、その人がわかると言っても過言ではありません。

たとえば、「っていうか」「でもですね」「ホントに？」などという口癖。この場合は、実は、相手の言うことを最初から疑ってかかっているのでしょう。否定する言霊を連ねてばかりいると、知らず知らず相手を傷つけてしまいますから、「なるほど！」「そういう意見もあるのね〜」「それは思いつかなかった！」などとクッションになる言葉を発してから、自分の意見を口にするといいでしょう。同じことを発言するにしても、こうした〝枕詞〟をうまく活用するだけで、受け取り手の印象がガラリと変わるものです。

自分の口癖は、本人は気づいていないことがほとんどなので、親しい人に尋ねてみたり、あるいは日常会話を録音しておいて聞いてみるのもいいと思います。

日頃口にしている言葉の積み重ねが、未来を創っています。ネガティブな言霊ばかり使っている人は、現実にもネガティブなことしか引き寄せなくなってしまいます。心に抱いた想い、口にした言葉、そして行動が、現実を創り出しているのです。「想い、言葉、

行動」は連動していますから、たとえば、本心とは裏腹な言葉を使ってしまったとしたら、現実には、その言葉のほうの波長に合った出来事が起きるようになるでしょう。よき言霊を発するためにも、心の中にある雑念やネガティブな想いを手放す必要があります。ネガティブな感情に翻弄されてしまいがちなとき、気持ちを切り替える一助として、「ふりたま」を試してみましょう。これは修練法のひとつですが、この精神統一法を行うことで、心の中に積もっていた垢を払い落とし、浄化をはかることができるでしょう。

また、疲れが取れないときには、**「鎮魂法」**を生活の中に取り入れてみてください。心身ともにエナジーをチャージすることができるので、イライラしたり、ハラハラしたり、悶々としたりする感情も、上手にコントロールできるようになります。また、感情に流されず、理性的に自分自身を見つめることができるようにもなるでしょう。感情が落ち着けば、あなたを取り巻く人間関係などの状況も改善できるはずです。

ふりたま

「ふりたま」のやり方

① 姿勢は、安座。
② 肩の力を抜いてリラックスする。
③ おにぎりを握るように両手を丸く重ねる。
④ その手の中に自分のたましいがあることをイメージしながら、お臍の前で上下に振る。
⑤ 振っているあいだは頭の中を空っぽに。雑念やネガティブな想いが消えたとイメージできたら終了。

「鎮魂法」のやり方

① 両足の裏を合わせて座る（できれば先に「ふりたま」を行っておくといい）。
② 背筋を伸ばし、鼻から深く息を吸い込む。
③ 同時にお臍の前で、両手をバレーボールのレシーブの型にして組む。

ひぃふう...

鎮魂法④　　　　　鎮魂法①〜③

④口からゆっくりと息を吐きながら、組んだ両手を中心に体ごと右に（体に対して水平に）ゆっくりと回す。回すたびに息継ぎをせずに一気に「ひぃ、ふぅ、みぃ、よ、い、む、な、や、こ、と」と数を唱える。回した両手を戻すときは、毎回きちんとお臍に触れるよう注意する。これを10回。

⑤同様に、組んだ両手を前後に動かす。両手を前屈する感じで前へ伸ばし、伸ばしきったら引き寄せ、お臍に戻す。これを10回。

⑥同様に、上下に動かす。組んだ両手を上げて額に触れ、お臍に戻す。これを10回。

⑦②から⑥までを1セットとして3セット繰り返す。

鎮魂法⑥　　　　　　　　　鎮魂法⑤

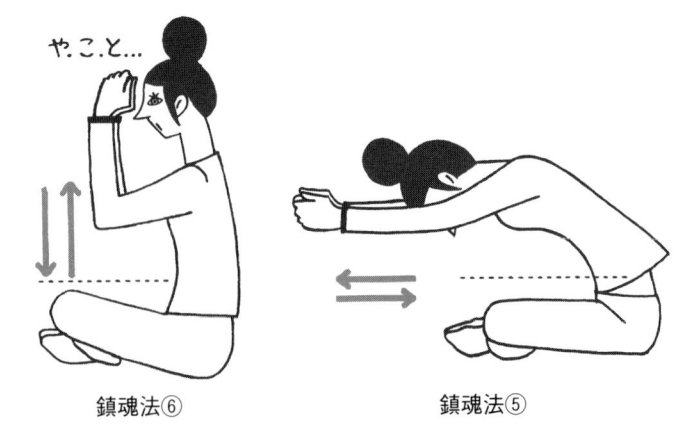

笑顔は笑顔を呼ぶ

あなたは、苦しいからといって険しい顔をしていませんか？　苦しそうな顔をしていれば苦しみが和らぐというのなら、それもよいでしょう。実際はどうでしょうか？　眉間にシワを寄せながらため息をついたところで問題は解決しません。それどころか暗い表情をしていると、気持ちまでどんよりしてしまいますし、周りの人が近寄りがたいような雰囲気をつくってしまいます。暗い表情になりそうになったら、180度雰囲気を変えて、笑顔で過ごすこと——これが**外見逆転法**です。

「不運だな、苦しいな」と感じたときほど、よい言霊を使い、そして、よき種蒔きのために〝奉仕〟をしましょう。笑顔こそが、周りの人に明るいエナジーを運ぶ一番の奉仕なのです。「苦しいときに、そんな能天気に笑えない……」と思うかもしれませんが、笑顔になるというくらいの簡単な努力ができないで、どうして本当の幸せをつかむことができるでしょう？　笑顔になることは、決して難しいことではないはずです。まずは、「おはようございます」など、日常の挨拶ひとつからでも笑顔を振りまいてください。

「なぜ、わかってくれないの？」という感情に翻弄されると、人は笑顔を失います。苦し

みを理解してもらいたいという気持ちから、ことさら険しい顔、哀しい顔、無表情を作ってしまうからです。

けれど〝自分を理解してもらいたい〟という気持ちを前面に出すのは甘え。単なるワガママです。厳しいことを言うようですが、人生をつねに前向きにとらえている人には、そうした余計なパフォーマンスに時間を費やしている暇などありません。

学びとはいえ、身を切られるような思いをし、途方に暮れることも確かにあるでしょう。

それでも、「受け入れること」がすべての始まり。幸せになる人となれない人の大きな違いは、わが身に起きていることを受け入れられるかどうかにあるのです。受け入れられる人は、自分の宿命を理解し、その〝素材〟の上に、運命を自ら築くことができるものなのです。

最初はちょっと無理した笑顔かもしれません。でも、笑っているうちに心も前向きになっていきますから、波長も変わります。手を差し伸べてくれる人が現れたり、状況が変わっていくでしょう。

「明るさ」は、実は「強さ」の表れ。本当に強い人には、ネガティブなものは近づくことはできません。大変なときほど笑える強さを持ちましょう。笑顔は〝万能薬〟。そのことをしっかり心に刻んでいただきたいと思います。

落ち込んでいるときほど〝おしゃれ〟を

かつて行っていた個人カウンセリングでは、私はたくさんの相談者と向き合ってきました。悩みは千差万別でしたが、大きく分けてみると、悩みの中にとらわれて自分を見失っている人、そして、悩んでいながらもどこかで自分のことを客観的に見つめられる人、がいたように思います。不思議なもので、その違いは身だしなみにも表れていました。悩みの中にとらわれている人は、身だしなみ一つにも気を配る心の余裕もない状態。一方、後者の場合は、清潔にきちんと身だしなみを整え、装うことも忘れてはいない印象がありました。

私はいつも「外見よりも心が大事」と言っていますが、それは「外見をおろそかにしていい」ということでもないのです。他人を不快にさせるほどの不潔な状態になるなど、身なりに構わなくなるのは、決して良いことではありません。すべての場合ではありませんが、こうした場合、軽い憑依を受けている可能性もあるので、「最近お風呂に入るのもおっくうに思える」とか「身なりなんてどうでもいい」というふうに怠惰な状態が続くなら、要注意です。ネガティブなものと引き合う可能性がありますから、ひとつのバロメーター

にするといいでしょう。

逆に言えば、気持ちが落ち込んでいるときほど、おしゃれをして出かけるのも一案。華やかな色を身に着けたり、自分のお気に入りの服を着るなど、ちょっとした気持ちを盛り上げることはできるのです。周りから「あの人、悩んでいるっていうわりにお気楽ね〜」と思われるくらい、あっけらかんと明るくしていてちょうどいいのです。

相談者の中には、愛する人の命にかかわる悩みを抱えている方も数多くいました。派手に装うのは不謹慎だと考え、黒い服を着て相談にみえる方もいましたが、それがためにかえって暗く沈んだ気持ちを増長させていることもありました。

その人の心の状態は、セレクトする色や見た目にも表れるものですが、逆転の発想で、「こういう自分になりたい」と思う要素を色や見た目に取り入れていくことはできるものなのです。あくまでもサプリメント的な使い方ではありますが、気持ちが沈んでいるとき、色のパワーは心強い味方となってくれます。積極性が欲しいなら赤、ユーモア精神が必要だと感じたら黄色、優しさや穏やかさを必要とするなら紫、冷静さを高めたいのであれば青など、必要に応じて、そうした色を取り入れてみましょう。心を元気づけるサポートにはなるでしょう。

暗い気持ちになりそうなときほど、明るさを表に出す。そうやって自分自身を鼓舞して

ネガティブな気を遠ざける

ネガティブな想いを払いのけるための手軽な自己除霊法として提案したいのが「**入浴法**」です。私たちは、そうとは気づかないだけで、日常の中でも大なり小なりネガティブな霊の憑依を受けていることがあります。憑依などというと怖がる人もいるかもしれませんが、自分自身の波長が招く憑依は、憑依するほうの未浄化霊が悪いのではなく、されるほうにも責任があるのです。"波長のお見合いが成立した"ということですから、まず、自分がネガティブな気を払い、前向きな想い、言葉、行動に変えていく必要があります。

エナジーを切り替えるためにも、汚れたエクトプラズムを放出し、意識的に高い波長を保つことが大切です。エクトプラズムというのは目には見えない生体エナジーですが、ストレスやネガティブな感情が蓄積すると、まるで心のフィルターに目詰まりが起きるように、エナジーの循環を妨げてしまいます。そこで、「入浴法」により、汚れたエクトプラズムを汗と一緒に流してしまおうというわけです。

そのとき、汗を出すのを促すのと、「海」の浄化エナジーのサポートを得るため、でき

れば、海水由来の天然塩を浴槽に入れるといいでしょう。海の持つ浄化力によって効果が高まります。

ところで、「なんだか最近、運が悪い」と感じるときにチェックしてほしいことがもうひとつあります。それは、あなたの部屋、仕事場のデスク回り、引き出しの中など。どのような状態にあるでしょうか？　そこは、実はあなたの心の状態を映し出しています。雑然と散らかっているなら、あなたの心の中も、同じようにグチャグチャなのです。表面上はきれいにしていても引き出しを開けたら汚い……という場合は、心の内と外が一致していない状態、というふうに読み解くことができます。

私は「仕事ができる人はデスク回りがきれい」といつも言っているのですが、要は、外側の整理整頓ができる人は、仕事の手順などにおいても理路整然と整理でき、無駄なく動ける人だから、という意味なのです。部屋を片付けるのがおっくうになったり、あちこちにモノが散乱してきたら、「散らかっているのは部屋だけではない」ことを肝に銘じ、部屋を片付けると同時に、心の整理整頓をはかっていきましょう。

私も忙しいときほど掃除を念入りにし、デスク回りの整理整頓を突然し始めたりもします。片付けることで心もすっきりしますし、片付けている合間にふっとアイディアが浮かんだりもするのです。

家の掃除において、特に玄関は外界との出入り口ですから常に清潔にしておきたいもの。四隅に砂埃が溜まったり、靴が散乱したりしていませんか？　汚れていればいるほど悪いエナジーの居心地がよくなってしまうので要注意です。

綺麗に掃除をしたうえで、玄関には**鏡**を置きましょう。外に向かって鏡を向けることで、外から入ってくる悪いエナジーをはねのけることができますし、良いエナジーだけを受け入れるので、外出先で嫌な思いをしてもリセットできます。風水では「玄関に鏡を置くと良い運気まではねのけてしまう」と言ったりするそうなのですが、スピリチュアルな視点で言えば、きちんと自分自身が努力して積んだ善きことは、簡単にはねのけられたりするものではないのです。

これらの方法を試し、かつ、自分自身の生活態度を見直すことが、エナジーの切り替えには有効です。

バイオリズムにフェイントをかける

第2章でも述べたように、スピリチュアルな視点で見た場合、占いでよく言われるような「幸運期・不運期」というものはありません。ただ、人生に「バイオリズム」はあり、

波を感じることはあるでしょう。トラブルなども少なく順風満帆に思える時期は、いわば「表現期」。そして、欠点があぶりだされることが続く波瀾万丈な時期は、「内観期」なのです。

「表現期」は、あなた自身がこれまでやってきたことにチャレンジするなど、アクティブに行動を起こす時期ととらえましょう。

そして「内観期」は、自分の足元を見つめ直す時期。ここで浮ついたことをすると足元をすくわれてしまいますから、慎重にならなくてはいけません。内観期に中途半端に行動するのは、ほどけた靴ひものまま走り出すのと同じこと。靴ひもを結び直していない状態ですから、結局またつまずいてしまいます。人間、ツイてないと思うときほど、一発逆転を望んで「引っ越ししよう」とか「思いきって転職を」などと考えてしまいがちですが、ここで大事なのは、行動ではなく内観です。つまずいたときの原因を分析していないと、根本的な解決には至りません。引っ越しも転職も、自分のそのときの波長そのままのものと引き合いますから、波長が低いときにはよいものと巡り合うことはできないのです。

私ならば、内観期には、あえてそのバイオリズムにフェイントをかけます。来たるべき行動期にそなえて習い事を始めるなどの下準備をするのです。占いではよく、「今は悪い時期だから3年停止」などと言われますが、内観すべきときにのんびりと構えて「ただ動

かないだけ」でいたら、さらに停滞しかねません。地道な努力、そして、「よき種蒔き」は、むしろ続けておくべきときなのです。

そこで、皆さんにおすすめするのは、神社などのスピリチュアルスポットに出かけること。ただ、これはいわゆる「困ったときの神頼み」ではありません。どんなにスピリチュアルな場所であれ、エナジーのある場所であれ、そこに行くだけで奇跡が起きて事態が好転するなどということは絶対にありません。それまでの自分の行いを見つめ直し、悪しきところは反省し、改善のきっかけを得るために、"誓いに行く場所"として活用してください。

心のチューナーを合わせる

あなたにとって不都合なことが起きたら、まずは現状を深層までしっかりと分析することが大切です。表面的に見える「事象」だけで判断してはいけないのです。

たとえば、結婚の話が具体化していたのに途中でトラブルが起き、暗礁に乗り上げてしまったとします。この場合、「トラブルを乗り越えてより絆を深めましょう」ということなのか、あるいは、「立ち止まって一度考え直しましょう」というメッセージと受け止

めるべきなのか、まず分析することが必要なのです。ネガティブな想いにとらわれすぎていると、その分析に私情がまじって適切な判断がつかなくなるので、とにもかくにも、客観的かつ冷静に。スピリチュアルなメッセージがどんなに近くにあっても、心のチューナーが合っていないと、メッセージを受け取り、理解することが難しくなってしまいます。

「こうであってくれたらいいのに」という願望や「現実を受け入れたくない」という逃避が、まるでノイズとなって、メッセージをとらえづらくしてしまうこともあるのです。

チューナーを調整するためにも、私は皆さんに一人旅をおすすめします。実は、人生も同じなのです。一人旅は、一人で考え、一人で決断し、一人で行動することの連続。すべての責任は自分にあると自覚し、人生の主役は自分であると再確認することが大切です。それができなければ、いたずらに自分の不運を嘆いたり、魔法のように誰かが幸せにしてくれるなどと思わなくなるでしょう。

心のチューナーがブレてきたなと気づいたとき、自分が何を求めているのかが見えなくなったときには、**「ノート内観法」**を試してみるのもよいでしょう。

どんな悩みも、解決の糸口は自分の中にあります。自分の気持ちを整理するためにノートを用意し、内観したいテーマを書き出してください。続いて、それにまつわる問題点、これまでの経緯、今の心境など、思いつくままに書いていきましょう。

たとえばテーマが離婚なら、その理由、原因となった出来事、自分の今の気持ちを正直に書きます。そして、自分の反省点を挙げ、相手のことも分析してみましょう。書き出していくうちに、さまざまな問題点が見えてくると思います。ここで大事なのは、スピリチュアルな視点で見た場合、「離婚＝不幸」とも一概に言えないということ。「事象」としては、つらいことかもしれませんが、その出来事によってあなた自身の未熟な面があぶりだされたのなら、たましいの視点で見れば「幸い」なのです。そして、あぶりだしてくれた相手は、実は、あなたにとっての「恩人」だともいえます。ずっと添い遂げて愛し合うこととも素晴らしいことですが、それだけが幸せの基準なのではありません。

人との出会いは、とても深いもの。実は、一見嫌な相手があなたの波長の「裏映し出し」で、反面教師のようにあなたの未熟さを映し出してくれていたかもしれないのです。つまずいたことで多くのことに気づけたのなら、それは、あなたのたましいにとっては「不幸」ではない。むしろ、ありがたい「学び」なのです。

愛にも充電を

人は誰しも、"愛の電池"で生きています。何もやる気がしない、あるいは逆に自暴自

棄になって、ギャンブルやお酒、買い物やセックスなどに依存してしまう人は、実はその"愛の電池"の充電切れだと考えられます。人間のエナジーの源は愛であり、愛が足りなくなると誤作動を起こしてしまいます。

けれど、あなたが今こうして生きているのは、あなたが赤ちゃんの頃、誰かがおしめを替えてくれ、ミルクを飲ませてくれたから。そこに、ちゃんと愛があったのです。幼い頃のアルバム法」で、自分に注がれた愛情を思い出しましょう。そこに、"愛された思い出"を振り返りましょう。それだけで、生きていくために必要な前向きなエナジーが内側から湧いてきます。

エナジーが落ちているとき、このほかにもパワーを充電できるのは、十分な睡眠をとることでしょう。寝ているとき、私たちは一時あの世へ里帰りをしています。その一番の目的は霊的なエナジー補充です。肉体を保つために食べ物が必要であるように、たましいにもスピリチュアルなエナジーを補充することが大事なのです。

枕の下に水晶を入れて眠る「水晶法」を用いれば、質の良い眠りに就くことができるだけでなく、水晶の浄化作用によって、ネガティブなエナジーのクリーニングもできます。

また、夢を通して、スピリチュアルなメッセージを得ていることもあります。夢というのは往々にして支離滅裂で何を意味するのかわからないことがほとんどかもしれませんが、

本当にあなたにとって大事なメッセージであれば、何度も夢に見たり、起きている時間にも、たとえば本の一節で同じようなメッセージを目にするなど、気づかせるようにはからわれます。

守護霊からのメッセージであったり、今は亡きあなたの大事な人からのエールかもしれませんが、考えてもその意味がわからないことならば、深追いしなくても大丈夫。わかるときには、わかるものです。

ここまで、さまざまな形で充電法や運命逆転法を紹介してきましたが、これらはあくまでも補助的なもの。何よりも大事なのは、繰り返しになりますが、「現実を受け入れること」です。人生の苦難でさえ、受け入れ方しだいで幸いとなり、大きな学びとなるのです。今のこの人生は、一度きりの旅なのです。それならば、試練を恐れず、喜怒哀楽のあらゆる経験を積むほうが、たましいの充足につながります。そう考えれば、この世に「災厄」はありません。本当の意味でいえば、「災厄をはねのける」のではなく、「受け入れ、理解し、学ぶこと」が大切なのです。

【巻末特別付録説明】

あなたが書きこんだ「人形(ひとがた)」を、江原さんが特別にお祓いします!

「人形(ひとがた)」の使い方
自分に邪気がたまっていると感じるとき、気分や体調がすぐれないとき、雑念を払いたいときなどに使います。

「人形(ひとがた)」を書くにあたっての注意
・なるべく、一人で静かに落ちつける時間と場所で行いましょう。
・まず身体を清めましょう。お風呂やシャワーで心身の汚れを拭い去ります。
・掃除をした机に向かい、姿勢を正して書き込みましょう。
・一人一枚です(連名は不可)。コピーしたものはお使いにならないでください。

〈書き方〉
① 巻末に付いている人形の頭の部分に、あなたの性別と年齢を、胴の部分に氏名を書きます(左ページ参照)。
② その人形で、身体をさすります。気になる部分がある場合は、そこを念入りにさすりましょう。
③ ②の人形に、はーっと息を吹きかけます。自分の中の邪気をすべて吐息とともに出して、人形に封じ込めるイメージで行ってください。

【記入例】

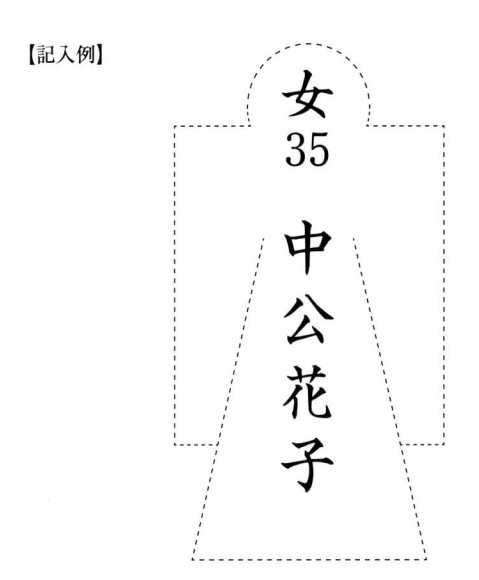

女
35
中公花子

〈江原さんによるお祓いをご希望の場合〉
下記の点についてご理解いただいたうえで、記入した人形(ひとがた)を切り取って封筒に入れ、80円切手を貼ってお送りください（2013年1月31日消印分まで受け付けます）。

＊体調や気分に関して、すべてが改善することを保証できるものではありません。
＊お送りいただいた人形に関してのお問い合わせには、一切応じられません。
＊送り先：〒104-8320　東京都中央区京橋2-8-7
　　　　　中央公論新社「スピリチュアル・パワーブック」係
＊人形在中と明記のこと

参考文献……『マザー・テレサ　愛のこころ最後の祈り』
ベッキー・ベネネイト 編集
アンセルモ・マタイス／奥谷俊介 翻訳（主婦の友社）

カバー・本文写真……村尾昌美
イラスト……オオノ・マユミ
装幀……中央公論新社デザイン室

江原啓之

スピリチュアリスト。一般財団法人日本スピリチュアリズム協会代表理事。主な著書に『幸運を引きよせるスピリチュアル・ブック』『ペットはあなたのスピリチュアル・パートナー』『前世』『未来を拓く言の葉』など多数。
公式サイト　http://www.ehara-hiroyuki.com
携帯サイト　http://ehara.tv
携帯文庫　http://eharabook.com/
※現在、個人カウンセリングおよび手紙等でのご相談は受け付けておりません。

すべての災厄をはねのける
スピリチュアル・パワーブック

2012年1月10日　初版発行	
著　者	江原　啓之
発行者	小林　敬和
発行所	中央公論新社
	〒104-8320　東京都中央区京橋2-8-7
	電話　販売 03-3563-1431　編集 03-3563-3692
	URL http://www.chuko.co.jp/
DTP	ハンズ・ミケ
印　刷	大日本印刷
製　本	大日本印刷

©2012 Hiroyuki EHARA
Published by CHUOKORON-SHINSHA, INC.
Printed in Japan　ISBN978-4-12-004317-8 C0095
定価はカバーに表示してあります。
落丁本・乱丁本はお手数ですが小社販売部宛お送り下さい。
送料小社負担にてお取り替えいたします。

●本書の無断複製(コピー)は著作権法上での例外を除き禁じられています。また、代行業者等に依頼してスキャンやデジタル化を行うことは、たとえ個人や家庭内の利用を目的とする場合でも著作権法違反です。

江原啓之の単行本

ペットはあなたのスピリチュアル・パートナー

あなたが心惹かれ、縁を持った動物たちはみな、たましいを磨きあう仲間です。運命の出会いから日々のコミュニケーション、トラブルSOS、そして幸せな別れまで、人と動物が永遠の絆を育てるための、初めてのスピリチュアル・ブック。ペットと一緒にできるインスピレーション訓練カード付き。

中央公論新社

特別付録　人形(ひとがた)

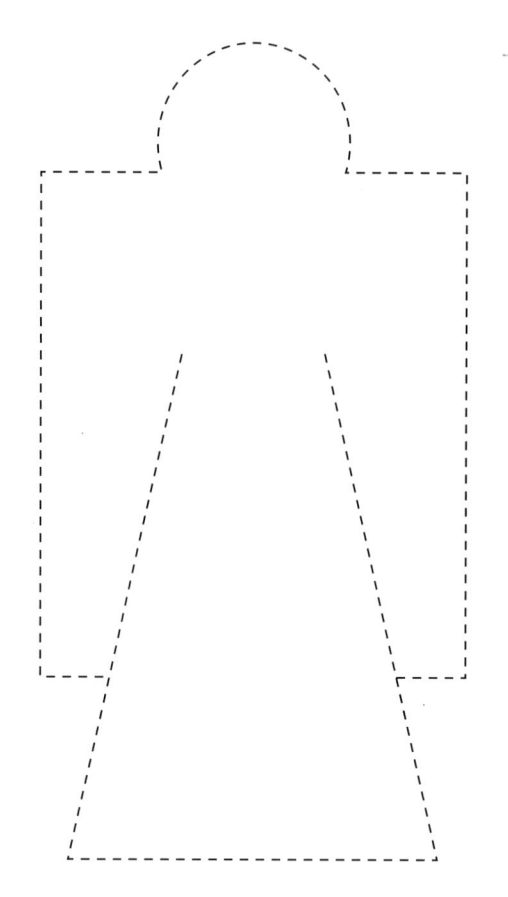

この人形で、江原啓之さんによるお祓いが受けられます。
詳しくは、130ページをご覧ください。

脳とソシアル

ノンバーバルコミュニケーションと脳
―自己と他者をつなぐもの

編集　岩田　誠　東京女子医科大学名誉教授
　　　河村　満　昭和大学教授・内科学講座神経内科学部門

social cognition

医学書院

〈脳とソシアル〉
ノンバーバルコミュニケーションと脳―自己と他者をつなぐもの

発　　行	2010年7月15日　第1版第1刷Ⓒ
	2012年3月1日　第1版第2刷

編　者　岩田　誠・河村　満
　　　　いわた　まこと　かわむら　みつる

発行者　株式会社　医学書院
　　　　代表取締役　金原　優
　　　　〒113-8719　東京都文京区本郷1-28-23
　　　　電話 03-3817-5600（社内案内）

印刷・製本　三美印刷

本書の複製権・翻訳権・上映権・譲渡権・公衆送信権（送信可能化権を含む）
は㈱医学書院が保有します．

ISBN978-4-260-00996-6

本書を無断で複製する行為（複写，スキャン，デジタルデータ化など）は，「私
的使用のための複製」など著作権法上の限られた例外を除き禁じられています．
大学，病院，診療所，企業などにおいて，業務上使用する目的（診療，研究活
動を含む）で上記の行為を行うことは，その使用範囲が内部的であっても，私的
使用には該当せず，違法です．また私的使用に該当する場合であっても，代行
業者等の第三者に依頼して上記の行為を行うことは違法となります．

JCOPY〈㈳出版者著作権管理機構　委託出版物〉
本書の無断複写は著作権法上での例外を除き禁じられています．
複写される場合は，そのつど事前に，㈳出版者著作権管理機構
（電話 03-3513-6969，FAX 03-3513-6979，info@jcopy.or.jp）の
許諾を得てください．

執筆者一覧

岩田　　誠	東京女子医科大学・名誉教授	
河村　　満	昭和大学医学部内科学講座神経内科学部門・教授	
小野　武年	富山大学大学院医学薬学研究部・特任教授	
柿木　隆介	生理学研究所統合生理研究系・教授	
入來　篤史	理化学研究所脳科学総合研究センター象徴概念発達研究チーム・チームリーダー	
三木　研作	生理学研究所統合生理研究系・特任助教	
本多結城子	生理学研究所統合生理研究系・研究員	
田中　絵美	生理学研究所統合生理研究系・研究員	
仲渡　江美	生理学研究所統合生理研究系・研究員	
杉浦　元亮	東北大学加齢医学研究所・准教授	
市川　寛子	中央大学研究開発機構・助教	
山口　真美	中央大学文学部・教授	
秋山　知子	駒木野病院精神科	
三村　　將	慶応義塾大学医学部精神・神経科学教室・教授	
小早川睦貴	玉川大学脳科学研究所・研究員, 昭和大学医学部内科学講座神経内科学部門	
飯高　哲也	名古屋大学大学院医学系研究科精神生物学・准教授	
坂井　克之	東京大学大学院医学系研究科認知・言語神経科学・准教授	
音成　龍司	音成神経内科クリニック・理事長	
春野　雅彦	情報通信研究機構脳情報通信融合研究センター・PI	
福武　敏夫	亀田メディカルセンター神経内科・部長	
清水　秀明	愛媛大学大学院医学系研究科脳とこころの医学	
小森憲治郎	愛媛大学大学院医学系研究科脳とこころの医学・特任講師	
山末　英典	東京大学大学院医学系研究科精神医学分野・准教授	
笠井　清登	東京大学大学院医学系研究科精神医学分野・教授	
佐倉　　統	東京大学大学院情報学環・教授	

（執筆順）

発刊に寄せて

　河村　『脳とソシアル』シリーズも第3作目になりました．『ノンバーバルコミュニケーションと脳—自己と他者をつなぐもの』というタイトルがついています．全体の構成は4つに分かれていて，最初は「顔の脳科学」，次は「コミュニケーション・スキルと脳」，3番目は「社会の中でのコミュニケーション」，そして4番目が「脳科学の社会的意義」です．
　最初は，「顔の脳科学」です．われわれ神経内科の立場からいうと，相貌失認という症状がありまして，これは顔認知の障害です．これは確か，1947年にJ. Bodamerが最初に記載したとなっていますが，Jean-Martin Charcot(1825-1893)が最初に提唱したという説もあります．視覚性失認については19世紀の終わり頃に統覚型，連合型の2つが定義されていますが，それから50年という長い月日が経って，初めて顔の認知のspecificな障害が記載されるわけです．
　顔認知の研究というのは，Bodamerから始まったと考えていいのでしょうか．
　岩田　顔そのものの認知は，個体性の認知と表情の認知があるでしょうけれども，表情の認知は，Charles R. Darwin(1809-1882)のちょっと前のCharles Bell(1774-1842)も研究しています．だから，顔に対する科学者の眼というのは，かなり昔からありますね．
　たぶん，顔に興味をもって一生懸命やり出したのは，ルネサンス時代の美術の人たちです．画家にしても，彫刻家にしても，顔というのは，美術作品の中で人間を描く場合にはいちばん大事な部分ですから，どういう表情(相貌)にするかというのは，大きな関心事だと思います．
　僕が面白いなと思うのは，顔学会の原島　博先生のグループの仕事だけれども，「その人らしさ」という顔があることですね．ルネサンスの人たちで，例えばRaffaelloがマドンナ，マリア様を描くでしょう．そのときに，

岩田　誠

マリア様らしい顔というのがあるわけです．そして，顔だけじゃなくて，全体的な体のしぐさ，体全体の表情におけるその人らしさというものが，非常に研究されたはずです．

それは，いわばノンバーバルコミュニケーションですよね．絵をパッと見たときに，「ああ，これはマリア様らしいな」とか思わせるわけですから．それを逆に，Caravaggioなんかは打ち崩して，マリア様らしさを消すようなかたちでマリア様を暗示させる方法をとっているわけです．そういう興味のもち方というのが，私は17世紀から綿々とされてきたと思います．

そういうものの積み重ねのうえに，顔に対する興味と脳科学がつながって，たぶんBodamerとか，そういうところにくるのだと思います．

河村　先生のご指摘のように，Bodamerのしたことは顔の同定ですね．表情については，もっと前から医学領域でもあって，私の知っている限りでは，Charles Bellがいちばん古くて，その次にDarwinですね．それから，Duchenne (1806-1875) ですか．

岩田　Duchenneは顔を刺激して，いろいろな表情をつくらせていますよね．

河村　ですから，けっこう古いということが言えると思います．

岩田　表情の研究のもう1つの流れとして，これは特にフランス演劇の中に出てくるんですけれども，表情によってつくり出す演技がありますよね．典型的なのが，いわゆるパントマイムで，Marcel Marceauなんかのやっていたパントマイムの中には身体表現，特に顔を使って自分の思いなどをパッと出すものですね．それは，フランスの演劇界で非常に強いですね．例えば『天井桟敷の人々』という有名な映画の中に出てくる，Jean-Louis Barraultの役があるけれども，パントマイム劇をやるわけです．まったく言葉を使わないで，自分の感情が相手に伝わるようにいろいろ演

技する．それこそ，ノンバーバルコミュニケーションというものは，演劇などの芸術分野でものすごく研究されてきたものだと思います．だけど，それは脳科学ではなかったわけでね．

河村　日本にもありますね．能楽はどうでしょう．

岩田　ある意味からすると，そうですよね．能ではお面をつけていますが，能に出てくる主人公はすべて幽霊です．死んだ人間が出てきて，しかも，それがバーバルに語るわけです．これは，私が素人だから思うことかもしれませんが，能面をつけることによって，生の人間が普通にする表情を消して，逆にバーバルな意味づけに非常に深い表情を暗示させる，そういう効果があるんじゃないか．

河村　満

　その逆が歌舞伎でしょう．歌舞伎は，むしろ踊りが主体で，言葉は付け足しみたいなものだから，そこに出てくるのは非常に派手な，人間が普通の表情ではできないような隈取でつくった顔と衣装で，それは能とはまったく逆ですよね．生きている人の，あらん限りの表情をそこでつくり出しているように感じます．

河村　すると，コミュニケーションといって最初に思うのは言語だと思っていましたけれども，そうではなくて，ノンバーバルのコミュニケーションのほうがよく使われているわけですね．

岩田　バーバルは付け足し的なものというか，説明的なものですよね．
　脳というのは嘘つきで，自分の本当の思いとか，本当の感情を隠すために言語というのは非常に便利なものだと，僕はよく言うんです．というのは，体のいろいろな状態，表情というのは本物が出てしまうんです．その本物を隠すには，バーバルにいくしかない．だから，乱暴な言い方をすれば，バーバルというのは嘘をつくために存在する，ノンバーバルは本当のことしか出ないですからね．

そういう意味で，言語というのは恐ろしい道具ですよね．絶対に感情を加えない，ということができてしまう．情動は，本音というか，その個体が行動しようとするときの，本当の行動パターンを外に表わす情動行動と，その中で感じた感情とがあると思いますが，どちらも本物なんですよね．

　それを，バーバルコミュニケーションによって，いかに抑えるか．それが人間のいちばんの特徴で，ある意味，人間を非常に不幸にしている原因でもあるんじゃないかと思うんです．だから，言語の使い方というのを，私たちは一生懸命本音に合わせるようにしていかないと駄目なんじゃないかな．

　河村　そんな気がします．私たちがつくったこの本は，そういう意味で非常に大切なことを提案しているということだと思います．

　岩田　社会活動というのは，人間の脳が存在している，いちばん大きな理由の1つですよね．そのために脳が大きくなったと言ってもいいと思うんですよ．それは，間違いない事実でしょうね．

（2010年3月吉日　メディカルクリニック柿の木坂にて）

編者　岩田　誠・河村　満

目　次

I　顔の脳科学

1　モナ・リザの微笑み—顔ニューロンが問いかけるもの
……………………………………………………………小野武年　3

　まえおき—豊倉康夫先生の慧眼と碩学に学ぶ　3
　A　顔認知研究の歴史　4
　B　サルにおける顔アイデンティティの認知　5
　C　ヒトの顔認知と脳の活動部位　9
　D　扁桃体と顔ニューロン　12
　E　顔ニューロンが問いかけるもの　13
　おわりに　16

2　顔の脳科学………………………………………柿木隆介　19
　非侵襲的脳機能検査法　20

3　脳波と脳磁図を用いた顔認知の研究
　………柿木隆介，三木研作，本多結城子，田中絵美，仲渡江美　23
　A　脳波と脳磁図　23
　B　顔認知のメカニズム　23
　　1) 静止した顔の認知　23 / 2)「顔の部分の動き」の認知　26 / 3) 倒立顔認知　29 / 4) Subliminal 刺激による顔認知　31 / 5) 小児における顔認知　31
　おわりに　33

4　自分の顔を見る………………………………………杉浦元亮　37
　A　自分の顔と「自己」　37

B　単一の「自己」システムは存在するか？　38
　C　自分の顔の3つの「顔」　40
　　　1）自己身体としての自分の顔　40／2）非他者としての自分の顔　42／3）社会とのインターフェースとしての自分の顔　42／4）自分の顔のイメージング研究の今後　44
　D　「自己」は再統一されるか　44
　おわりに　45

5　顔を通じた対面コミュニケーション
　…………………………………市川寛子，山口真美　49
　A　コミュニケーションにおける顔　49
　　　1）ヒトは顔を見る　49／2）顔を見たときの乳児の脳活動　50
　B　表情を介した感情伝達　52
　　　1）表情は感情を表す　52／2）表情を通じた感情理解　53／3）表情模倣による感情理解　54
　C　顔の動きと表情　55
　　　1）乳児は動く顔を好んで見つめる　55／2）乳児の顔の動きへの感受性　56

6　視線認知の障害…………………………秋山知子，三村　將　61
　A　他者の目を検出する　62
　B　視線の向きを処理する　63
　C　視線方向に注意を転動する　64
　D　視線を追う　67
　E　追視から他者理解に至るまで　68
　F　ここまでのまとめ　68
　G　精神障害における指線認知の障害　69
　おわりに　71

II　コミュニケーション・スキルと脳

1　身体性コミュニケーションとその障害………小早川睦貴　77
- A　もしも言葉がなかったら…　77
- B　身体性コミュニケーションの神経メカニズム　77
  - 1)「かたち」の知覚　78／2)「動き」の検出　79／3)「動作」の理解　81／4)「情動」の認知　84
- C　自分を知り，他人を知る　86
- おわりに　88

2　ストレス，遺伝子，そして扁桃体………………飯高哲也　93
- 扁桃体との出会い　93
- A　ストレス・情動と扁桃体の関係　94
- B　遺伝子多型と扁桃体　97
- C　性と扁桃体　100
- D　精神疾患と扁桃体　101
- E　文化・人種と扁桃体　103
- 扁桃体研究のこれから　103

3　他者と関わる前頭葉―思考を読み取る脳内機構
　………………………………………………坂井克之　107
- A　ミラー・ニューロン　107
- B　他者の動作のコピーから予測，そして意図の解読へ　109
- C　ヒトのミラー・システム　112
- D　社会性と自閉症　114
- E　ミラー・ニューロンの展望と問題　116

4　脳指紋とコミュニケーション・スキル………音成龍司　121
- A　脳指紋（うそ発見器，真実検出器）　121
- B　内因性の誘発電位としてのP300　121
- C　P300の特性　123
- D　P300による実際の虚偽・真実検出（脳指紋）　124

E　ノンバーバルコミュニケーション・スキル　127
　　F　P300 による意思伝達装置　128
　　　　1) 画像を用いたコミュニケーション　128 / 2) 画像による ALS 患者とのコミュニケーション　129
　　G　そのほかの brain-computer interface (BCI)　133
　　　　1) μ リズム・β リズム　133 / 2) Slow cortical potential (SCP)　133
　　おわりに　134

III　社会の中でのコミュニケーション

1　囚人のジレンマにおけるかけ引きと脳活動 ……春野雅彦　139
　　A　囚人のジレンマゲーム　139
　　B　報酬系の脳部位と強化学習　141
　　C　囚人のジレンマと脳活動　144
　　　　1) 相互協力と報酬系　144 / 2) 囚人のジレンマゲームにおける強化学習と個人差　145
　　おわりに　150

2　人格を破壊する脳深部の小さな梗塞——視床背内側核と"sociopathy" …………………………………………… 福武敏夫　153
　　A　人格と人格変化——最も定義しにくい神経症状　153
　　B　意識が回復したら人格が変わっていた　156
　　C　視床傍正中動脈梗塞の神経心理学——情動と行動様式に着眼して　158
　　D　前頭葉サーキットの要——視床背内側核　160
　　E　"Sociopathy (社会症)"と遂行機能障害——ノンバーバルコミュニケーションの観点で　161
　　F　視床背内側核と統合失調症　162
　　おわりに　163

3 わが道を行く症候群（"going my way" syndrome）―ピック病のコミュニケーション障害……清水秀明，小森憲治郎　167
　A　ピック病の'わが道を行く'行動とは？　168
　B　症例呈示　169
　C　FTDとSDのコミュニケーション障害　174
　おわりに　176

4 心的外傷と感情抑制―PTSDの神経機構
　………………………………………………山末英典，笠井清登　179
　A　PTSDの脳画像研究　179
　B　PTSDの脳病態仮説　182
　C　PTSDの病因仮説　183
　おわりに　187

Ⅳ　脳科学の社会的意義

1 脳科学と社会の関係はいかにあるべきか？……佐倉　統　191
　はじめに―専門家集団と社会の関係　191
　A　科学にとって「社会」とは何か？　192
　B　科学と社会―歴史的・文化的背景　195
　C　脳科学と社会―脳神経倫理の動向　198
　おわりに　202

あとがきにかえて……………………………………………207
索　引…………………………………………………………219

●こぼれ話●

瞬間―0.01秒　22／顔で笑って…　36／ないものが鍵　74／死の受容　106／植物の"群れ"と動物の群れ　120／卒業写真　151／色とコミュニケーション　166／1,000年後の科学と人間　205

I 顔の脳科学

1 モナ・リザの微笑み
—顔ニューロンが問いかけるもの

まえおき—豊倉康夫先生の慧眼と碩学に学ぶ

　本書の執筆にあたるとき故豊倉康夫先生のことを真っ先に思い出した．それは，第24回失語症学会(2000年10月，東京)で，「情動や記憶だけでなく，"顔の表情と視線"の神経生理学的研究は人間がお互いのこころを理解し合うために非常に重要である」と力説された姿であった．私自身，1982年8月から1カ月間，当時顔ニューロンの報告で話題になっていたオックスフォード大学でET Rolls教授と一緒に研究していたことがある．その研究はサルに実験室や飼育室にあるさまざまな物体を呈示し，海馬ニューロンの応答(インパルス放電頻度の増加または減少)を調べるというものであった．ある日，みごとな単一ニューロン活動(インパルス放電)を記録できた．そこで，近くにある物体はすべて呈示したが，まったく応答しない．思い余って大きな声を出したり，強い音や光刺激などを呈示しても応答しない．ニューロン活動は長時間記録できたが，押しても引いても何をしても如何なる刺激にも応答しない．最後にサル眼前にあるシャッターの前に私の顔を出すと，驚いたことに，このニューロンが強い促進応答(インパルス放電頻度の顕著な増加)を示したのである．私の顔を何回見せても応答する．Rolls教授をはじめ，近くにいたスタッフや大学院生の顔すべてに応答したのである．さらに，さまざまな顔写真や「へのへのもへじ」を書いたマンガの顔絵を見せても応答した．このニューロンは，顔以外の如何なる刺激にも応答しないが，すべての人物の顔，写真，とにかく顔であれば無差別に応答するので，face general neuronと名づけた．このようなニューロンは1カ月で1個しか記録できなかったが，このとき以来，顔，顔の表情，視線の認知に関わるニューロンの神経生理学的研究の

重要性を痛感していた．それが，豊倉先生から直々に，「顔の表情と視線」の神経生理学的研究の重要性をうかがったのを機に，本格的に研究に取り組むことになった．まさに人の出会いの妙である．

実は豊倉先生とお会いしたのは二度目であった．最初の出会いは，文部省科学研究費補助金・総合研究A「自律神経機能の左右差発現（1993〜1996年度）」の班会議（1996年10月，東京）で，さまざまな絵画や彫刻作品の綺麗なスライドを供覧され，脳の左右差の神経学的な研究を紹介されていた．本項のタイトルにもあるレオナルド・ダ・ヴィンチの「モナ・リザの微笑み」の原図と左右反転のスライドを拝見したのもこのときだった．

まえおきはこれくらいにして，本題に入ることにしよう．なお，ここでは9年間の筆者らの神経生理学的研究成果を紹介する．引用文献もごく限ったので，貴重な先駆的文献の引用がなされていないこともあることをお許し願いたい．

A 顔認知研究の歴史

ヒトの脳には，総数1,000億のニューロンがあると推定され，各ニューロンは1,000〜20,000のシナプスを形成し，総数約100兆のシナプスで連結した複雑な神経回路網を構成する．「こころ」は古来より永遠の謎であるが，現在では少なくともこれらニューロン間でやり取りされる電気信号（インパルス放電）に「こころ」をひも解く鍵があると考えられている．ヒトの「こころ」のもつ豊かで繊細な喜怒哀楽の感情は，下等動物からヒトにいたる脳の進化の賜物である．ヒトをはじめとする霊長類は顔の認知が非常に得意であり，顔の表情や視線において言葉を介さなくても社会的コミュニケーション，つまり自己の「こころ」を相手に伝えたり，相手の「こころ」を理解したりすることができる．現代の神経生理学では，行動しているサルの脳から，単一ニューロンのインパルス放電を記録できるようになり，このような霊長類における顔認知のメカニズムが解き明かされつつある．

その発端は1980年代初頭の米英の2つの研究グループが独立に発表した驚くべき報告にあった[1,2]．サルがサルやヒトの顔そのものや写真を見たときだけ，サルの側頭葉前部に限局して応答するニューロンが記録され

たのである．この興味深い一群のニューロンは，顔ニューロンと呼ばれている．

この顔ニューロンは発見から四半世紀になるが，最初に報告された前部上側頭溝や前部下側頭皮質[3]だけでなく，前頭前皮質や扁桃体あるいは海馬体からも記録されている．しかし，これら顔ニューロン存在部位の機能的役割に関しては不明な点が多い．近年，機能的磁気共鳴イメージング（functional magnetic resonance imaging；fMRI）など機能画像によるヒトの研究から，顔認知に特異的に関与するのは紡錘状回であり，社会的な認知に関与するのは眼窩前頭皮質や上側頭溝であることが明らかになっている．これらの研究により，サルの前部下側頭皮質は機能的にはヒトの紡錘状回に相当する可能性も指摘されている．

筆者らは，30年にわたって，サル脳の間脳（視床下部，視床），大脳辺縁系（扁桃体，海馬体，帯状回など），前頭前皮質，前部側頭皮質，大脳基底核（尾状核，被殻，淡蒼球，黒質）などの各部位で，報酬や嫌悪性物体，音，さらにはサルやヒトの顔などを呈示したときのニューロン応答性（促進応答：インパルス放電頻度の増加，抑制応答：インパルス放電頻度の減少）を解析し，各脳部位の認知，情動，記憶，行動発現における役割を明らかにしている．ここでは，最近の筆者らの顔ニューロン存在部位の機能的役割に関する研究について紹介する．

B サルにおける顔アイデンティティの認知

既に述べたように，サルの側頭葉では，顔ニューロンは前部上側頭溝と前部下側頭皮質の2つの部位に局在する（図1）．これらの部位の顔ニューロンは，顔のアイデンティティの認知を行うときには，どのような応答特性を示すだろうか？

そもそも「顔のアイデンティティの認知」とは何か？　それは，サルやヒトなどの顔をどの向きから見ても，すなわち，顔の向きには関係なく，特定の個体であることを認知する能力である．筆者らは，まず，サルの前部上側頭溝と前部下側頭皮質に脳定位的に微小電極を刺入し，顔のアイデンティティの認知を行わせ，ニューロン応答を解析した[4,5]．その結果，顔

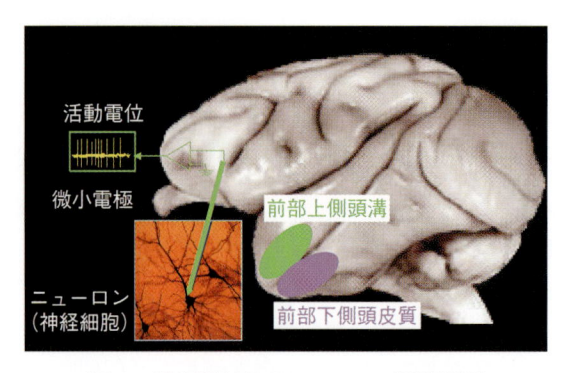

図1 サル脳からのニューロン活動記録
脳表(実物)から見たサル左側頭葉の前部下側頭皮質と前部上側頭溝の部位.

のアイデンティティの認知を実際に行っているサルの脳から顔ニューロンのインパルス放電を記録した.

これまでの筆者らの研究により，これら顔ニューロンは前部上側頭溝および前部下側頭皮質(特に腹側部)のいずれの部位からも記録され，さらに顔の向きと顔のアイデンティティのいずれか一方または両方に，選択的に応答する顔ニューロンが混在していた．しかし，顔のアイデンティティをそれ単一で表現している選択性の高い応答をするニューロンは少ないことも明らかになった．そこで次のステップとして，顔のアイデンティティの情報が単一の顔ニューロンではなく，複数の顔ニューロンの応答パターンで表現される可能性について，多次元尺度法(multidimensional scaling；MDS)という多変量解析を用いて調べた．MDSを用いると，各顔呈示に対する顔ニューロン集団の応答パターンの違いから，2次元空間における相対的な位置を顔空間として表すことができる[6]．すなわち，顔空間での相対的な位置が近い顔は，ニューロン集団の応答パターンが類似していることを示している．

図2Aには，前部下側頭皮質腹側部の顔ニューロンの促進応答の典型例を示した．このニューロンは人物A〜Dの4人の顔写真のうち，人物Aの顔写真にだけ選択的に応答し，人物B〜Dの顔写真には応答しない．したがって，このニューロンは特定の人物Aの顔のアイデンティティの認

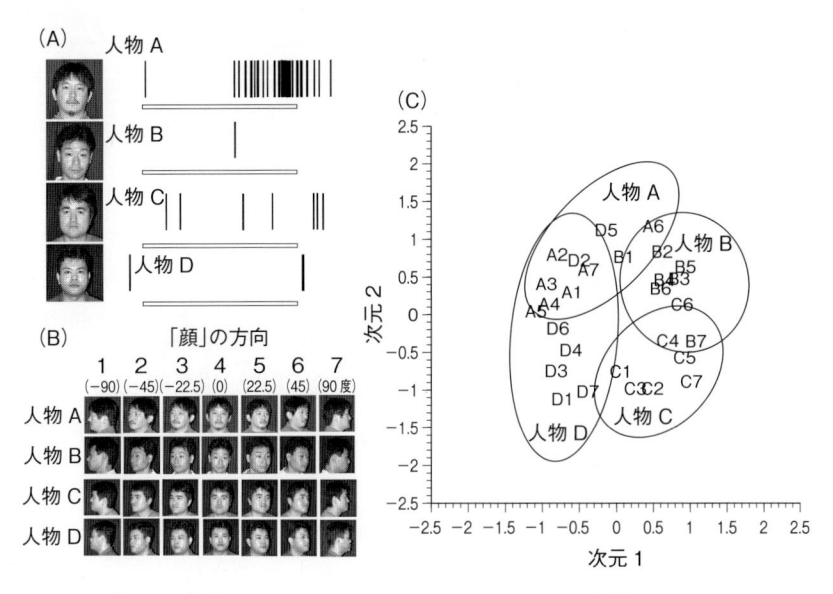

図2 人物のアイデンティティをコードする前部下側頭皮質顔ニューロンの応答性

(Eifuku S, et al, 2004[4])

A：サル前部下側頭皮質顔ニューロンの促進応答（インパルス放電頻度の増加）．下の白いバーは顔写真の呈示期間（480 msec）を示す．この顔ニューロンは人物A（顔のアイデンティティ）に選択的に応答している．B：実験で使用した人物A～Dの顔写真と各人物の7方向の顔の向き．C：多次元尺度法（MDS）に基づくサル前部下側頭皮質における顔空間．サル前部下側頭皮質の顔ニューロン集団は，顔の向きではなく，アイデンティティを表現する．

知に関与すると考えられる．次に，前部下側頭皮質腹側部に存在する59個の顔ニューロンについて，人物A～Dの7方向の顔の向きの写真（図2B）に対する応答から，MDSを用いて顔空間として表現した（図2C）．図2CにあるA1，B2やC4などの表記は，図2Bの写真に対応し，28（4人×7方向）の顔の表現関係に対する顔空間の位置が示されている．この図を見ると，同一人物の顔のアイデンティティに相当するA～Dのアルファベットがグループを形成し，顔の向きに相当する数字の1～7には関与しないことがわかる．このことは，前部下側頭皮質腹側部の顔ニューロン集団は，顔の向きではなく，顔のアイデンティティを表現していることを示している．前部下側頭皮質腹側部には，ニューロンの応答潜時とサル

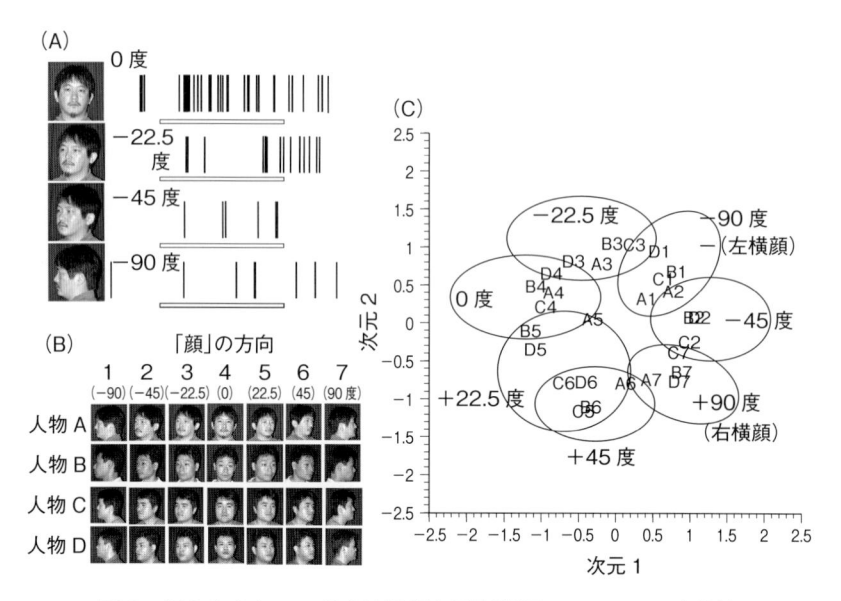

図3 顔の向きをコードする前部上側頭溝顔ニューロンの応答性
(Eifuku S, et al, 2004[4])

サル前部上側頭溝の顔ニューロン集団は，顔のアイデンティティではなく，顔の向きを表現する(方法は図2に同じ).

の行動反応時間が相関する顔ニューロンが存在する．これらのことは，前部下側頭皮質腹側部が顔のアイデンティティの認知に重要な役割を果たしていることを強く示唆する．

　一方，側頭葉内のもう1つの顔部位である前部上側頭溝は何をしているのであろうか？　図2と同様にサルに4名の人物の7方向の写真28枚を見せ(図3B)，この部位のニューロンの応答を調べた．まず人物Aだけをとってみると，このニューロンは正面向き(0度)の顔の写真に選択的に応答するが，他の顔の向き(-22.5度，-45度，-90度)には応答しないことがわかった(図3A)．次に前部上側頭溝の48個の顔ニューロンの応答から求めた顔空間を図3Cに示す．28枚の顔の表現関係に対する顔空間の位置をみると，同じ方向(1～7)の顔がグループを形成し，人物のアイデンティティ(A～D)には関係しないことがわかる．このことは，前部上側頭溝の顔ニューロン集団は，顔のアイデンティティではなく，呈示される顔

の向きを表現していることを示している．さらに，前部下上側頭溝の顔ニューロンは顔の向きだけではなく，視線の向きも表現していることが明らかになっている．

前部上側頭溝はその前部(吻側部)と後部(尾側部)で，顔ニューロンの顔や視線の向きに対する応答が異なる．後部は，右向きと左向きの顔に同様に応答する顔ニューロンが多く，また特定の顔の向きだけではなく，すべての顔の向きに応答する顔ニューロンが混在していた．一方，前部には，右向きと左向きの顔の向きに異なる応答を示す選択性の高い顔ニューロンが多く，特に斜め向き(−45度：左斜向き，または+45度：右斜向き)の顔に選択的に応答する顔ニューロンが多く存在していた．さらに興味深いことに，前部の顔ニューロンは，呈示した顔の視線がサル自身に向けられている(アイコンタクトがある)とき，強い促進応答を示した．前部上側頭溝の前部は前部下側頭皮質腹側部と相互に密接な線維連絡を有し，前部上側頭溝の後部は頭頂間溝から入力を受けるなど解剖学的にも異なる．これらのことは，前部上側頭溝に，顔や視線の向きの情報処理に関して，前後方向に機能階層が構築されていることを示している．

C　ヒトの顔認知と脳の活動部位

近年，筆者らは，ヒト脳波による非侵襲的脳機能解析法の開発を行っている．一般に，脳波の誘発電位は脳内に発生したシナプス電気活動を頭皮上から記録したものである．特に脳内の局所に同期して発生する集合シナプス電位は，電流双極子(電流発生源)に近似することができる．この電流双極子により生ずる電流は頭部の実形状にしたがって流れ，表面電位を発生させる．脳内双極子追跡法(dipole tracing method；DT法)は，このときの頭皮または硬膜上から記録される電位(脳波)分布から繰り返し順計算を行うことにより，逆問題を解いてその電流双極子の位置とモーメントを推定する方法である[7-9]．筆者らはDT法の精度を確認するため，サルを用いて硬膜外記録電極を埋め込み，正中神経刺激による体性感覚誘発電位(somatosensory evoked potentials；SEPs)を，CT画像に基づく3次元実形状1層頭部(脳)モデルを用いたDT法により解析し，脳内活動部位の

時間的遷移を明らかにしてきた[10,11]．その結果，双極子は，対側視床，第一次体性感覚野(SI野)，およびBrodmannの5野に経時的に移動していくことが明らかになった．これは，マルチユニット活動を同部位から侵襲的に記録した神経生理学的研究により細胞レベルでも確認され，Brodmannの5野の破壊により長潜時のSEP波形成分が選択的に消失することも明らかになっている．

さらに筆者らは，ヒトで，電流双極子の推定位置の精度を高めるために，3次元実形状4層頭部モデルを用いたDT法を開発した．この方法により視覚誘発電位(visual evoked potentials；VEPs)の解析を行ったところ，ヒト後頭葉の視覚受容野は，網膜上の座標に基づいて配列している(網膜部位局在性)という解剖学的な知見と正確に一致する結果を得ている[12]．実際にその詳細を紹介しよう．

図4Aには頭皮(skin；S)，頭蓋骨(skull；S)，脳脊髄液(fluid；F)，および脳(brain；B)のそれぞれの外側面から成る3次元実形状4層頭部(頭皮-頭蓋骨-脳脊髄液-脳：SSFB)モデルを示した[12]．SSFBモデルでは，相対電気伝導度をS：S：F：B＝1：1/80：3：1として電位分布を補正して繰り返し順計算を行うことにより，逆問題を解いて電流双極子の位置とモーメントを推定する．頭皮外側面および頭皮電極の3次元座標は，音波センサーによる実形状測定装置により，また，頭蓋骨，脳脊髄液および脳の外側面は，被験者の頭部CT像を撮影し，それぞれ頭蓋骨外側面，頭蓋骨内側面，および頭蓋骨内側面のさらに内側1 mmの領域をトレースすることにより作成している．このSSFBモデルによるDT法の精度は，脳磁図(Magnetoencephalography；MEG)に相当するか，それ以上であると考えられる．最近筆者らは，ヒトで，顔全体と眼だけ呈示したときの視覚誘発電位をDT法により解析し，顔全体と眼についての情報処理は，視覚認知経路の初期段階から異なることを明らかにしている．図4Bは，ヒトに眼だけや顔全体を呈示したとき，頭皮上から記録される視覚誘発電位の脳内電流発生源(双極子)を，DT法により推定したものである[13]．眼または顔全体を見たときには，後頭側頭移行部に潜時約170 msecの陰性視覚誘発電位(N170)が記録される．眼だけを見たときの脳内双極子は，誘発電位の初期(早期相)，ピーク時(頂点)，および後期(後期相)にわたって後頭側

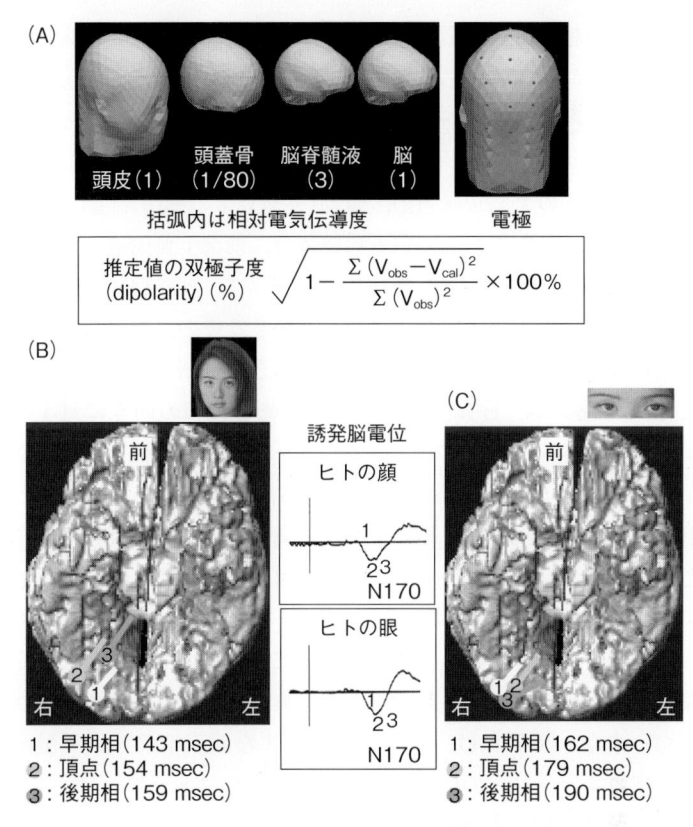

図4 顔と視線(眼)に対するヒト視覚誘発電位の双極子解析
(Shibata T, et al, 2002[13])

A：3次元実形状4層頭部(頭皮-頭蓋骨-脳脊髄液-脳：SSFB)モデル．BC：ヒトの顔全体(B)および眼だけ(C)の呈示に対する双極子解析．1～3はそれぞれ各視覚誘発電位早期相(1)，頂点(2)，後期相(3)成分に基づく推定双極子の位置とモーメントを示す．ヒトの顔全体に対する双極子の位置は，時間の経過にしたがって紡錘状回に移動しているが，ヒトの眼に対する双極子の位置は移動していない．

頭移行部の外側部に位置している．一方，顔全体を見たときの誘発電位を解析すると，早期相から後期相に時間が進むにつれて，脳内電流発生源(双極子)は前方内側部(紡錘状回)へ移動している．これらは，少なくとも眼と顔全体の情報処理過程は，後頭側頭皮質の異なる神経回路網が関与していることを示している．このように視覚経路の初期段階で別々に処理さ

れた眼と顔の情報は，前部上側頭溝などで再び統合されると考えられる．

D　扁桃体と顔ニューロン

　一方，新皮質下の大脳辺縁系の，情動（喜怒哀楽の感情），顔表情，視線の認知に重要な役割を果たしている扁桃体は，前部上側頭溝および前部下側頭皮質と相互に密接な線維連絡を有する．この扁桃体に存在する顔ニューロンはどのような応答を示すだろうか？　この点を明らかにするため，筆者らはサル扁桃体ニューロンの顔の向きや表情に対する応答性を解析した（図5）．図6A，Bには，それぞれ各顔と視線の向きに対する扁桃体ニューロンの応答性を示した．このニューロンは，正面を向いた顔で視線が左右（a, c）および正面（b）を向いている顔写真にはあまり応答しないが，頭部が向かって左を向き視線がサルに向いている顔写真に対して強い促進応答を示している（d）．一方，単純な図形には応答しない（f, g）．図6Cは，これらの刺激に対する扁桃体ニューロンの応答強度をまとめて示したものである．このように扁桃体には前部上側頭溝と同様に，特定の顔や視線の向きあるいはアイコンタクトの有無に応答するニューロンが存在していた．また，図7には，サルにさまざまな顔表情の写真を呈示したときの扁桃体ニューロンの応答性を示した．このニューロンは，3人の人物の表情の中で，特定人物（MO3：日常サルの世話をする人物）の幸せな

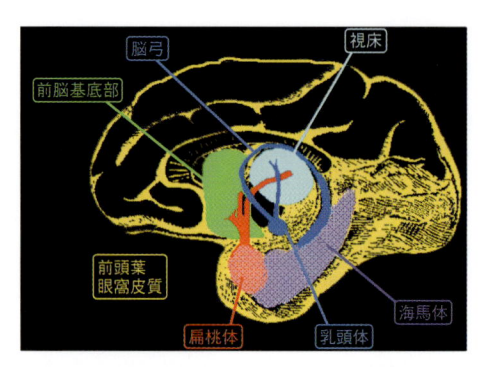

図5　サルにおける左側大脳皮質下の，扁桃体をはじめとする大脳辺縁系の部位

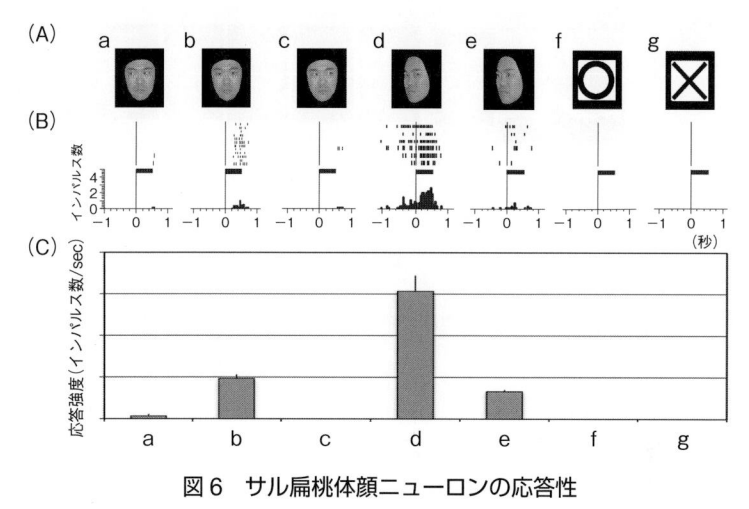

図6 サル扁桃体顔ニューロンの応答性

A：正面向きの顔で左斜め向きの視線(a)，正面向きの顔で正面向きの視線(b)，正面向きの顔で右斜め向きの視線(c)，左斜め向きの顔で正面向きの視線(d)，左斜め向きの顔で左斜め向きの視線(e)，図形(f，g)の各視覚刺激．B：各刺激呈示に対する顔ニューロン応答がラスター表示とヒストグラム．ラスター表示上の太線は，刺激呈示期間．ラスター下のヒストグラムは，インパルス放電数(ラスター表示)の加算ヒストグラム．C：各刺激(a～g)呈示に対する平均応答強度(インパルス応答頻度)．この顔ニューロンは，正面向きの視線を有する斜め向きの顔に選択的に強く促進応答している．

感情を示す顔の表情である笑顔にだけ抑制応答を示している．この笑顔表情に選択的に応答するニューロンは，Nakamuraらの報告[14]した笑顔に応答するニューロンに相当するものかもしれない．

E 顔ニューロンが問いかけるもの

ダーウィンは彼の著書「動物及び人間の表情について」の中で，表情は進化の過程で獲得された一種の適応行動であり，下等動物からヒトにいたるまで一貫した連続性をもつことを指摘した(図8A[15])．図8Bには，ダーウィンが記載したヒトの顔表情筋を示してある[16]．この図が示すように，ヒトをはじめとする霊長類では顔面筋は高度に発達し，複雑で微妙な顔表情を生み出し喜怒哀楽の感情(こころ)を伝えることができるようになる．霊長類の扁桃体ニューロンはこのような顔の表情が意味する喜怒哀楽の感

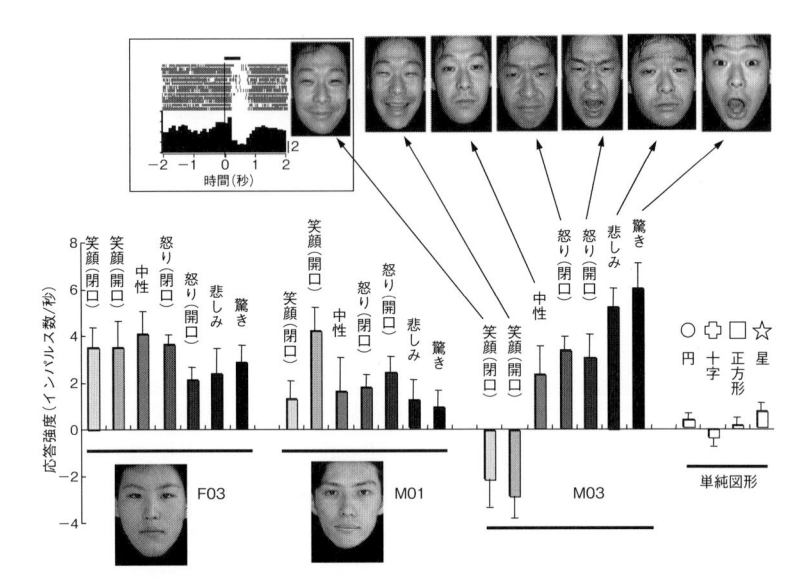

図7 サル扁桃体の喜怒哀楽感情や驚きの顔表情に対するニューロン応答性
各刺激(写真)呈示に対する平均応答強度(インパルス応答頻度).特定人物(MO3:日常サルの世話をしている人物)の幸せ表情(笑顔)に,早期の抑制応答に続く促進応答をしている.同一の人物でも怒りや悲しみ,驚きには早期の抑制応答がなく促進応答しか示さない.未知の人物(M01,F03)に対しては早期の抑制応答はなく促進応答しか示さない.

情(こころ)に応答すると考えられる.

　図9には,おそらく歴史上最も有名な肖像画である,レオナルド・ダ・ヴィンチの有名なモナ・リザが示してある.天才的な観察者であり,人や動物の解剖学や工学,芸術に精通したダ・ヴィンチは,どのような思いや愛の非言語的コミュニケーションを,この絵に埋め込んだのだろうか? モナ・リザの顔は確かに約45度左斜め向きであり,視線は観る人を常に向き,アイコンタクトを生じている.この配置こそがまさに驚くべきことであり,扁桃体や前部上側頭溝を最大に活性化する顔と眼の配置であることがわかる.そしてモナ・リザは謎めいた微笑をたたえている.モナ・リザの顔表情を感情認識ソフトウエアに解析させたところ,83%の幸せ,9%の嫌悪,6%の恐怖,2%の怒りという結果になったという[17].このモナ・リザの微笑は過去500年間にわたり世界中の人々を魅了し続けてきた.天才

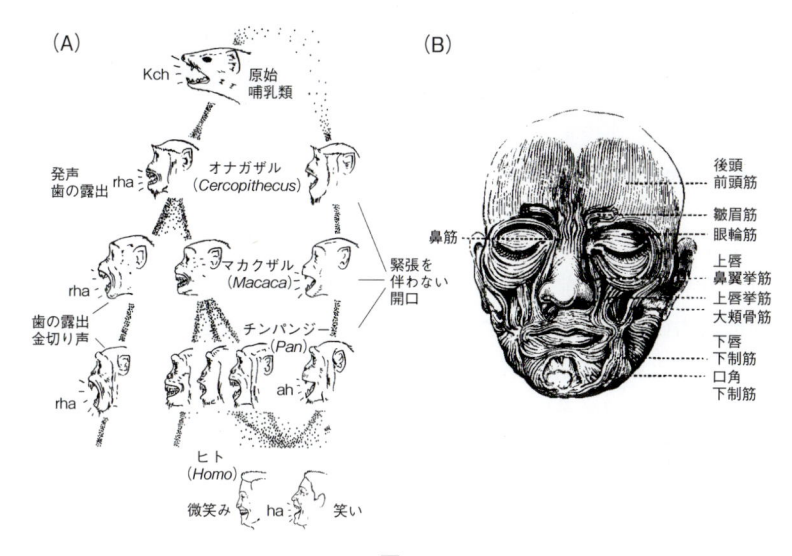

図8
（豊倉，2005[19]，2006[20]より引用）

A：下等動物から霊長類のサル，ヒトまでの顔表情の発達(Van Hooff)，B：ヒトの表情筋(Darwin)

図9　レオナルド・ダ・ヴィンチとモナ・リザの微笑み（絵葉書より）

ダ・ヴィンチはこのような顔の向きと視線と表情に何を感じ，何を伝えたかったのだろうか？　顔ニューロンが問いかけるものに興味は尽きない．

おわりに

　本項では，顔認知の神経メカニズムに関する筆者らの最近の研究を紹介した．前半は，サル前部上側頭溝と前部下側頭皮質に存在する顔ニューロンの機能的役割の違いに関する研究，次いで，DT法を用いた，ヒトにおける顔全体と眼の情報処理の違いに関する研究の特筆すべき一端を述べた．後半は大脳辺縁系に属する扁桃体の顔表情や視線認知に基づく自己と他者の喜怒哀楽の感情(こころ)の理解，すなわちノンバーバルコミュニケーションに関する研究について概説し，考察した．

　顔認知はヒトをはじめとする霊長類の社会的なノンバーバルコミュニケーションの礎であり，既に解説したように，霊長類の脳には顔に特化した神経回路網が存在する．一方，社会的コミュニケーションに障害を呈する自閉症など発達障害児は，顔認知に障害が認められる．顔認知の研究には，社会的認知や社会的行動という視点からの研究が不可欠であることは言うまでもないが，このような社会的認知や社会的行動の神経メカニズムの解明を目指した顔認知の神経科学的研究はようやく若木にまで育った段階であろう．今後の顔認知研究は焦眉の急であり，飛躍的発展を念じて止まない．

謝辞

　ここで紹介した研究は，西条寿夫氏(富山大学大学院医学薬学研究部(医学)システム情動科学・教授)と永福智志氏(富山大学大学院医学薬学研究部(医学)統合神経科学・准教授)を中心に精力的に行われた研究であり，本項の執筆に多大の協力を得た．ここに両君に深謝する．

　また，本項執筆にあたり，資料[18-21]をご提供いただいた岩田誠先生，本研究の執筆の機会を与えてくださった河村満先生に感謝の意を表したい．このようなかたちで豊倉先生に，筆者らの「顔(人物)のアイデンティティ，顔の表情，視線」の神経生理学的研究の一端を報告できることを何よりも光栄に感じている．

●文献●

1) Bruce CJ, Desimone R, Gross CG: Visual properties of neurons in a polysensory area in superior temporal sulcus of the macaque. J Neurophysiol 46: 369-384, 1981
2) Perrett DI, Rolls ET, Caan W: Visual neurons responsive to faces in the monkey temporal cortex. Exp Brain Res 47: 329-342, 1982
3) Tanaka K, Saito H, Fukada Y, et al: Coding visual images of objects in the inferotemporal cortex of the macaque monkey. J Neurophysiol 66: 170-189, 1991
4) Eifuku S, De Souza WC, Tamura R, et al: Neuronal correlates of face identification in the monkey anterior temporal cortical areas. J Neurophysiol 91: 358-371, 2004
5) De Souza WC, Eifuku S, Tamura R, et al: Differential characteristics of face neuronal responses within the anterior superior temporal sulcus of macaques. J Neurophysiol 94: 1251-1266, 2005
6) Young MP, Yamane S: Sparse population coding of faces in the inferotemporal cortex. Science 256: 1327-1331, 1992
7) 本間三郎・編著：脳内電位発生源の特定—脳波双極子追跡—．日本評論社，東京，1997
8) Homma S, Musha T, Nakajima Y, et al: Localization of electric current sources in the human brain estimated by the dipole tracing method of the scalp-skull-brain (SSB) head model. Electroenceph Clin Neurophysiol 91: 374-382, 1994
9) He B, Musha T, Okamoto Y, et al: Electric dipole tracing in the human brain by means of the boundary element method and its accuracy. IEEE Trans Biomed Eng 34: 406-414, 1987
10) Nishijo H, Hayahi N, Fukuda M, et al: Localization of dipole by boundary element method in three dimensional reconstructed monkey brain. Brain Res Bull 33: 225-230, 1994
11) Hayashi N, Nishijo H, Ono T, et al: Generators of somatosensory evoked potentials investigated by dipole tracing in the monkey. Neuroscience 68: 323-338, 1995
12) Ikeda H, Nishijo H, Miyamoto K, et al: Generators of visual evoked potentials investigated by dipole tracing in the human occipital cortex. Neuroscience 84: 723-739, 1999
13) Shibata T, Nishijo H, Tamura R, et al: Generators of visual evoked potentials for faces and eyes in the human brain as determined by dipole localization. Brain Topogr 15: 51-63, 2002
14) Nakamura K, Mikami A, Kubota K: The activity of single neurons in the monkey amygdala during performance of a visual memory task. J Neurophysiol 67: 1447-1463, 1992
15) Van Hooff Jan A. R. A. M.: A comparative approach to the phylogeny of laughter and smiling. In Hinde RA (ed): Non-verbal communication. Cambridge University Press, Cambridge, England, 1972, pp 209-237
16) Darwin C: The expression of the emotions in man and animals. John Murray, London, England, 1872 (チャールズ・ダーウィン・著，浜中浜太郎・訳：人及び動物の表情について．岩波文庫，東京，1991)
17) 菅谷洋也・編：最新保存版週刊世界の美術館(1)ルーヴル美術館(1)(フランス人)．講談社，東京，2008

18) 豊倉康夫：芸術と文化にみられる神経学的作品．ノバルティスファーマ，東京，2003
19) 豊倉康夫：ことばの力．ノバルティスファーマ，東京，2005
20) バビンスキー反射―豊倉康夫先生ご講演 DVD―．ノバルティスファーマ，東京，2006
21) 岩田誠，河村満・編：「脳とソシアル」シリーズ 社会活動と脳―行動の原点を探る．医学書院，東京，2008

〔小野武年〕

2
顔の脳科学

　「顔」は，動物にとって単なる体の一部ではない．物を見る，食べる，呼吸する，といった機能を担うことから，非常に重要な意義をもつ部分であるということは明らかだろう．しかし，それと同時に，「顔」は，その個体に関するさまざまな情報を読み取ることができる窓口でもある．言い換えれば，他の個体とコミュニケーションをとるうえで重要な部分である，という側面がある．動物は相手の視線や口の動きを見て，「敵か味方か」，「攻撃してくるか防御しているか」といった情報を読み取る．相手の「顔」をとっさに認知し，そこから情報を読み取ることは生きるために不可欠の能力と言えるだろう．

　人間においても同様の意味で「顔」が重要であることは言うまでもない．生まれたばかりの赤ちゃんにも，既に「顔」的な構造をもつものに興味を示す能力が備わっていると思われる[1]．しかし，人間の「顔」にはさらに高度の情報が含まれるようになった．「今見えているものは顔である，と認識する」ことから始まり，「自分の庇護者を見分ける」といった個体の識別が可能となっていく．また，「相手の表情（顔の動き）をまねる」ことから自らも表情を作り出す技能を身に付け，やがて「表情を読み取る」能力を得る．成長し社会生活を営むためにはさらに「高度な表情の読み取り」が必要となってくる．笑っている，怒っている，といった単純な表情の認知にとどまらず，内面に隠された，より複雑なニュアンスを察知しなければならないし，実際に人間は日々の生活の中でそれを行っている．例えば，「目は口ほどにものを言う」ということわざにあるように，「目そのものが訴えている心情」を察知し，「目の動きやその方向」いわば「視線の変化」を鋭敏に捉えて相手の気持ちを理解しようとする．相手の何気ない表情の変化を捉えて犯人を追い込んでいく刑事コロンボや古畑任三郎といった人達は（例が古くて申し訳ない），こういった能力が人一倍あるのかもしれない．ま

た,「以心伝心」の文化である日本の社会においては,欧米人と比較し「表情を読み取る」ために一段と高い能力が要求されているのかもしれない.

健康のためには,たまには逆立ちするとよいらしい.逆立ちするとまわりの景色がずいぶん新鮮に見えてくるから不思議である.実は顔を上下反対にしたもの,つまり倒立顔を見るときには他の物を見るときとはずいぶん違う印象があることが以前より指摘されており,心理学では,「倒立顔効果(face inversion effect)」として研究が進んでいる[2].

顔認知機構が障害されるといろいろな障害が出現することが予想されるが,一番特徴的な症状は「相貌失認」である.これは,家族のような熟知した人物を顔(相貌)によって認知する能力が障害された病態である[3].

顔認知の研究は,以前は心理学的手法と脳波検査が主であったが,1990年代に入ってから,以下に示すようなさまざまな新たな手法が開発されて,猛烈な勢いで研究が進んでいる.それを鋭敏に反映したためと思われるが,文部科学省が 2008 年から開始した新学術領域研究に,筆者が領域代表者として,「学際的研究による顔認知メカニズムの研究(略称:顔認知)」が採択され,多数の研究者が「顔認知」の研究を行っている.基礎的研究(電気生理学的手法や脳血流計測),臨床研究,心理学・認知科学的研究,動物(主としてサル)を用いた研究,工学的手法を用いた研究などを含む大がかりなものである.このような研究班が組織されたのは,世界的にも初めてであり,今後のさらなる研究の発展に期待が寄せられている.

非侵襲的脳機能検査法

人間の脳活動を検査する場合には,当然ながら,「まったく傷をつけない」,すなわち非侵襲的方法が必要となる.非侵襲的方法は大きく 2 つの手法に分類される.1 つは,脳波(electroencephalography;EEG),脳磁図(MEG)のように,神経細胞の電気的活動を記録する方法で電気生理学的手法と総称される.もう 1 つは,脳血流や脳代謝の変化を記録する方法で,ポジトロン断層撮影(positron emission tomography;PET),fMRI,近赤外線分光法(near-infrared spectroscopy;NIRS)の 3 つが主な手法である.ほかには,発表数は少ないが,シングルフォトン CT(single photon emission computed tomography；SPECT)や経頭蓋磁気刺激法(transcranial magnetic stimulation；TMS)による研究も行われている．広義には上記のすべての方法も含めて神経イメージング(neuroimaging)手法と称されるが，狭義には PET，fMRI，NIRS のような脳血流や脳代謝の変化を記録する方法を神経イメージング手法と称する場合もある．両手法の相違を詳細に述べることは紙幅の問題もありできないが，大きな相違点としては以下の点があげられる．

　脳波と脳磁図は非常に時間分解能が高い，つまり 1,000 分の 1 秒(msec)単位で脳活動の時間的変化を知ることができる，ということが最大の長所である．例えば，手に触覚刺激を与えると大脳の体性感覚野に約 20 msec で信号が到達し，その後周囲の感覚野に msec オーダーで信号が流れていく．このような情報伝達の詳細を，脳波や脳磁図を用いることで知ることができる．しかしかなり後期，すなわち刺激後 500 msec あるいはそれよりもさらに後の脳活動は，複数の領域が複雑に関連あるいは干渉して同時に活動しており，その活動を脳波と脳磁図で解析することは(理由は省略するが)極めて困難である．一方，PET，fMRI，NIRS といった検査法は，時間分解能がかなり低く，msec オーダーの情報伝達の流れを知ることは不可能であるが，空間分解能は高く，例えば fMRI では mm 単位で活動部位を確認することができ，しかも複数の領域の複雑な活動も明瞭に描写可能である．

　結論からいえば，視覚でも他の聴覚や触覚，痛覚などでも，ある刺激が身体に与えられて大脳にその信号が到着してまもなくの反応(遅くとも 300〜500 msec 程度まで)の脳活動の解析には脳波と脳磁図が優れており，その後の脳活動の解析には PET や fMRI が優れている．したがって両者を併用すれば，脳の活動を時間的にもまた空間的にも詳細に知ることが可能である．今後は，このような機器を用いた人間の顔認知の研究は一層，発展していくであろう．

● 文献

1) Morton J, Johnson MH：CONSPEC and CONLERN：a two-process theory of infant face recognition. Psychol Rev 98：164-181, 1991

2) Valentine T : Upside-down faces : a review of the effect of inversion upon face recognition. Br J Psychol 79 : 471-491, 1988
3) 河村満, 望月聡：相貌失認, 表情失認. 脳の科学 22：183-190, 2000

〔柿木隆介〕

●こぼれ話●

瞬間—0.01 秒

　1/100 秒差での辛勝や惜敗に, こころ踊りむね弾み涙する. センサーや時計の精度があがって, 細かく正確に計ることができるようになり, 動かぬ事実として受け入れている. マッチレースなら, たとえ結果がどんなに微妙な差であっても, それが決定的な要因の優劣を反映するべき, 差は差としておおきな意味があるだろう.

　しかし, タイムレースの場合はどうだろう. 1/100 秒の精度で差がつかなければ, 1/1,000, 1/10,000 秒の差を計り分けることもできるだろう. しかし, それがどんな意味をもつのか？ また, マラソンの 1/100 秒と 100 m の 1/100 秒, 競歩の 1/100 秒とスキー滑降の 1/100 秒では意味がまったく違うだろう.

　科学研究でもそうだ. 例えば, テニスコートの大きさを, オングストロームで計測しても意味があるだろうか？ 持っている武器の性能に幻惑されて, 何をしようとしているのかを見失っているおそれはないだろうか？ 計るものの価値, 計られた数値のもつ本当の意味, を考え直してみると, 新しい切り口が見えるかもしれない.

　タイムレースの 1/100 秒は, 具体的な明日の指針を示してくれるのだろうか？ やみくもに, ちょっとでも速く, あらゆる手をつくして速く, という道のりの見えない目標にならないように, 計測値のもっている本当の意味を考えることを大切にしたい. （入）

3
脳波と脳磁図を用いた顔認知の研究

A 脳波と脳磁図

　脳磁図（MEG）は，脳磁場計測装置（脳磁計と略称される）を用いて記録される脳内の磁場活動である．現在日本国内には約40台の脳磁計が稼動しており，これは世界で最も多く，日本は脳磁図研究の最も進んだ国の1つである．脳磁図の紹介をするには，一般的に広く普及している脳波（EEG）と比較して説明するのが最もよい方法である．大脳皮質錐体細胞樹状突起の先端部より基部に向かって興奮性シナプス後電位，すなわち細胞内電流が流れる．電流が流れるとその周囲には必ず磁場が生じる．したがって，脳波（電場）と脳磁図（磁場）は同一の現象を異なる方法で見るもの，といってもよいかもしれない．しかし，両者の決定的な違いは空間分解能である．脳と頭皮の間には脳脊髄液，頭蓋骨，皮膚という導電率が大きく異なる3つの層がある．したがって脳で発生した電場は大きな影響を受け，頭皮上に置いた脳波電極から正確な脳の活動部位を知ることは困難である．しかし脳磁図の場合，磁場は導電率の影響をまったく受けないため，記録条件が良好ならばmm単位で活動部位を正確に知ることができる．これが脳磁図の最大の長所である．また脳磁図は脳波と同様にmsec単位の高い時間分解能を有する．

B 顔認知のメカニズム

1）静止した顔の認知

　日常的に人間の顔は常に変化している．「目の動き」や「口の開閉」など顔

の各部分の変化により，また光の当たり方など周囲の状況により，表情は変化する．しかし，人間が顔を認知する最初の段階の脳活動を見るには，「静止した顔」に対する脳活動，すなわち，人間が「これは顔だ」と認識する最初の情報処理過程の解析が必須である．

　そこで筆者らは，開眼顔，閉眼顔，目だけ，手，無意味図形の5種類の視覚刺激に対する脳反応を，脳磁図を用いて解析した[1,2]．顔認知には目の影響が強いのではないかと予想し，開眼顔，閉眼顔，それに目だけ，と条件を変えた画像を用いた．すると刺激後約100〜120 msecにまず後頭葉の第一次視覚野に活動がみられる．これはどのような視覚刺激に対しても反応するもので特殊性はない．次に，顔あるいは目の刺激に対してだけ，刺激後約150〜170 msecで側頭葉下面の紡錘状回という部分が活動する．これが「顔認知中枢」と呼ばれている部位である（図10）．紡錘状回の活動は，同じ刺激を用いたfMRIによる研究でも確認されている[3]．第一次視覚野の活動から約50 msecで紡錘状回が活動することが明らかになったわけであるが，このような詳細な時間的分析は脳磁図の最大の長所である．開眼顔と閉眼顔に対する反応の間に有意な差はみられなかったが，目だけの画像に対する反応時間（潜時）は顔全体の画像に対する反応時間よりも延長していた．これは，顔認知の初期には各部分の認知よりも「全体として顔であるかどうか」の認知のほうが重要であることを示す所見と考えている[2]．興味ある点は，右半球では全員に明瞭な紡錘状回の反応が記録されたが，左半球では半数の人にしか記録されなかったことである．相貌失認の患者でも右半球の優位性が明らかになってきており，それとよく合致した所見である[4]．サルでは側頭葉下面に加えて側頭葉の側面，上側頭溝にも顔認知中枢があることが知られている[5]．しかし，人間では「静止した顔」を見るときには上側頭溝の活動は決して大きくない．むしろ，何らかの動きが加わったときに大きな反応がみられる傾向がある．この点に関しては次の項で詳述する．

　最近筆者らは，顔認知に関連する時空間的な活動パターンを詳細に検討して報告した[6]．刺激としては，顔の「出現」，「消失」，「変化」という3つのパターンを用いて，おのおのに対する反応の相違を解析した．その結果，①後頭側頭部付近（150 ms），②側頭-頭頂連合部付近（250 ms），③下

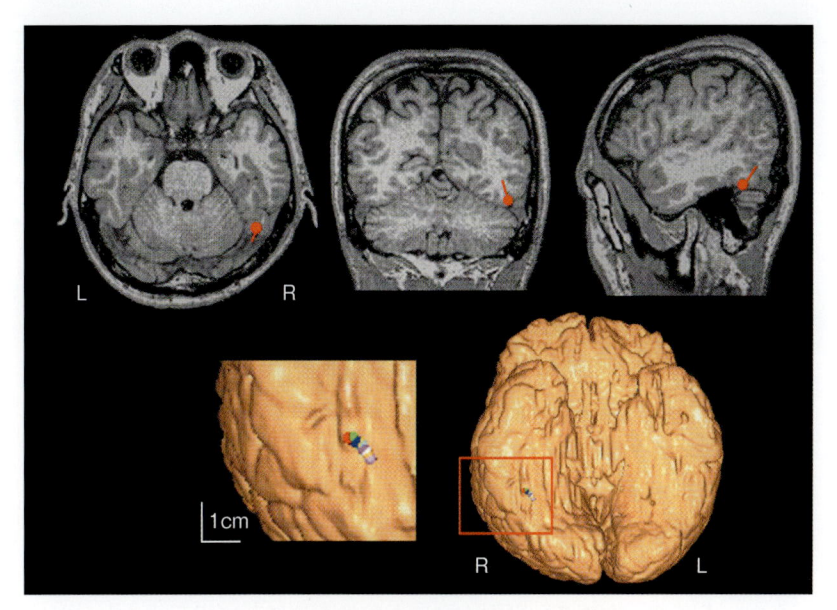

図10 静止した顔を見たときの活動源
(Watanabe S, et al, 1999[1])

「静止した顔の画像」を見たときに右半球から記録された脳磁図の主要成分(1M)の活動源を,2次元および3次元(小脳をコンピュータ処理により除去したものを下から見たもの)MRI上に投影した.紡錘状回に位置推定されている.なお,3次元画像では1M成分の頂点前後の約9 msec 間に位置推定された10個の双極子の位置をすべて示している.非常に限局した位置に推定されていることがわかる.

側頭回付近(200 ms),④舌状回付近(100 ms)の4つの要素の分離に成功した.①と②は3種のイベントに対して同様に出現したため,顔刺激そのものではなく,その「変化」に対する非特異的な活動(変化検出や外因性注意などに関連する),③は出現と変化に対してのみ出現したため,顔などの物体認知に関連する活動,④は出現と消失に対してのみ認められたため,輝度変化の検出に関連する活動を反映すると考えられた.つまり,1つの顔画像に誘発される脳磁場反応の時空間的パターンが,さまざまな視覚処理過程に関連するいくつもの要素的活動を含むことを明確に示す知見である.また,顔画像に対して選択的に増大する事象関連電位N170反応は,①の変化関連脳磁場活動に酷似しており,この反応が顔刺激で選択的

に増大したものと推測された．この知見は，今後，N170を用いた基礎的・応用的な顔研究を進めていくうえで，その意義について重要な示唆を与えるものと考えられる．

2)「顔の部分の動き」の認知

われわれ人間は日常生活の中で，相手の表情や視線の動きを読み取ることで精神状態や注意の方向を知ることができる．したがって，「静止した顔」の認知に加えて，「顔の部分の動き」の認知，例えば「目の動き」[7,8]や「口の開閉」[9,10]などの認知も重要である．動きの認知は主にサルで研究が進んでおり，単一ニューロン活動記録では，動きの変化に特異的に反応するニューロンが中側頭葉(middle temporal；MT)もしくはV5と呼ばれる部位にあることが報告されている．筆者らは，仮現運動(apparent motion)[11-14]を用いて実験を行った．仮現運動とは，極めて短い間隔で2つの視覚刺激が呈示されると，いかにも本当の動きのように見える現象をいう．目が正面を向いた画像と右あるいは左を向いた画像を連続して提示すると目だけが右あるいは左に動いたように見えるのである．すると，目が動いたかのように見えた時点から約190 msec後に明瞭な反応がみられた．その活動位置は側頭葉の下側頭溝の後方付近にあり，そこが人間のMT/V5野であると推定された．これも「静止した顔」認知と同様に右半球優位である．筆者らは，側頭葉下面の紡錘状回は主として静止した顔の認知に関与し，側頭葉側面の上側頭溝およびMT/V5野は主として「顔や顔の部分の動き」の認知に大きく関与しているのではないかという仮説を立てている．

最近筆者らは，視線が左右から正面を向く動き(目が合う，Back)と，正面から左右に向く動き(目がそれる，Away)に対する脳磁図反応を比較した[8]．すると，Back条件の場合にはAway条件よりも反応が有意に大きく，活動部位は共にMT/V5野にあるが，Back条件の場合にはAway条件よりも有意に前方にあることが明らかになった(図11)．この結果は，相手の目が自分を見るときと相手の目がそれるときとではニューロン群の活動が同一ではなく，目が合うときのほうがより大きな脳活動を示すことを示唆している．

口も目と同様に顔の中の重要な部位である．特に開口，閉口運動は言語

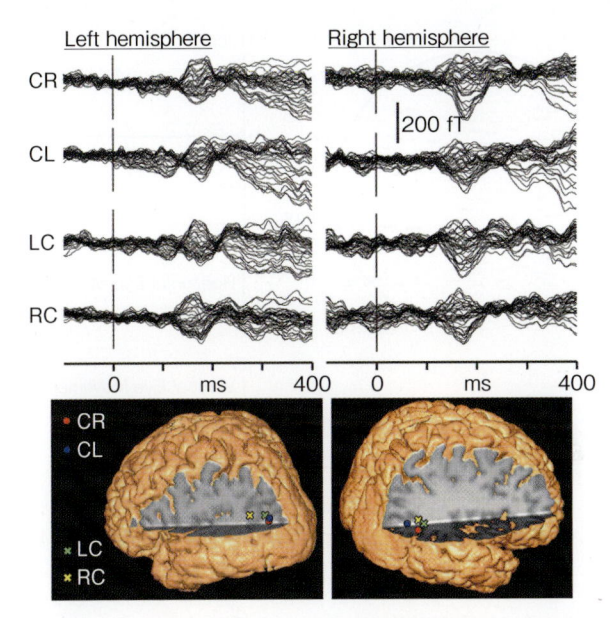

図11 左右の半球から記録された1M成分の波形と活動源．脳磁図の結果から単一双極子モデルにより計算された双極子位置をMRI上に投影したもの
(Watanabe S, et al, 2001[7]）より改変）

すべての双極子は後頭側頭境界付近，下側頭溝に沿った部位に位置している．LC（RC）は左（右）を向いていた目が中心を見る状態（Back条件），CL（CR）は中心を向いていた目が左（右）にそれる状態（Away条件）を示す．Back条件の双極子位置（×印）は，Away条件（●印）に比し有意に前方に位置する．〔略語〕R：右，L：左，C：中心

認知とも深い関係を有する．筆者らは，仮現運動を用いて開口，閉口運動の画像を作成し，それを見ているときの脳磁図反応を記録した[9,10]．すると，開口運動と閉口運動を見ているときの脳反応は非常に類似しており，反応の潜時，振幅，活動部位にも有意差はみられなかった．また，目の動きを見ているときの反応と比較したところ，振幅は目の動きを見ているときよりも有意に小さかったが，活動部位には有意差がみられなかった．これらの結果より，顔の部分の動きはMT/V5野内のほぼ同様の部位で情報処理されるが，目の動きが最も重要であることが示唆された．

最近筆者らは，2つの点（条件によっては目に見える），横線（口に見え

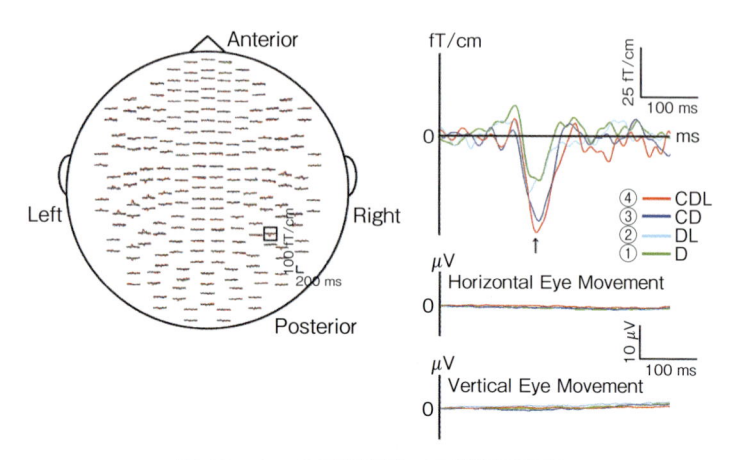

図12　4つの視覚条件での脳磁図波形
(Miki K, et al, 2007[15])

右半球の MT/V5 野付近より記録．④ CDL 条件では，顔の輪郭，眼に見える2つの点，口唇に見える横線が存在する．① D 条件では，2つの点だけが存在する．いずれの条件においても点の物理学的な動きは同じだが，脳磁図反応は① D 条件よりも，目の動きに見える条件のほうが有意に大きい．〔略語〕D：dots（点），L：line（線），C：contour（輪郭）

る）と楕円（顔の輪郭に見える）を使った模式的な顔画像を用いて，2つの点の平行運動が目に見えるかどうか，それに対する脳磁場反応の相違はどうかを検討した[15]．刺激としては，①点だけ，②点と横線だけ，③点と輪郭だけ，④点と横線と輪郭がすべて揃っている，という4条件を用い，いずれの条件でも，2つの点の平行運動は同一とした．①条件ではただの点の動きに見えるが，②と③条件では場合によっては目の動きに見え，④条件では目の動きに見える．すなわち，同じ点の動きを見ていても，それが目に見えるかどうかで，MT/V5 野の活動が異なるかどうかを解析した．すると，④条件で最も反応が大きく，③条件ではそれより少し小さく，②条件では④条件よりも有意に小さくなり，①条件では最も反応が小さかった（図12）．すなわち，同じ物理的な動きを認知する場合でも，それを目の動きと思う場合には脳反応は有意に大きくなり，それに影響する要素としては，顔の輪郭のほうが口よりも影響が大きいことが示唆された．われわ

れ人間は，動物の模様でも樹木のくぼみでも，一度「顔」に見えるとそれをずっと顔として認識し，ほかのものを見るときよりも印象が強くなる．目の動き（視線の動き）でも，そのように認識すると脳反応が異なってくることを明瞭に示唆する所見であった．

3）倒立顔認知

どのような物体でも逆さになっているとわかりにくくなるものだが，顔の場合には特にその傾向が強く，倒立顔効果（face inversion effect）と称されている．これに関してはたくさんの心理学分野からの論文があり，反応時間の遅延や正答率の低下が一般的な所見である．例えば，顔全体ではこの効果は大きいが，目，口などの部分では効果が低く，倒立顔効果は顔全体が示されているときに特異的であるとする報告がある．通常，動物の顔では倒立顔効果は弱いが，長期間，犬の品評をしている専門家は，自分が専門としている犬の顔に対してのみ人間の顔を見たときと同様な倒立顔効果がみられたという報告もある．人間を対象としたfMRIを用いた実験では，倒立顔を認知する場合「人間の顔」としての認知と物体を見る場合の認知が混在しているのではないか，という仮説が出されている．

筆者らは脳磁図を用いて倒立顔効果を解析した[16]．すると，倒立顔を見たときの反応には著明な半球間差が存在することが示唆される所見を得た（図13）．すなわち，右半球では倒立顔に対する反応時間が正立顔に対する場合よりも延長しており，心理学実験での反応時間の遅延に合致する所見である．ところが，逆に左半球では反応時間が短縮していた．このことから，倒立顔認知には左半球が主要な役目を果たしていることが示唆された．また物体として蝶の写真を見せて反応を見たが，倒立顔に対する反応とは明らかに異なっており，「倒立顔効果は倒立顔を物体として認識するために起きる」とする仮説には一致しないものであった．

脳波と脳磁図の同時計測実験により，顔認知に関連する両者の反応にはかなりの差があることがわかってきた[15]．すなわち，脳磁図での反応は紡錘状回の活動を主として反映し，脳波での反応は側頭葉外側の活動を主として反映していると考えられている．そこで最近，筆者らは脳波を用いて倒立顔認知に関する実験を行った[17]．すると，右半球では脳磁図とほぼ同

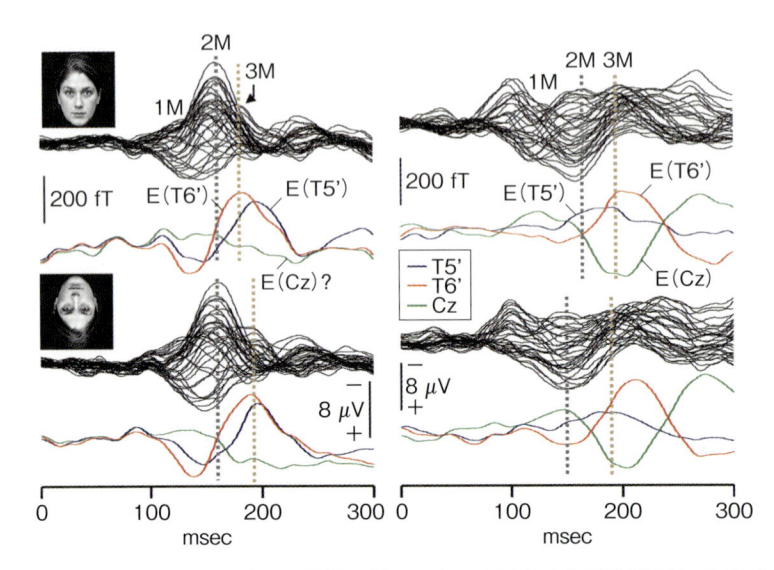

図13 正立顔あるいは倒立顔刺激に対し，左の図は左半視野刺激時に右半球から，右の図は右半視野刺激時に左半球から記録したもの
(Watanabe S, et al, 2003[16])

各図の上段は脳磁図波形，下段は脳波波形．右半球では倒立顔に対する反応の潜時は正立顔に対する潜時よりも明らかに長いが（倒立顔効果），左半球ではむしろ短い．

様に倒立顔に対する反応の遅延がみられ，また倒立顔に対し複雑な反応が誘発されていることが示唆された．左半球でも反応の遅延があったものの右半球ほど顕著ではなく，倒立顔に対する反応のパターンが右半球とは異なっていた．いずれにしても，倒立顔効果に関して左右半球間差があることは間違いないが，その詳細については今後も研究が必要である．

ウィリアムズ（Williams）症候群は特異な視空間認知障害を示すことで知られているが[18]，顔の認知は比較的保たれていると考えられてきた．ウィリアムズ症候群の13歳の男児に正立顔と倒立顔を見せて脳磁図を記録したところ，右半球でも倒立顔に対する反応が正立顔に対する反応よりも潜時が短く，倒立顔効果を示さなかった[19]．ウィリアムズ症候群では，構成要素の全体の空間的配置に関しての認知は不得意であるが，各構成要素部分の認知は比較的保たれているとされている．したがってこの結果は，この患児では顔を全体として認知するよりも顔の部分を認知するほう

が反応が早く，その特性が倒立顔の処理において発現したものと考えられた．

4）Subliminal 刺激による顔認知

意識されない視覚刺激（subliminal 刺激）がその後に与えられる刺激の情報処理に影響を与えることは，tachistoscope を用いた心理学的あるいは生理学的手法を用いて 1960 年頃より行われている．最近では backward masking 現象による，意識閾値以下刺激による脳反応の研究が行われている[20,21]．Backward masking による刺激は，先行する刺激が意識に上ることを後続の刺激により masking していると考えられている．最近の視覚刺激の研究では，顔は刺激の中でも生物学的に特異な反応を示すことが指摘されており，筆者らは backward masking を用いた認識閾値以下の刺激でも，顔の反応は有意に大きいことを報告した（図 14）[22]．しかし，backward masking による刺激では，mask される刺激の情報処理はかなり高次の段階まで進んでいる可能性がある．そこで筆者らは視覚刺激の更に初期のプロセスにおいて顔処理の優位性があるかどうかについて，コンピュータ制御が可能な 2 色画像の交互呈示を用いた認識閾値以下の刺激（color-opponent subliminal stimulation；COS 刺激）を作成しての研究も進めている[23,24]．COS 刺激は外側膝状体から第一次視覚野および視覚関連野における色や輝度変化に対する周波数応答の限界を利用して見えない刺激を作成するものである．筆者らは，COS 刺激がその後に提示した画像によって生じる誘発脳磁図に有意な影響を与えることを報告している[24]．

5）小児における顔認知

小児期ではさまざまな認知機能が急速に成熟していく．特に「顔」という視覚情報を処理することは社会的コミュニケーションをとるうえでも重要な機能であり，この時期に大きな変化を示すと考えられる．筆者らは最近，この顔情報処理特性の発達過程を調べ，小児の脳機能発達評価に役立つ研究手法を開発していくことを目的として，多人数の小児を対象として脳波を用いて顔認知機能を研究している[25]．これまで同様の研究は欧米の小児を対象とした Taylor ら[26]の研究があるだけであり，日本人小児を対

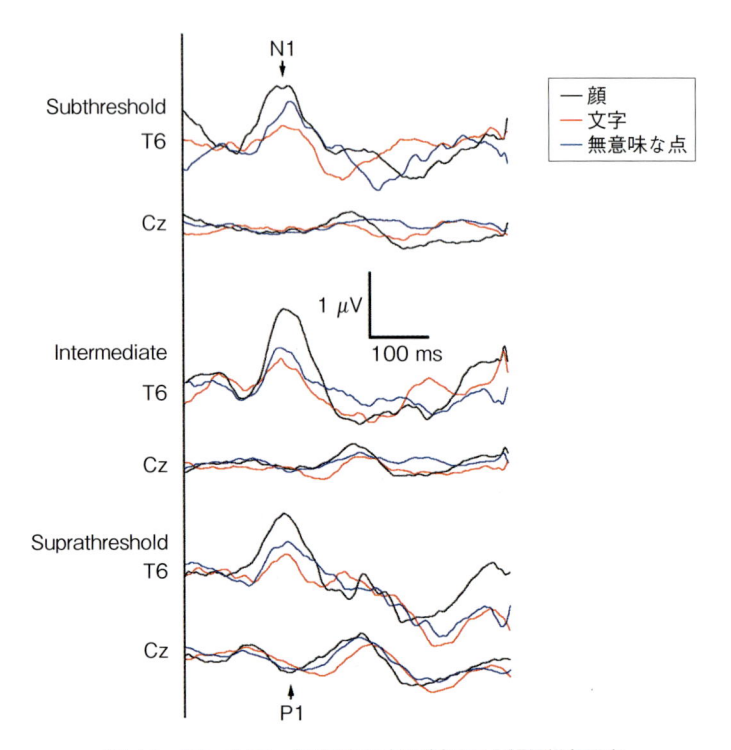

図14 顔, 文字, 無意味な点に対する誘発脳波反応
(Hoshiyama M, et al, 2003[22])

意識閾値以下(Subthreshold), 何か画像が挿入されたのはわかるがそれが何かはわからないとき(Intermediate), 挿入された画像が明瞭にわかるとき(Suprathreshold)の3条件でも顔に対する反応が最も大きい. 脳磁図でも同様の所見を得ている.

象とした研究はない.

　一般より募集した6～15歳の児童・生徒計148名に対し, 視覚誘発脳波(電位)(VEP)の測定を行った. 実験の際には本人および保護者に対し十分な説明を行い, 同意を得た. 実験に集中できるようタスクを工夫し環境を整えることによって, 被験者の97%から有効なデータを記録できた.

　現在は記録の解析途中であり, 結論を述べることはできないが, 全般的な傾向として, 6歳では正立顔, 倒立顔それぞれに対するN170成分に違いがみられない. 10歳頃には顔特異成分であるN170は二峰性を示す. また, 第一成分の潜時と第二成分の振幅に, 正立顔・倒立顔に対する違い

が現れる．14歳では成人と同様の倒立効果(潜時の遅延，振幅の増大)がみられる．年齢が上がるにつれ N170 成分の潜時は次第に短縮していくが，その振幅の変化は一定ではない．6～10歳の間に，顔情報処理様式に大きな変化があることを示唆する所見を得た．12歳以降はほぼ成人と同様のパターンを示す．

今回の実験の結果は Taylor ら[26]の報告とも合致しており，十分に信頼できるものと考えた．今後は，同一被験者について引き続き誘発電位の測定を行い，縦断的に発達過程を検討していくことも計画している．また心理学的行動検査を同時に実施し誘発電位の結果と合わせて研究を発展させていく予定である．

おわりに

活動部位の同定には fMRI や PET が優れているが，本項で述べたような脳磁図・脳波のもつ msec 単位の高い時間分解能はさまざまな重要な情報を与えてくれる．また刺激方法もさまざまな工夫がなされている[27]．今後は PET・fMRI・NIRS と，脳波・脳磁図の所見を総合的に判断していくことが重要となるだろう．

謝辞

本項で紹介した研究は以下の方々との共同研究によるものである．名古屋大学医学部医学科：渡辺昌子，名古屋大学医学部保健学科：宝珠山稔，愛知県心身障害者コロニー発達障害研究所：中村みほ，中央大学文学部心理学科：大塚由美子，山口真美．

●文献●

1) Watanabe S, Kakigi R, Koyama S, et al : Human face perception traced by magneto- and electro-encephalography. Brain Res Cogn Brain Res 8 : 125-142, 1999
2) Watanabe S, Kakigi R, Koyama S, et al : It takes longer to recognize the Eyes than the whole face in humans. Neuroreport 10 : 2193-2198, 1999
3) Puce A, Allison T, Gore JC, et al : Face-sensitive regions in human extrastriate cortex studied by functional MRI. J Neurophysiol 74 : 1192-1199, 1995

4) Damasio AR : Prosopagnosia. Trends Neurosci 8 : 132-135, 1985
5) Yamane S, Kaji S, Kawano K : What facial features activate face neurons in the inferotemporal cortex? Exp Brain Res 73 : 209-214, 1988
6) Tanaka E, Inui K, Kida T, et al : Common cortical responses evoked by appearance, disappearance and change of the human face. BMC Neurosci 10 : 38, 2009
7) Watanabe S, Kakigi R, Puce A : Occipitotemporal activity elicited by viewing eye movements : a magnetoencephalographic study. Neuroimage 13 : 351-363, 2001
8) Watanabe S, Kakigi R, Miki K, et al : Human MT/V5 activity on viewing eye gaze changes in others : a magnetoencephalographic study. Brain Res 1092 : 152-160, 2006
9) Miki K, Watanabe S, Kakigi R, et al : Magnetoencephalographic study of occipitotemporal activity elicited by viewing mouth movements. Clin Neurophysiol 115 : 1559-1574, 2004
10) Miki K, Watanabe S, Kakigi R : Interaction between auditory and visual stimulus relating to the vowel sounds in the auditory cortex in humans : a magnetoencephalographic study. Neurosci Lett 357 : 199-202, 2004
11) Puce A, Allison T, Bentin S, et al : Temporal cortex activation in humans viewing eye and mouth movements. J Neurosci 18 : 2188-2199, 1998
12) Bundo M, Inao S, Yoshida J, et al : Human visual motion areas determined individually by magnetoencephalography and 3D magnetic resonance imaging. Hum Brain Mapp 11 : 33-45, 2000
13) Kaneoke Y : Magnetoencephalography : in search of neural processes for visual motion information. Prog Neurobiol 80 : 219-240, 2006
14) Kaneoke Y, Urakawa T, Hirai M, et al : Neural basis of stable perception of an ambiguous apparent motion stimulus. Neuroscience 159 : 150-160, 2009
15) Miki K, Watanabe S, Honda Y, et al : Effects of face contour and features on occipitotemporal activity when viewing eye movement. Neuroimage 35 : 1624-1635, 2007
16) Watanabe S, Kakigi R, Puce A : The Spatiotemporal dynamics of the face inversion effect : a magneto-and eletro-encephalographic study. Neuroscience 116 : 879-895, 2003
17) Honda Y, Watanabe S, Nakamura M, et al : Interhemispheric difference for upright and inverted face perception in humans : an event-related potential study. Brain Topogr 20 : 31-39, 2007
18) Nakamura M, Kaneoke Y, Watanabe K, et al : Visual information process in Williams syndrome : intact motion detection accompanied by typical visuospatial dysfunctions. Eur J Neurosci 16 : 1810-1818, 2002
19) Nakamura M, Watanabe S, Gunji A, et al : The MEG response to upright and inverted face stimuli in a patient with Williams syndrome. Pediat Neurol 34 : 412-414, 2006
20) Hashimoto A, Watanabe S, Inui K, et al : Backward-masking : the effect of the duration of the second stimulus on recognition of the first stimulus. Neuroscience 137 : 1427-1437, 2006
21) Noguchi Y, Kakigi R : Neural mechanisms of visual backward masking revealed by high temporal resolution imaging of human brain. Neuroimage 27 : 178-187, 2005

22) Hoshiyama M, Kakigi R, Watanabe S, et al : Brain responses for the subconscious recognition of faces. Neurosci Res 46 : 435-442, 2003
23) Hoshiyama M, Kakigi R, Takeshima Y, et al : Priority of face perception during subliminal stimulation using a new color-opponent flicker stimulation. Neurosci Lett 402 : 57-61, 2006
24) Hoshiyama M, Kakigi R, Takeshima Y, et al : Differential priming effects of color-opponent subliminal stimulation on visual magnetic responses. Hum Brain Mapp 27 : 811-818, 2006
25) Honda Y, Watanabe S, Miki K, et al : Developmental changes of face perception during children. *In preparation*
26) Taylor MJ, Batty M, Itier RJ : The faces of development : a review of early face processing over childhood. J Cogn Neurosci 16 : 1426-1442, 2004
27) Miki K, Watanabe S, Takeshima Y, et al : Effect of configural distortion on a face-related ERP evoked by random dots blinking. Exp Brain Res 193 : 255-265, 2009

〔柿木隆介, 三木研作, 本多結城子, 田中絵美, 仲渡江美〕

●こぼれ話●

顔で笑って…

　日本人の「こころ」のありようについて語るとき，私はしばしば芥川龍之介の「手巾(はんかち)」を引き合いに出す．ある夏の日，西欧的合理主義者の帝国大学大学教授の家に，1人の夫人が訪ねてくる．彼女は，最近病で亡くなった大学生の息子が世話になっていた恩師に，お礼を言いに来たのだ．その夫人の言葉を黙って聞いていた教授は，1人息子の死を語るその母の顔に悲しみや苦しみの表情はなく，口元にはかすかな笑みをたたえていることに気づいて不思議に思う．そして，昔ドイツ留学中にドイツ皇帝が亡くなったときに，下宿のこどもが涙を流して泣いたことを思い出した．そのときは，その素直な感情表現に驚いたのだった．それを思うと，今なぜこの夫人は最愛の息子の死を嘆かないのか，教授には理解ができなかったのである．そのとき，教授は手に持っていた団扇をうっかり床に落としてしまった．それを拾おうと身をかがめた教授は，テーブルの下に隠されていた相手の夫人の手を垣間見る．膝の上に置かれたその母の手は，手巾をきつく握り締めて，わなわなと震えていた．彼女は，顔には笑みをたたえながら，全身で泣いていたのだということに，教授は気がつく．そして，西洋仕立ての合理主義だけでは理解しきれない，日本人の「こころ」のありようを知るのである．

　顔に表れる表情は，決してその人物の「こころ」に一対一対応するものではない．「顔で笑って，こころで泣いて」の世界は，本来，日本人一般に広く理解されてきた行動様式であったように思うのだが，今では，笑った顔は幸せなこころを，泣いた顔は悲しいこころを表現しているものと，単純に受け止めることが素直であると教えられているようだ．「手巾」の教授のような，西洋的合理主義が一般化しているのである．しかし，ヒトはしばしば表情で相手を欺く．表情に欺かれないようにするためには，やはり場数を踏み，さまざまな表情に潜む本当の「こころ」を読み解く経験が必要だろう．（岩）

4 自分の顔を見る

A 自分の顔と「自己」

　鏡，写真，ビデオなどに映った自分の顔を見るというのは，他の人物の顔を見るのとは異なる，なんらかの意味で特別な体験である．その理由は，一般的に「自己」という概念で説明される．自分の顔が特別なのは，その顔だけが自己に属するからである．そんな「自己」は脳の中でどのように存在するのであろうか．脳の中に，漠然とした，ひとかたまりの「自己」というシステムが存在し，自分の顔を見た瞬間に，この「自己」システムが活動する．そんなイメージをもつ人が多いのではないだろうか．

　脳の中の，漠然とした，ひとかたまりの「自己」システム，そんなイメージはこれまで(過去の私も含め)多くの研究者に共有されてきた．その端的な例が，「自己」が大脳右半球にあるのか，左半球にあるのか，という論議である．多くの研究者が「自己」が右半球にあると信じている．左右分離脳患者の左視野に自分の顔を提示したときのほうが(右視野に提示したときと比べて)皮膚電気伝導反応(情動反応の生理指標)が強く[1]，自分の顔と有名人の顔を合成した顔写真が，左大脳半球を麻酔すると自分の顔に，右を麻酔すると有名人に見え[2]，さまざまな「自己」関連脳活動は右半球に多い[3]ことが報告されている．一方で，「自己」が左半球にあることを主張する研究者もいる．左右分離脳患者の右視野に自分の顔と担当医師の顔を合成した顔写真を提示すると，より自己と認知されやすく[4]，健常被験者でも通常鏡像で右視野にある自分の顔の右半分を，より自己と認知しやすい[5]．

　脳の中の，漠然とした，ひとかたまりの「自己」システム，そんなイメージの醸成には，鏡像自己認知の比較心理学研究の成果も一役買っている．

多くの動物は，鏡に映った自己像を他の個体と認識し，威嚇などの社会的行動をとり続ける．ところが，チンパンジーの場合は，鏡に触れてから3日くらい経つと，鏡の中の像を自分と認知しているような行動をとり始める[6]．Gallupが1970年に『Science』誌にこのチンパンジーの鏡像自己認知を発表したとき，画期的だったのは鏡像自己認知を科学的に評価する方法も同時に報告したことである．チンパンジーを麻酔して，顔面の目立つ（しかし直接見ることができない）場所に印をつける．このチンパンジーを鏡の前に出して，印に触れるために自分の顔へ手を伸ばせば，自己認知をしていることの証拠になる．このマーク・テスト（あるいはルージュ・テスト）に合格した動物は，チンパンジーのほかに，オラウータン，イルカやゾウなどのごく限られた種だけであり[7-9]，これらの動物の共通点は，脳が体重に比べて大きいことである[10,11]．その事実から容易に推測されるのは，脳に「自己」システムが宿るためには，高度に発達した脳が必要であるという仮説である．そしてこれが，容易に脳の中のぼんやりとした「自己」システムのイメージと，体重比の脳の重さは人が圧倒的に大きいという事実を結び付ける．脳の飛び抜けた発達が，「自己」システムの発達をもたらし，進化の最終到達地点としてのヒトをヒトたらしめている，という夢想に至るのも無理はない．

B 単一の「自己」システムは存在するか？

このような，脳の中の，漠然とした，ひとかたまりの「自己」システム．本当にそんなものがあるのだろうか．そんなものは実際には存在しない，というのが本論の出発点である．

われわれの目の前に顔があれば，それは他者か自己かのどちらかである．視力や解像度の問題でよく見えないということがなければ，自己か他者かの区別はクリアである．そうわれわれは信じている．しかし，本当にそうだろうか．この確信を打ち砕く，患者の観察報告がある．アルツハイマー病では稀に鏡像自己認知の障害が報告される[12,13]．例えば，80歳の女性患者EFは，鏡の中の自己像を嬉しそうに見つめ，微笑みかける．彼女は鏡の中の自己像を「私の友達」と呼んだ．自分に「似ている」ことは認めて

も，決して彼女自身であるとは認めなかった[12]．ところが，ここで特に注目したいのが，EF をはじめ，多くの「鏡像自己認知に障害のある」患者が，顔を洗ったり身繕いをしたりするときに，問題なく鏡を使うことができるという事実である[12,13]．（比較するのは失礼かもしれないが）もしあなたの目の前で，動物が鏡を見ながら櫛を使って頭や顔の毛を整えていたら，当然あなたはこの動物が鏡像自己認知をしていると考えるだろう．マーク・テストにだって合格するに違いない．だとしたら，この患者は，鏡像自己認知ができると考えるべきか，できないと考えるべきか．単一の自己概念で自己と他者を区別しようと考えると，この問いには答えられない．

単一の自己概念の破たんは，鏡像自己認知の比較心理学研究でも，顕在化している．1981 年，Epstein はハトがマーク・テストに合格することを報告した[14]．ただし，鏡像自己認知をさせる前に，ハトは身体の各所につけられた印をくちばしでつつくように（餌を使って）トレーニングされていた．これに対して，「自己」システムが高度に発達した脳を前提とする，と信じる多くの研究者から猛反発が起きたことは想像に難くない．この研究を「行動科学史上最高のパロディだ」と糾弾する研究者もいた[15]．ここから，多くの研究者が「マーク・テストでは自分の体の印に対する行動は'自発的'でなければならない」という但し書きをつけるようになった．研究に対するさまざまな批判（再現性に対する疑問も含む[16]）はさておき，ここで重要なのは，マーク・テストにこの新しい但し書きがついた時点で，単一の自己概念は破たんしたという事実である[17]．鏡の中の身体像の特定の部位と，自身の身体の特定の部位を結び付ける能力は，ある種の自己・他者概念と深い関係があることに間違いはない（自己身体認知の異常を，自己概念の問題として取り上げることに誰も異存はないであろう）．一方で，マーク・テストに但し書きをつけた多くの研究者が漠然とイメージしていたのは，何か別の自己概念であったということになる．

複数の自己概念を確立するためには，どのような科学的手段，すなわち客観的に自己認知を評価するための実験手法・判断基準，を用いればよいだろうか．過去にもさまざまな心理学者が複数の自己概念で構成されるモデルを提案してきた[18,19]．しかし，その妥当性を検証する科学的手段が伴うことは稀であった．さまざまな批判にもかかわらず，マーク・テストが

その輝きを失わない理由は，それがいまだにほぼ唯一の確立された自己認知の評価手段だからである．しかし，マーク・テスト（だけ）では複数の自己概念について研究を進めることはできない．

そこで最近注目され始めているのが脳機能イメージングである．異なる自己概念を，異なる脳活動パターンとして，区別しようというアイディアである[20]．実際，既にさまざまな自己認知の側面について研究が行われているが，自己認知に関わる脳活動パターンについて，一致した結果は得られていない[21]．これは，自己概念が複数存在し，それぞれの自己認知課題で，異なった自己概念に関わる認知処理が，関与していることを示唆するものかもしれない．

C 自分の顔の3つの「顔」

ここでは，自分の顔を見ることに（少なくとも）3つの異なる自己概念が関与する，という仮説を提案する．ここ10年の「自分の顔の認知」に関わる脳機能イメージング研究の成果に基づく私案である．

1）自己身体としての自分の顔

自分の顔は自分の身体の一部であり，身体というレベルでの自己概念が関与する可能性は容易に想像できる．自分の顔写真を見たときにだけ，右半球の頭頂・前頭領域（頭頂間溝・縁上回・下前頭回～下前頭溝：図15A）が活動する（他者の顔写真を見たときには活動しない）[22-26]．これらの領域は，自己身体認知への関与が知られている領域である[27,28]．厳密には，身体の運動の意図や固有知覚と，身体運動像の視覚的な入力とのマッチングを行っている領域と考えられる．実験で，巧妙に身体運動像の視覚入力を加工し，身体運動の意図や固有知覚とギャップを生じさせると，これらの領域の活動が上昇する[27,28]．身体の運動の意図や固有知覚と，身体運動像の視覚的な入力とのマッチングは，鏡像自己認知が実現する前提となる認知処理であり，これに関わる脳領域が自分の顔の認知に関与するのは合理的である．この領域の活動は，自分の名前を見たときには活動しない[26]．また動画と静止画で顔を提示したときに，活動の個人差パターンに違いが

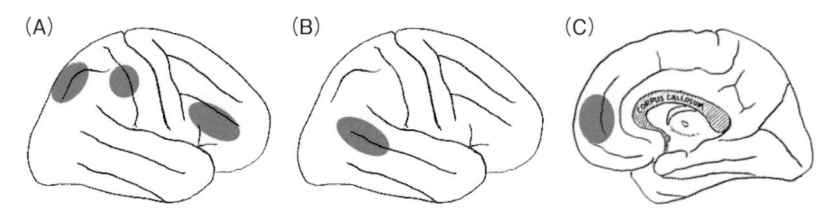

図15 自分の顔を見ているときに特異的に反応する(と考えられる)脳領域
A：自己身体認知に関わる右頭頂・前頭領域(頭頂間溝・縁上回・下前頭回〜下前頭溝)．B：社会的情報処理に関わる上側頭溝後部(pSTS)は自己顔特異的に無活動．C：客観的自己像への意識に関わる前頭前野内側．

ある[24]．いずれも，これらの領域が自分の顔を見るときに，身体としての自己概念に関わる処理をしていることを支持する知見である．

先述の患者 EF も，この身体というレベルでの自己認知は可能だっただろう．そうでなければ鏡を見ながらくしは使えないはずである．また，ハトでも，鏡を使って自己身体を参照することが可能な動物は，このレベルの自己認知が可能と考えるべきであろう．

この右頭頂・前頭領域の活動に関する説明に，疑問をもつ読者もおられるだろう．この領域は，身体運動の意図・固有知覚と視覚的な入力が一致しないときに活動する．鏡像自己認知では身体運動の意図・固有知覚と視覚的な入力が一致する．なのに，なぜ自分の顔を見たときにこれらの領域が活動するのか，逆ではないか，と．この一見矛盾した現象に対する筆者の仮説はこうである．提示された顔が自己だと認知された瞬間に，これを自己身体の一部として処理する回路(右頭頂・前頭領域)のスイッチがオンになる．しかし運動視覚入力は鏡像ではないので，身体運動の意図・固有知覚と一致しない．だから，これらの領域の活動が上がる．この仮説は，この領域の活動に関する(自分の顔認知の)先行研究間の結果の不一致も説明できる．この領域の活動を報告している研究では，いずれも，さまざまな表情や顔の向きの写真，他者との合成顔など，被験者の実験時の顔の状態(正面向き・無表情)とは大きく異なる写真を刺激として用いている[22-26]．

2) 非他者としての自分の顔

　顔について自己概念を論じるのであれば，「自己」の最も明確な単一の定義は「他者でないこと」である．両大脳半球の上側頭溝後部（pSTS）（図15B）は他者の顔に対しては活動するが，自分の顔に対しては活動しない[22,23,25,26]．同様に，他者の名前を見たときに比べて，自分の名前を見たときには活動が低い[26]．この領域はさまざまな社会的情報，顔であれば目や口の動きに強く反応し[29,30]，われわれの対人認知・行動の起点となる．顔と名前とで，共通して自己認知に特徴的な脳活動パターンとしては，このpSTSの低活動以外に報告されていない．つまり，この領域の「無活動」が「非他者」としての自己概念を反映していると考えられる．

　この知見は単なる他者認知の裏返しであり，これをもって自己概念を論じることに疑問を呈する読者もおられるかもしれない．しかし筆者は，この知見は単なる「無活動」ではなく，積極的な「活動抑制」過程を反映していると推測している．つまり，脳はどんな顔に対しても社会的反応を行うのが基底状態であり，自己認知はこの自動的な反応を能動的に抑制しているのだ，と考えている．これにはいくつかの根拠がある．まず経験的にも脳科学的にも，顔に対する社会的反応は自己認知処理に先んずる．われわれが予想せずに鏡に直面したとき（遊園地の迷路の中で突然鏡が現れたような場合），まず突然現れた人影に驚き，それから「なんだ，自分か」と思う．事象関連電位の研究では，目や口の動きに対するpSTSの反応は140〜200 msの潜時で現れる[31]が，自分の顔の認知に特異的な反応は220 ms以降に現れる[32]．さらに，系統発生的にも個体発生的にも，まず他者認知能力が現れ，その後の鏡像自己認知能力の獲得の際に，自己鏡像に対する社会的反応の消失が観測される[7]．

　先述の患者EFの自己認知障害は，この社会的反応の抑制というレベルでの障害かもしれない．鏡の中の人物が，どうしても他人に思えてしまう，社会的反応をしてしまう，ということではないか．

3) 社会とのインターフェースとしての自分の顔

　われわれは皆，客観的自己像，すなわち他者の目に映る自分（必ずしも

視覚的なものだけでなく，性格や能力なども含む)を意識する．また多くの人が，理想の自己像をもっていて，自分をこれに近づけようとする．人が理想の体型を目指してダイエットやトレーニングに精を出したり，お金と時間を費やして習い事をしたり，パーティーが苦手でも頑張って笑顔でたくさんの人とコミュニケーションをとるのは，客観的自己像を理想の自己像に近づけるためである．客観的自己像の中でも，顔は非常に重要な位置を占める．魅力的な顔は，異性パートナーの獲得をはじめ，さまざまな社会的関係において有利である[33]．多くの人が，毎日顔を洗ったり，髪形を整えたり，化粧をしたりするのは，客観的自己像としての顔を理想の自己像に近づける行為に他ならない．マーク・テストにおいて，印に対する自発的な反応を条件とした研究者達が念頭に置いていた自己概念は，このレベルの自己概念ではないだろうか．

　この客観的自己像レベルの自己概念が，自分の顔を見ているときの脳活動にどう反映されるのかについては，まだ知見が乏しい．顔認知以外の「客観的自己像」に関連する研究では，前頭前野内側(図C)の関与が疑われる．自己評価課題(提示された性格形容詞に自分が当てはまるか判断)遂行中にこの領域の活動が上がることが報告されている[34]．また，他者に見つめられたり，自分の名前を呼ばれたりしたときもこの領域が活動する[35]．さらに，この領域が羞恥心や罪悪感などの，ネガティブな自己意識的感情(モラルや社会規範に基づいた理想の自己像と，客観的自己像のギャップから生まれる)を理解するときにも活動する[36,37]．

　自分の顔を認知させるイメージング研究でも，被験者の動画から写真映りの悪い瞬間を切り出して，顔認知課題に用いた研究がある[25]．理想の自己像とのギャップという考え方からすれば，そんな「写真映りの悪い顔」は客観的自己像レベルの自己概念に関わる脳領域の活動を上昇させそうだが，そのような領域は発見されなかった．実は，この研究では「写真映りの悪い顔」に対する活動上昇を「自分の顔に特異的に反応する領域」の中で探索していた．客観的自己像に関与すると思われる前頭前野内側は，他者認知も含めさまざまな社会的認知に関わる領域なので[38]，そもそも「自分の顔に特異的に反応する領域」に含まれていなかった．このレベルの自己概念は他者認知と対立するものでなく，むしろ非常に関連の深い概念とと

らえるべきかもしれない．

4）自分の顔のイメージング研究の今後

　以上，述べてきた3つの自己概念のモデルは，あくまでも作業仮説に過ぎない．自己概念のいくつかの側面は，まだこのモデルの中には明確に位置づけられていない．例えば，考えている自分を意識するようなメタ認知的側面や，（自伝的）出来事記憶における自己参照，さらに「他者の目に映る自分」を超克・統一するような自我の確立については，このモデルの発展で説明が可能かもしれないし，さらなる別の自己概念を必要とするかもしれない．また，自分の顔を認知しているときに特異的に活動するいくつかの領域についても，まだこのモデルでは説明できていない．下側頭回の後部[22-26, 39]や，島皮質[25, 39, 40]，また右前頭葉腹側部の複雑な活動パターン[22-26, 39-41]については，3つの自己概念のうちのどれかで説明できるのか，別の自己概念が必要なのか，今後の検討が必要である．しかし，このように数々の課題はあるものの，これから脳機能イメージング研究で検証可能な仮説をいくつも生成できるという点では，それなりに優れた作業仮説であるという自負がある．

D　「自己」は再統一されるか

　それでも，自分の顔を見たときに働く脳の「自己」システムの統一性について，確信が揺るがない人もいるかもしれない．これまで述べてきたように，脳のある特定のネットワークが単一の「自己」システムを担っているという可能性はほぼないと考える．しかし，複数の自己概念を司る複数の脳ネットワークで，何か「自己」システムに共通した情報処理アーキテクチャが存在する可能性を指摘しておきたい．それは，端的にいえば「抑制」である．本項で述べた仮説でも，3つのレベルそれぞれで安定した理想的な「自己」は脳活動が低い状態に対応した．逆に「自己」から逸脱した状態は脳活動の上昇に対応する（実は，この関係は脳だけでなく免疫系の自己認識についても当てはまる[42]）．このような処理抑制機構が「自己」システムの特徴であり，「自己」システムの統一性の主観と関連しているかもしれ

ない．

　一方で，脳の中の「自己」システムの統一感は，各レベルの自己概念に注がれる意識の個人差の産物かもしれない．すなわち，多くの人が，複数の自己概念のどれか1つだけに強い意識をもっていて，他の自己概念については重きを置いていない，ということかもしれない．実際，複数の自己概念や自己概念の構造に関するさまざまな研究者の言及を読むと，それぞれ自己概念の異なる側面を重視している．身体レベルの感覚マッチングに詳細に言及したモデルもあれば[19]，社会適応的側面(すなわち客観的自己像)を究極の発展形とする論調もある[20]．同じ「自己」という言葉に対して，われわれが主観的にイメージしているものは実は十人十色なのかもしれない．その個人差と各個人の社会的行動傾向の関係も，今後の研究対象として興味深い．

おわりに

　自分の顔を見ることの特殊性が，脳の中の単一の「自己」システムで説明できるという古典的な考え方は，心理学的にも脳科学的にも否定されつつある．本項では近年の「自己顔認知」に関連した脳機能イメージング研究成果を根拠として，3つの自己概念の作業仮説を提示した．自分の顔は身体の一部でも，非他者でも，社会とのインターフェースでもあり，それぞれ異なる脳ネットワークの脳活動変化を引き起こすと考えられる．このモデルの検証と修正，また共通情報処理機構や個人差について，今後の研究が待たれる．

●文献●

1) Preilowski B : Self-recognition as a test of consciousness in left and right hemisphere of "split-brain" patients. Act Nerv Super (Praha) 19 (Suppl 2) : 343-344, 1977
2) Keenan JP, Nelson A, O'Connor M, et al : Self-recognition and the right hemisphere. Nature 409 : 305, 2001
3) Decety J, Sommerville JA : Shared representations between self and other : a social cognitive neuroscience view. Trends Cogn Sci 7 : 527-533, 2003
4) Turk DJ, Heartherton TF, KelleyWM, et al : Mike or me? Self-recognition in a split-brain patient. Nat Neurosci 5 : 841-842, 2002

5) Brady N, Campbell M, Flaherty M : My left brain and me : a dissociation in the perception of self and others. Neuropsychologia 42 : 1156-1161, 2004
6) Gallup GG : Chimpanzees : self-recognition. Science 167 : 86-87, 1970
7) Gallup GG : Self-awareness and the emergence of mind in primates. Am J Primatol 2 : 237-248, 1982
8) Reiss D, Marino L : Mirror self-recognition in the bottlenose dolphin : a case of cognitive convergence. Proc Natl Acad Sci U S A 98 : 5937-5942, 2001
9) Plotnik JM, de Waal FB, Reiss D : Self-recognition in an Asian elephant. Proc Natl Acad Sci U S A 103 : 17053-17057, 2006
10) Marino L : Convergence of complex cognitive abilities in cetaceans and primates. Brain Behav Evol 59 : 21-32, 2002
11) Shoshani J, Kupsky WJ, Marchant GH : Elephant brain. Part I : gross morphology, functions, comparative anatomy, and evolution. Brain Res Bull 70 : 124-157, 2006
12) Phillips ML : "mirror, mirror on the wall, who...?" : towards a model of visual self-recognition. Cognit Neuropsychiatry 1 : 153-164, 1996
13) Breen N, Caine D, Coltheart M : Mirrored-self misidentification : two cases of focal onset dementia. Neurocase 7 : 239-254, 2001
14) Epstein R, Lanza RP, Skinner BF : "Self-awareness" in the pigeon. Science 212 : 695-696, 1981
15) de Waal FBM : The pitfalls of not knowing the whole animal. The Chronicle of Higher Education 5 : B4-B6, 1999
16) Thompson RKR, Contie CL : Reflections on mirror usage by pigeons. In Parker ST, Mitchell RW, Boccia ML (eds) : Self-awareness in Animals and Humans. Cambridge University Press, Cambridge, 1994, pp 392-409
17) Schilhab TSS : What mirror self-recognition in nonhumans can tell us about aspects of self. Biology and Philosophy 19 : 111-126, 2004
18) Neisser U : Five kinds of self-knowledge. Philosophical Psychology 1 : 35-59, 1988
19) Rochat P : Five levels of self-awareness as they unfold early in life. Conscious Cogn 12 : 717-731, 2003
20) Bekoff M, Sherman PW : Reflections on animal selves. Trends Ecol Evol 19 : 176-180, 2004
21) Gillihan SJ, Farah MJ : Is self special? A critical review of evidence from experimental psychology and cognitive neuroscience. Psychol Rev 131 : 76-97, 2005
22) Sugiura M, Watanabe J, Maeda Y, et al : Cortical mechanisms of visual self-recognition. Neuroimage 24 : 143-149, 2005
23) Uddin LQ, Kaplan JT, Molnar-Szakacs I, et al : Self-face recognition activates a frontoparietal "mirror" network in the right hemisphere : an event-related fMRI study. Neuroimage 25 : 926-935, 2005
24) Sugiura M, Sassa Y, Jeong H, et al : Multiple brain networks for visual selfrecognition with different sensitivity for motion and body part. Neuroimage 32 : 1905-1917, 2006
25) Morita T, Itakura S, Saito DN, et al : The role of the right prefrontal cortex in self-evaluation of the face : a functional magnetic resonance imaging study. J Cogn Neurosci 20 : 342-355, 2008
26) Sugiura M, Sassa Y, Jeong H, et al : Face-specific and domain-general characteristics

of cortical responses during self-recognition. Neuroimage 42 : 414-422, 2008
27) Fink GR, Marshall JC, Halligan PW, et al : The neural consequences of conflict between intention and the scenes. Brain 122 : 497-512, 1999
28) Ehrsson HH, Holmes NP, Passingham RE : Touching a rubber hand : feeling of body ownership is associated with activity in multisensory brain areas. J Neurosci 25 : 10564-10573, 2005
29) Allison T, Puce A, McCarthy G : Social perception from visual cues : role of the STS region. Trends Cogn Sci 4 : 267-278, 2000
30) Haxby JV, Hoffman EA, Gobbini MI : The distributed human neural system for face perception. Trends Cogn Sci 4 : 223-233, 2000
31) Watanabe S, Miki K, Kakigi R : Mechanisms of face perception in humans : a magneto-and electro-encephalographic study. Neuropathology 25 : 8-20, 2005
32) Sui J, Zhu Y, Han S : Self-face recognition in attended and unattended conditions : an event-related brain potential study. Neuroreport 17 : 423-427, 2006
33) Thornhill R, Gangestad SW : Facial attractiveness. Trends Cogn Sci 3 : 452-460, 1999
34) Craik FIM, Moroz T, Moscovitch M, et al : In search of the self : a positron emission tomography study. Psychol Sci 10 : 26-34, 1999
35) Kampe KK, Frith CD, Frith U : "Hey John" : signals conveying communicative intention toward the self activate brain regions associated with "mentalizing", regardless of modality. J Neurosci 23 : 5258-5263, 2003
36) Berthoz S, Armony JL, Blair RJ, et al : An fMRI study of intentional and unintentional (embarrassing) violations of social norms. Brain 125 : 1696-1708, 2002
37) Takahashi H, Yahata N, Koeda M, et al : Brain activation associated with evaluative processes of guilt and embarrassment : an fMRI study. Neuroimage 23 : 967-974, 2004
38) Gobbini MI, Haxby JV : Neural systems for recognition of familiar faces. Neuropsychologia 45 : 32-41, 2007
39) Kircher TT, Senior C, Phillips ML, et al : Towards a functional neuroanatomy of self processing : Effects of faces and words. Brain Res Cogn Brain Res 10 : 133-144, 2000
40) Platek SM, Loughead JW, Gur RC, et al : Neural substrates for functionally discriminating self-face from personally familiar faces. Hum Brain Mapp 27 : 91-98, 2006
41) Keenan JP, Wheeler MA, Gallup GG, et al : Selfrecognition and the right prefrontal cortex. Trends Cogn Sci 4 : 338-344, 2000
42) 多田富雄：免疫の意味論．青土社，東京，1993

〔杉浦元亮〕

5
顔を通じた対面コミュニケーション

A コミュニケーションにおける顔

1）ヒトは顔を見る

　ヒトは他者と向かい合ったとき，まずは相手の顔を見る．

　特定の感情が起こるとそれは顔に表れることが多い．このため個体（ヒト）の内的状態は，その知覚器官の状態を見れば最もわかりやすい[1]．顔には，視覚器官である目や味覚器官である口といった主な感覚器官が集まっている．例えば，他者の目を見て，視線がこちらへ向けられているのかどうかを知ることで，相手の関心がどこへ向けられているかを知ることができる．顔を見ることによって，相手が今どのような情報を取り入れようとしているか，あるいは情報の入力を拒否しているかどうかといったメタ情報を収集することができ，相手の内的状態を推測するうえで役に立つ[1]．

　顔が主なコミュニケーション器官となりえたのは，そこに感覚器官が密集しているからというだけでなく，発達した顔面筋によって多様な表現をすることができるからである．顔には実に20以上の筋が存在しており，それらはすべて皮膚同士，あるいは骨と皮膚をつなぐものである．通常の筋肉が骨と骨とをつなぎ，関節を動かす役割をもっているのに対し，顔面筋は皮膚自体，あるいは皮膚の上にある目や口などの構造物を動かしている[2]．そのため微細な動きをすることが可能である．さらに，複数の筋あるいは構造物があるおかげで，筋の動かし方の組み合わせを変えることで非常に多くの種類の信号を生成することができる．例えば，目を細めるという1カ所の部位の変化であっても，これと同時に口角を引き上げれば笑

顔となる．一方で，口角を下げれば，不快感を表すこともできる[3]．

2）顔を見たときの乳児の脳活動

ヒトは生後間もない頃から，顔を特別な視覚刺激と捉えている．このことは，乳児が顔を観察している間の脳活動を計測した研究結果から示唆される．

Otsuka ら[4]は生後5～8カ月の乳児を対象として，顔（正立顔，倒立顔）および顔ではない物体（野菜）を観察しているときの，両側側頭部の脳活動を近赤外線分光法（NIRS）を用いて計測した（図16）．野菜を観察している間の脳活動をベース期間とし，それと比べて正立顔，もしくは倒立顔を観察している各テスト期間で活動が高まったかどうかを検討した（図17）．その結果，正立顔を観察している期間は，酸素化ヘモグロビン（oxy-Hb）および総ヘモグロビン（total-Hb）が右側頭部で増加した．しかし，左側頭部では活動の増加はみられなかった．一方，倒立顔を観察している間には，両側側頭のどちらの部位でも活動の増加がみられなかった．これらの結果をもとに，正立顔観察時と倒立顔観察時とで活動の高まりを比較したところ，右側頭部において total-Hb の増加が有意に高まっていたが，oxy-Hb の変化および左側頭部においては変化がみられなかった．成人においては，倒立顔では正立顔に比べて人物同定や顔の再認が困難になるという倒

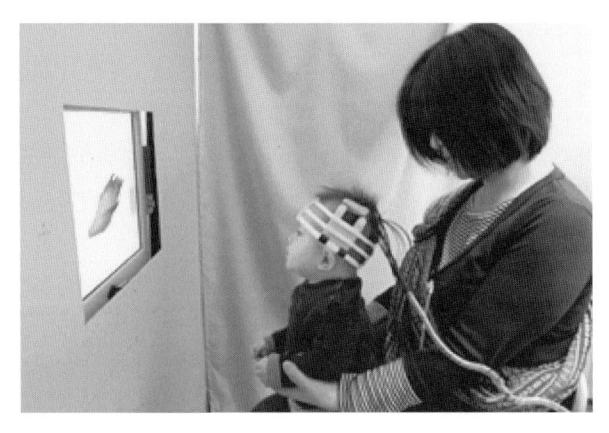

図16　NIRS による脳活動計測中の乳児の様子

A　コミュニケーションにおける顔

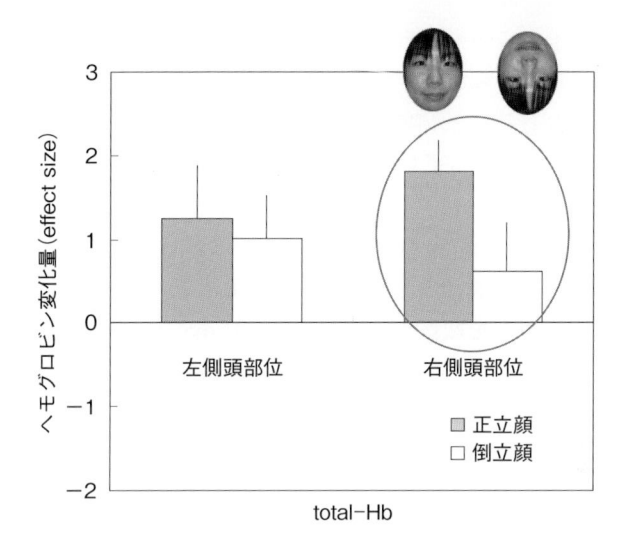

図17　正立顔および倒立顔観察時の乳児の脳血流変化量
(Otsuka Y, et al, 2007[4] より改変)

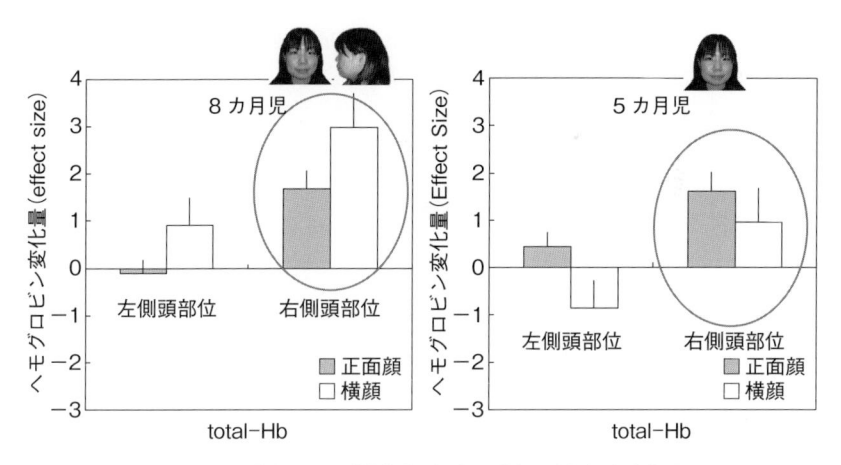

図18　正立顔および横顔観察時の乳児の脳血流変化量
(Nakato E, et al, 2009[6] より改変)

立効果がみられることが知られている[5]．このことから，乳児で倒立顔に対して脳活動が高まらなかったことは，乳児においても，成人と同様に倒立効果がみられることを示唆している．

　さらに，正立顔であっても見る向きによって顔と認識できる場合とできない場合がある．Nakatoら[6]は，先のOtsukaら[4]と同様の手法を用い，5カ月児が顔（正面顔，横顔）および顔ではない物体（野菜）を観察しているときの，両側側頭部の脳活動を計測した（図18）．その結果，正面顔を観察したときには，野菜を観察したときと比べてoxy-Hbとtotal-Hbが右側頭部において増加した．しかしながら，横顔を観察したときにはこのような活動の増加がみられなかった．これと同じ実験を8カ月児にも行ったところ，5カ月児とは異なり，横顔観察時にも正面顔観察時と同様に右側頭部の活動がみられた．このことから，乳児の顔認識能力は観察角度ごとに異なる発達をみせることが示唆された．

　これらの研究は，人間が乳児の頃から正立の正面顔に対して特別な感受性をもっていることを示している．その一方で，発達とともに，横顔や斜め顔のような角度の違う顔についても顔認識能力を徐々に高めていくことは，日常場面において顔を介したコミュニケーションを促進するうえで重要であると考えられる．

B 表情を介した感情伝達

1）表情は感情を表す

　表情は，非言語的コミュニケーション・チャネルの1つであるが，他の非言語的コミュニケーション手段（姿勢，しぐさ，視線行動，空間行動，準言語行動など）と比較して，とりわけ多くの情報を伝達する．二者間の会話の中で，非言語的メッセージが伝える情報量は65%[7]とも93%[8]であるともいわれているが，中でも顔の表情が伝える情報量は全体の55%を占めるという[8]．では，表情はどのような種類の情報を伝えるのに役立つであろうか．表情は当然のように感情を伝達すると考えられているが，これを実際に検討した研究は多くない．

Chovil[9]は，表情が会話の中でどのような情報を伝えているかを探るために，12組の成人ペアに3つの話題を与え，会話する様子を約10分間観察した．会話中の話者たちの表情を，伝達する意味に基づいて5つのカテゴリーに分類し，それぞれどのような割合で表出されたかを分析したところ，感情語の意味を強める（例：「私はレバーが大嫌いだ」というときに鼻筋に皺を寄せる），あるいは何も言わずに感情だけを相手に伝える（例：返答に窮したときに口角の片側を上げる）など，感情を表す際に表出される割合が35％と最も多かった．次いで，感情語以外の単語を強調するための表情変化（例：「本当に」「子どもっぽい」などの単語を強く発声する，疑問文で疑問詞を強調する，聞き返す，など）は27％であった．また，会話の中で意味をもたないが，生理学的な必要があって生じる口元の動きが25％であった．感情語に伴う表情変化が最も多く使用されていることから，表情が伝える情報はやはり感情情報が主であることがわかる．

2）表情を通じた感情理解

では，ヒトはどのようなメカニズムによって表情から感情を理解しようとしているのだろうか．表情から他者の感情を理解するメカニズムとして現在注目を集めているのは，シミュレーション説[10,11]である．ヒトが他者の感情を理解する際には，まるで「他人の靴に自分の足を入れてみるように[12]」他者のこころを自分のこころを媒介として追体験し，共感的に理解するという説である．シミュレーション説の大きな特徴は，他者のこころを理解するためには，自らがこころをもつ存在でなければならないという点である．先の比喩でいえば，他者の靴に入れるための自分の「足」が必要となる．こころがなければ感情状態を代理して経験することができないため，例えば，こころをもたない機械には他者の内的状態を推測できない，と考える．その一方で，例えばこころはもっているが感情や文脈を理解するための知識を十分にもたない乳幼児は，自分が過去に学習したことのない環境や文脈であっても，顔に表出された感情から内的状態を推測できる，と考える．

シミュレーション説は，近年の脳科学の知見からも支持される．ミラー・ニューロンの発見はシミュレーション説の裏づけとして有力である[12,13]．

表情を観察したときと，その表情を実際に模倣したときとで，ほぼ同じ脳部位が活動することを報告した研究は数多い[14-18]．表情の観察が表情の表出を誘発(し，それによって感情を追体験)することは脳活動の側面からも十分支持されうる．

3) 表情模倣による感情理解

シミュレーション説は，行動科学的見地からも支持されている．表情模倣という現象は，その根拠の1つである．ヒトは他者の表情を見ると，ついそれと同じ表情をしてしまう．非意識的で自動的なこの反応は，表情模倣[19-23]と呼ばれる．Dimberg[19]は，表情写真を観察しているヒト(観察者)の表情筋の動きを顔面筋電図法によって測定した．その結果，観察者が幸福表情を見ているときには顔面の頬筋が活動し，快表情を表す動きを見せた．一方，怒り表情を見ているときには皺眉筋が活動し怒り表情のような不快表情を見せた．このときもし意図的に抑制しようと思ったとしても，顔面筋を測定するとそれと同じ方向への筋の動きが観察されたという[16]．表情を見るとほぼ1秒以内に模倣してしまうことは[23-27]，シミュレーション説に不可欠な「代理的表出」を実際にわれわれ人間が行っていることを直接示す結果である．

ところで，このような模倣を通じた感情理解は乳児にも備わっている能力なのだろうか．既に述べたように，乳児は顔に対して特別な感受性をもっているが，表情から模倣を通じて感情を理解しようとするかどうかはこれまで十分に検討されていない．乳児の顔への応答傾向として最もよく知られているのは，新生児模倣[28,29]である．しかし実は，この新生児模倣は厳密な意味での模倣ではなく，単なる反射にすぎない可能性が指摘されている．

乳児は養育者の表情が変わったのを見ると，それと同じように表情を変える．Meltzoffら[28]は，生後12～21日の乳児が，周囲の大人の口の動きを模倣したことを観察した．さらにその4年後，Fieldら[29]は，生後36時間の新生児でさえ，幸福，悲しみ，驚きの3種類の表情を区別して模倣することができたと報告している．

しかし，新生児模倣は新生児特有の反射にすぎないという主張がある．

その理由は第一に，追試が難しいという事実にある[30-32]．Ullstadius[31]は，19組の乳児と成人の組に対面コミュニケーションを行わせ，舌出し，口開け，「Ah」という発声のいずれかの行為をさせた．そのときの乳児の顔の動きをビデオ撮影し，後に8名の観察者に見せた．観察者は，乳児がいつどのような成人の顔の動きを見ていたか想像して答えさせられた．しかし観察者によって判断は大きく分かれており，乳児の顔のみからどのような動きを見ていたかを推定することは困難であった．

　第二に，乳児は，興奮したとき[33]や興味をもった対象を見つめるとき[34]，自発的に舌出し行動を行うという．Jones[32]によれば，顔の動き以外にもまぶしい青色の裏地が貼られた箱が開閉する映像や，何色かの光がランダムに点滅する映像を見た場合であっても舌出し行動を見せるという．成人の舌出し行動は，これらの視覚刺激と乳児の興味を惹きやすいことからも[35]，MeltzoffとMoore[28]の研究でみられた舌出し行動は，「模倣」ではなく，顔の動きに対して興味をもったために生起した行動と考えることができる．

C　顔の動きと表情

1）乳児は動く顔を好んで見つめる

　乳児が動きをもつ顔図形に対して興味をもつことは，生後5カ月以降になって目立ってくる．Johnsonら[36]は，顔の内部特徴の運動情報が，乳幼児の顔選好に影響を与えるかどうかを検討した．まず，眉・目・鼻・口という4つの顔の内部特徴を黒線で描いた顔模式図形を素材とし，①それらを本来あるべき場所に正しく配置したFaceパタン，②それらを1つの垂直線上に配置したLinearパタン，③それらの上下関係を互いに入れ替えたScrambledパタン，の3種類の配置パタンを作成した．3パタンそれぞれを，静止画で，あるいは，目と口が微笑むように彎曲して動く動画で，乳児に呈示した．その結果，3カ月児は，他2つのパタンと比べFaceパタンをより長く注視していた．この傾向は，静止画で呈示した場合でも動画で呈示した場合でも同様であった．しかし，その後の5カ月齢の結果で

は，Face パタンへの選好は静止画呈示では消失し，動画で呈示された場合にのみみられていた．以上の結果から，Johnson らは，乳児は成長とともに，静止した顔図形には興味を喚起されなくなり，そこに顔らしい動きが加わることで興味をもつようになってくると主張している．

顔の内部特徴の動きは，摂食行動やまばたきといった生理的必要に基づくものを除けば，表情に起因するものがほとんどである．顔の内部特徴の動きは，発話や視線の移動，そして表情によって生じる[37]．したがって5カ月以降の乳児がヒトの顔を見るのは表情の動きに興味をもつからと考えることができる．

2）乳児の顔の動きへの感受性

筆者らは現在，顔の内部特徴を動かすことによって顔図形選好が促進されるかどうかを検討している（図19）．目鼻口や眉などの顔の内的特徴のうち，目と口は，乳児が表情を区別するために注目しやすい箇所である[38]．目と口の動きで最も可動域が大きいのは，口をパクパクと開け閉めする開

人間に可能な動き（垂直方向への開閉運動）

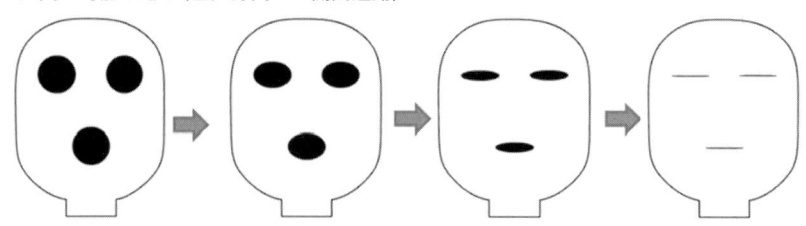

人間に不可能な動き（水平方向への開閉運動）

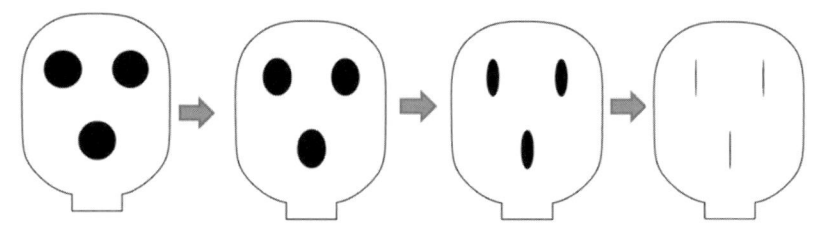

図19　著者らが実験で用いている顔図形の動き

閉運動である．大きな動きは乳児の注意を惹きやすく[39]，顔図形の選好に大きく貢献すると考えられる．そこで，これまで多くの研究で用いられてきた目2つ口1つからなる顔図形を作成し，目と口に相当する部分の黒丸を伸縮させると，目や口が開閉しているように見える．このとき，人間に可能な垂直方向への開閉運動が，人間には不可能な水平方向への開閉運動よりも選好されるかどうか，注視時間を測度とした行動実験から検討する．乳児が人間の顔らしい動きがどのようなものであるかを知っていれば，可能な動きをする顔図形への注視時間が長くなると考えられる．さらに脳活動計測を行い，乳児が顔を観察しているときと同じように右半球領域が活動していれば，動く顔を「顔らしい」と乳児が知覚していたために選好が生じたと考えることができる．このように行動実験と脳活動計測の結果を合わせて考察することで，より妥当性の強い解釈を加えることができる[40]．乳幼児の顔図形の内部特徴の動きに対する知覚発達を知ることで，その後の表情認知能力の素地がどのようにつくられるかを知ることができる．

　表情は他者の内的状態，「こころ」を知るための重要な情報源である．乳児が表情の動きを認識し始める時期を知ることは，人間がこころについての概念をもち始める時期を知ることと等しい．乳児の顔認識能力を探ることで，人間のこころの発達を検討するうえで大きな手がかりが得られると期待される．

● 文献
1) 金沢創：表情の起源．吉川佐紀子，益谷真，中村真・編著：顔と心―顔の心理学入門．サイエンス社，東京，1993，pp 27-45
2) 島田和幸：表情筋について．心理学評論 43：220-226，2000
3) Ekman P, Friesen WV：Unmasking the Face. A Guide to Recognizing Emotions from Facial Clues. Prentice-Hall Trade, New Jersey, 1975
4) Otsuka Y, Nakato E, Kanazawa S, et al：Neural activation to upright and inverted faces in infants measured by near infrared spectroscopy. Neuroimage 34：399-406, 2007
5) Yin RK：Looking at upside-down faces. J Exp Psychol 81：141-145, 1969
6) Nakato E, Otsuka Y, Kanazawa S, et al：When do infants differentiate profile face from frontal face? A near-infrared spectroscopic study. Hum Brain Mapp 30：462-472, 2009

7) Birdwhistell RL : Kinesics and Context : Essays on Body Motion Communication. University of Pennsylvania Press, Philadelphia, 1970
8) Mehrabian A, Ferris SR : Inference of attitudes from nonverbal communication in two channels. J Consult Psychol 31 : 248-252, 1967
9) Chovil N : Discourse-oriented facial displays in conversation. Research on Language and Social Interaction 25 : 163-194, 1991/1992
10) Carruthers P, Smith PK : Theories of theories of mind. University Press, Cambridge, 1996
11) Davies M, Stone T : Mental Simulation : Evaluations and Applications. Blackwell, Oregon, 1995
12) Gallese V, Goldman A : Mirror neurons and the simulation theory of mind-reading. Trends Cogn Sci 2 : 493-501, 1998
13) Preston SD, de Waal FB : Empathy : Its ultimate and proximate bases. Behav Brain Sci 25 : 1-20, 2002
14) Hennenlotter A, Schroeder U, Erhard P, et al : A common neural basis for receptive and expressive communication of pleasant facial affect. Neuroimage 26 : 581-591, 2005
15) Wild B, Erb M, Eyb M, et al : Why are smiles contagious? An fMRI study of the interaction between perception of facial affect and facial movements. Psychiatry Res 123 : 17-36, 2003
16) Carr L, Iacoboni M, Dubeau MC : Neural mechanisms of empathy in humans : A relay from neural systems for imitation to limbic areas. Proc Nat Acad Sci U S A 100 : 5497-5502, 2003
17) Leslie KR, Johnson-Frey SH, Grafton ST : Functional imaging of face and hand imitation : towards a motor theory of empathy. Neuroimage 21 : 601-607, 2004
18) Sato W, Kochiyama T, Yoshikawa S, et al : Enhanced neural activity in response to dynamic facial expressions of emotion : an fMRI study. Brain Res Cogn Brain Res 20 : 81-91, 2004
19) Dimberg U : Facial reactions to facial expressions. Psychophysiology 19 : 643-647, 1982
20) Dimberg U : Facial expressions and emotional reactions. In Wagner HL (ed) : Social Psychophysiology and Emotion : Theory and Clinical Applications. Chichester : John Wiley & Sons, New York, 1988, pp 131-150
21) Dimberg U, Thunberg M, Elmehed K : Unconscious facial reactions to emotional facial expressions. Psycho Sci 11 : 86-89, 2000
22) Blairy S, Herrera P, Hess U : Mimicry and the judgement of emotional facial expressions. J Nonverbal Behav 23 : 5-41, 1999
23) Lundquist LO, Dimberg U : Facial expressions are contagious. Journal of Psychophysiology 9 : 203-211, 1995
24) 市川寛子, 牧野順四郎：刺激表情に対する観察者の同調的表情. 心理学研究 75 : 142-147, 2004
25) 田村亮, 亀田達也：表情は模倣されるのか―日本人参加者を用いた検討. 心理学研究 77 : 377-382, 2006
26) Dimberg U, Thunberg M, Grunedal S : Facial reactions to emotional stimuli : Automatically controlled emotional responses. Cogn Emot 16 : 449-471, 2002

27) Sonnby-Borgström M, Jönsson P : Dismissing-avoidant pattern of attachment and mimicry reactions at different levels of information processing. Scand J Psychol 45 : 103-113, 2004
28) Meltzoff AN, Moore MK : Imitation of facial and manual gestures by human neonates. Science 198 : 75-78, 1977
29) Field TM, Woodson R, Greenberg R, et al : Discrimination and imitation of facial expressions by neonates. Science 218 : 179-181, 1981
30) Hayes LA, Watson JS : Neonatal imitation : Fact or artifact? Dev Psychol 17 : 655-660, 1981
31) Ullstadius E : Variability in judgement of neonatal imitation. J Reprod Infant Psychol 18 : 239-247, 2000
32) Jones SS : Imitation in infancy. Psychol Sci 18 : 593-599, 2007
33) Anisfeld M : Only tongue protruding modeling is matched by neonates. Dev Rev 16 : 149-161, 1996
34) Jones SS : Exploration or imitation? The effect of music on 4-week-old infants' tongue protrusions. Infant Behav Dev 29 : 126-130, 2006
35) Jones SS : Imitation or exploration? Young infants' matching of adults' oral gestures. Child Dev 67 : 1952-1969, 1996
36) Johnson MH, Dziurawiec S, Bartrip J, et al : The effects of movement of internal features on infant's preferences for face-like stimuli. Infant Behav Dev 15 : 129-136, 1992
37) O'Toole AJ, Roark DA, Abdi H : Recognizing moving faces : a psychological and neural synthesis. Trends Cogn Sci 6 : 261-266, 2002
38) Field TM, Woodson R, Cohen D, et al : Discrimination and imitation of facial expressions by term and preterm neonates. Infant Behav Dev 6 : 485-489, 1983
39) Slater A : Visual perception and memory at birth. In Carolyn Rovee-Collier, Lewis P (eds) : Advances in Infancy Research. volume 9, Greenwood, California, 1995, pp 107-162
40) 開一夫：乳児認知研究の新しいかたち―注視時間法における課題と今後の展開．遠藤利彦・編著：発達心理学の新しいかたち 第2刷．誠信書房，東京，2007，pp 111-132

〔市川寛子, 山口真美〕

6
視線認知の障害

　目は注意の方向性や細やかな表情を映し出す重要な器官である．顔全体の表情や仕草などとともに，視線は社会交流に欠かせない信号であると考えられる．

　この視線認知の神経基盤はヒトの損傷例研究や機能画像研究から少しずつ明らかになってきているが，その最も重要な部位の1つとして扁桃体があげられる．扁桃体には，重要ではあっても意識の網目からすり抜けてしまうような刺激をもいち早く検出する[1-3]という機能が備わっていることが知られている．重要な刺激の筆頭とも考えられる視線も例外ではなく，扁桃体が密接に関与している．例えばサルの扁桃体には視線に鋭敏に反応する神経細胞が存在すること[4]，両側扁桃体損傷例において視線方向判断の障害が生じること[5]，健常者において「目が合った」と感じたとき扁桃体が賦活すること[6]などが示されている．

　視線認知を担うもう1つの脳領域に，上側頭溝領域(superior temporal sulcus region；STS)があげられる．STSは生物的動き〔バイオロジカル・モーション(biological motion)〕に鋭敏に反応し，その処理に当たるとされている．例えばサルのSTSに動物の体・頭・視線方向に反応する細胞が存在すること[7]，サルのSTS損傷で視線方向判断能力が低下すること[8]などが示され，ヒトのSTSも視線をはじめとするバイオロジカル・モーションで賦活することがたびたび確認されている[9-11]．

　ここで，筆者らが経験した興味深い症例を紹介したい．症例は脳出血発症時54歳の右手利き女性で，右側頭葉の脳出血に対し，血腫除去術を施行され，術後左同名半盲を生じた．当初左半側空間無視もみられたが，1年ほどの経過で検査上の無視はほぼ消失した．MRI上，右上側頭回(右STSの上半分全域)にほぼ限局した損傷が確認された(図20)．本例と対面して診察している際，視線がなかなか合わないことに気づいた．そこで正

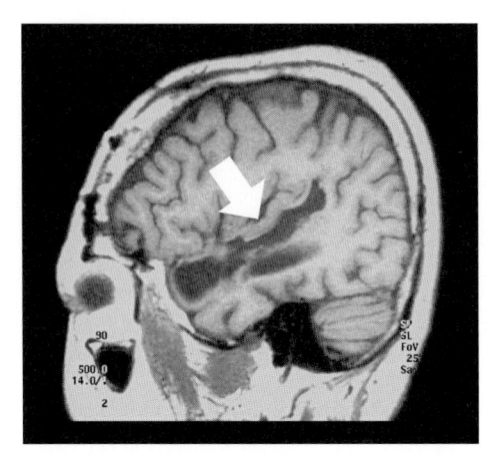

図20 右STS損傷例のMRI画像

面・左右を眺めている人物の写真を呈示して視線方向判断課題を行ったところ,誤答率24.4%と健常対象群に比べて成績不良であった.この傾向は目に似た図形(楕円,長方形)での方向判断でもみられたが,中でも目に特によく似た図形(楕円)において誤答が顕著であった[12].

筆者らはこの症例との関わりを機に視線認知に興味を抱き,以後先行研究に当たったり,本例のほか,扁桃体損傷例や統合失調症例において視線認知の検討を行ってきた.その中で他者の視線を正しく認知し,それを自らの行動に生かし,最終的に他者を理解するに至るまでの過程がおぼろげながら見えてきた印象がある.ここではその過程を段階ごとに分解し,各ステップとその障害について先行研究や自験例を交えて説明していく.

A 他者の目を検出する

視線認知の前段階として,他者が視野に入ったら真っ先に重要な情報源である目に注意を向けるという機能が必要である.実際に健常者が人物を眺めるときの眼球運動を観測すると,目の領域を注視することがたびたび示されている[13,14].この機能を担っているのは主に扁桃体であると考えられる.例えば,健常者の機能画像研究では恐怖表情に対し扁桃体が賦活さ

れることが報告されているが[15,16]，恐怖をたたえた目だけ[17]や，意識にさえ上らない恐怖の目だけ[18]に対しても賦活されることがわかり，扁桃体は顔情報の中でも特に目に鋭敏に反応することがわかっている．また，より直接的な実証としては，扁桃体損傷例における人物像の視線探索で目への注視が激減するという報告がなされている[13]．その結果として，この症例ではそれ以降の表情認知にも障害をきたしていることが明らかとなっており，目を検出してそこに注意を向けるという第一ステップがその後の社会的認知の基盤にもなっていることがわかる．このように，扁桃体が視覚情報のゲートキーパー的役割を果たすことを可能にしているのは，網膜-外側膝状体-視覚野という一般的な視覚路とは別の，網膜-上丘-視床枕-扁桃体という非常に速い視覚の側副路の存在があげられる[3,19]．この側副路を利用することによって，視覚野に入力する以前の粗くても素早い情報を扁桃体がキャッチし，重要な情報を選別してそこに注意を向けさせ，視覚野以降での詳細な検分を誘導していると考えられる．

B 視線の向きを処理する

　扁桃体で重要情報として振り分けられた目の情報は，視覚野を経ていくつかの側面から情報処理される．1つには目そのものが発する表情情報である．これは mind reading や「眼差し理解」として数多くの研究が展開されており[20]，詳細は「表情認知」の章に譲り，ここでは目から読み取れるもう1つの情報，視線方向について考えていく．

　バイオロジカル・モーション全般に反応することが知られている STS であるが，閉じた目や寄り目のように方向性を示さない目に比べ，方向性を示す目に有意に反応することが示され[21]，STS は視線方向に特に鋭敏であることが明らかになってきた．方向性のある視線の中でも，目が合うかどうかといった細かな弁別まで行っていることも報告されている[22]．

　さて，ここで冒頭に紹介した症例に戻る．本例では右 STS 上縁にほぼ限局した損傷後に，写真や模式図，実物の人間など，さまざまな条件下で一貫した視線方向判断障害が出現した[12]．視線方向の処理が STS で行わ

れていることをさらに裏づける所見であると考えられる．ところで本例では，他者の視線方向判断が障害されているのみならず，対面している他者と視線が合いにくいという自身の視線行動異常も認めることを前に述べた．他者の視線方向を判断することと自らの視線運動を調節することは，密接に連動していることが示唆される．

C 視線方向に注意を転動する

　STSを中心に視線方向を割り出した後に，その方向に自身の注意を向けさせる機能が健常者には備わっている．この機能は生後間もなくから観察することができる[23]ため，ある程度先天的，自動的なものであると考えられる．この現象を成人において巧妙に捉えた実験をここに紹介する．この実験では，空間的 cue がその後に現れる target を検出する際に及ぼす影響をみる Posner の spatial cueing paradigm を応用している[24]．一般に，cue が出た方向に target が現れると target 検出時間が短くなり，cue と反対方向に target が現れると検出時間が長くなることが知られているが，cue として視線方向や矢印方向を導入して同様の実験を健常者に行った一連の研究がある．その結果，視線や矢印の方向に一致した位置に target が現れる施行で反応時間が有意に短くなることが繰り返し示された[25,26]．このように視線・矢印方向につられるように注意が誘導される心理現象を，ここでは視線効果，矢印効果と呼ぶ．特に視線効果に関しては，視線方向と逆方向に target が現れる確率を高くして，その旨を被験者に明言した条件においても，視線方向につられた反応（その結果，課題成績が低下しても）を示すことが報告されている[27]．他者の視線方向が，いかに強い吸引力をもって自身の注意を惹きつけているかを如実に語っている現象であると考えられる．

　さて，冒頭の右STS損傷患者において，他者の視線方向判断障害と自身の視線行動異常が併発していることを述べたが，この2つの症候の関連を検討すべく，上述の視線効果，矢印効果に関する実験を本例と健常対照群15名に施行した[28]．図21に示す「矢印」「顔」の刺激をコンピューター画面上呈示し，targetの×印を検出したらできるだけ早くボタンを押すこ

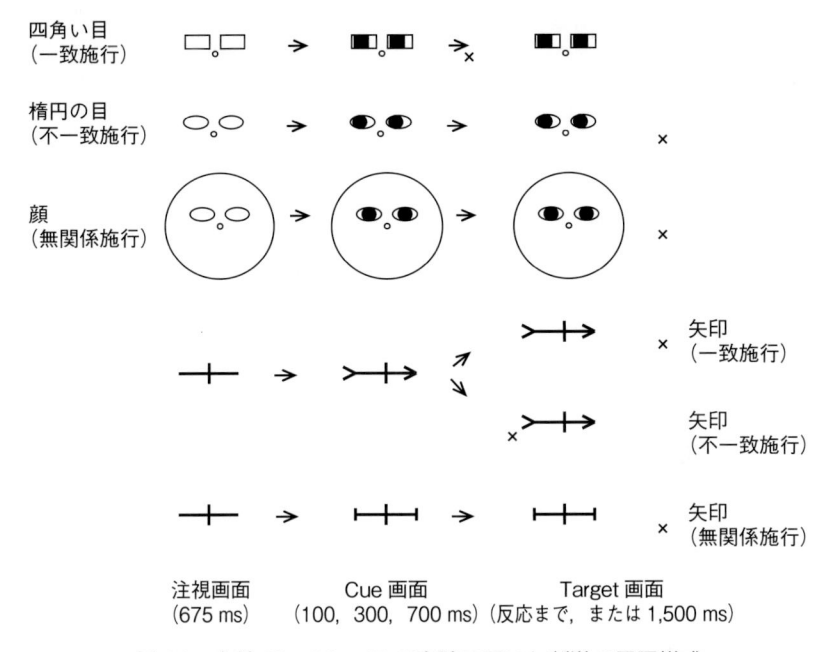

図 21　文献 28，29，47 の実験で用いた刺激の呈示様式

上 3 段が「四角い目」「楕円の目」「顔」，下 3 段が「矢印」を刺激として呈示した例．注視画面を 675 ms 呈示後，視線あるいは矢印の cue 画面を呈示．Cue を 100 ms，300 ms あるいは 700 ms 呈示した後，cue の左右どちらかに×印の target が出現する．被験者には×印を検出したらできるだけ早くボタンを押すことを求めた．Cue と target の位置関係は，一致(congruent)，不一致(incongruent)，無関係(neutral)の 3 種類用いた．

とを求め，その反応時間を測定した．なおこの実験では target の現れる位置の確率は cue と無関係(cue 方向に現れる率と cue の逆方向に現れる率が同率)とした．その結果，健常群では先行研究と同様，どちらの刺激に対しても有意な視線効果，矢印効果を認めた．一方，STS 損傷患者では有意な矢印効果を認めたのに対し，視線効果が欠如していた(図 22)．つまり本症例は，全般的な注意機構の障害だけでは説明されない，視線に特異的な注意転導機能の障害を有すると考えられる．本例に認められる上記 2 つの症候は「他者の視線方向に沿って自身の注意を転導する」という社会交流上最も基本的とも考えられる機能によって連動していることが示唆された．

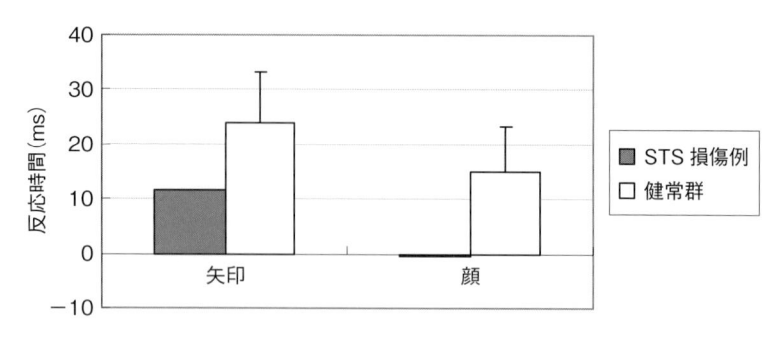

図22 右STS損傷例の実験結果
（Akiyama T, et al, 2006[28]）

STS損傷例と健常群の視線・矢印効果を刺激タイプ別に示している．ここでの視線・矢印効果は，cue-target位置関係がニュートラルな施行の反応時間と，一致（congruent）施行の反応時間の差で表している．図23, 25でも同様．

次にSTS損傷患者と同様，扁桃体損傷患者でも他者の視線方向判断障害[5]や自身の視線行動異常[13]が報告されていることに着目した．そしてこの「他者の視線方向に沿って自身の注意を転導する」という機能が扁桃体損傷患者ではどのようになっているのか検討するため，同様の実験を限局性片側扁桃体損傷（患者）5名（右側2，左側3）と健常対照群15名（年齢統制などのためSTS損傷例の対照群とは異なる構成）に施行した[29]．扁桃体損傷例の病因は右側例では外傷および脳炎，左側例では脳炎1名と脳腫瘍摘出術後が2名であった．今回の実験で用いた刺激は「矢印」「楕円の目」「顔」の3種類である（図21）．健常群ではいずれの刺激でも有意な視線効果・矢印効果を認めた．一方，扁桃体損傷群では矢印効果は有意であったが，「楕円の目」「顔」両方において視線効果が欠如していた（図23）．

STS損傷患者・扁桃体損傷患者の結果を勘案すると，両者とも非生物的な刺激である矢印方向に対しては注意を転導することができる一方で，生物的な刺激である視線方向に対しては注意を転導することができない，という特徴が共通している．STSと扁桃体の間には双方向性の密な神経連絡が存在することが知られているため[30]，2つの領域は生物的ないし社会的な信号の処理を共同しながら行っているものと推測される．扁桃体もSTSも，目の検出・視線方向の処理という初期段階の機能を担っているため，

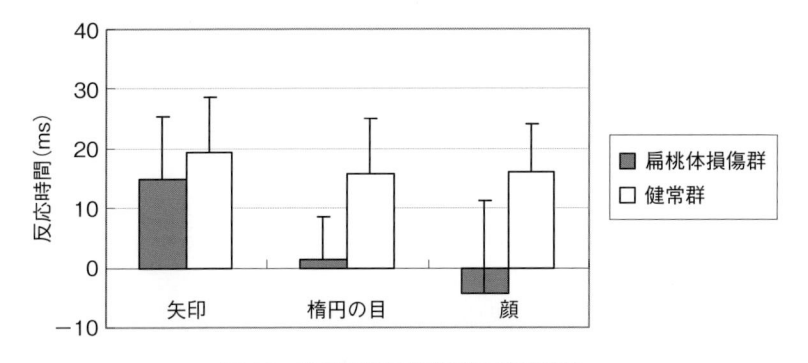

図23 片側扁桃体損傷群の実験結果
(Akiyama T, et al, 2007[29])
文献28と29の健常群では年齢構成など多少異なる．

「視線方向に注意を転導する」という機能を純粋に担っているとは考えにくい．おそらく両者からの生物的/社会的な入力を受けた注意機構が，その入力に応じて注意を配分しているものと推測される．

D 視線を追う

前項で紹介した実験方法に補足すると，被験者は画面中央の注視点を固視したままで，すなわち視線を動かすことなく課題を遂行することを求められた．したがって，結果で得られた視線効果は注意のベクトルだけを捉えている．しかし実際にはすぐその先に，相手の視線を追うというステップがあることは容易に想像される．視線の方向に配分された注意に沿って，例えば前頭眼野などの指令を受け，眼球が動かされるものと考えられる．STS損傷患者における予備的な実験ではあるが，症例と験者が対面した状態で2人の間におかれたいくつかの対象物の中から1つを験者が視線方向だけで指し示し，どれを見つめているかを当ててもらったところ，対照群より誤答が目立った．同様の状況をコンピュータ画面上に再現して本例の視線運動を観測したところ，CGの人物が視線を動かして注視したものと異なった対象物へ本例の視線が動いていることも捉えることができた．

前項と本項で強調したいのは，他者の視線を処理・認知することと自身

の視線行動との間には切ることのできない関連があるということである．中でも視線を合わせる，同じ対象物を眺めるなどの社会的視線行動には，相手の視線を正しく認知することが必須であるように思われる．視線はまさに他者と自己をつなぐ窓であると言えよう．

E 追視から他者理解に至るまで

相手の視線方向に沿って眼球を動かした先に何かしら対象物を見つけること(joint attention)によって，相手がそれに注目していることを理解し注意を共有すること(shared attention)が可能になる．Baron-Cohen はその有名な心の理論仮説において，これらの機能を他者理解の基盤に据えた[20]．幼児はこのような体験を通して，他者には自分と異なる内界があるということを発見し，多くの発達段階を経て他者理解のスキルを身につけていくものと考えられている．成人における他者理解の脳基盤も盛んに研究され，前頭葉などが挙げられることが多い．ところが近年 STS 後方領域とも重なるような側頭頭頂接合部(temporoparietal junction；TPJ)がより純粋に他者理解に関わっているらしいという TPJ 損傷例での報告がなされた[31]．視線認知から他者理解までの連続する機能を STS から TPJ までの連続する領域で担っているということになり，興味深い知見である．

F ここまでのまとめ

これまでに出てきた各ステップを図24に沿ってまとめてみる．①他者の存在の情報が網膜を通して入力され，②扁桃体へバイパスして到達すると，相手の目に注意が誘導される．その結果，③相手の目の視覚情報が豊富に視覚野へ入力され，④ STS を経て視線方向などが詳しく分析される．それが，⑤頭頂葉の注意機構や TPJ の他者理解機構などの働きと合流して，相手の視線の方向に自らの注意を転導させる．それとともに，⑥前頭眼野などからの運動指令が上丘を介して眼筋に伝わり，⑦相手の視線方向に沿って自分の視線も動かす．視線の先に対象物を見つけることができれば，相手がそれに注意を向けていることを理解し，それをもとに相手の思

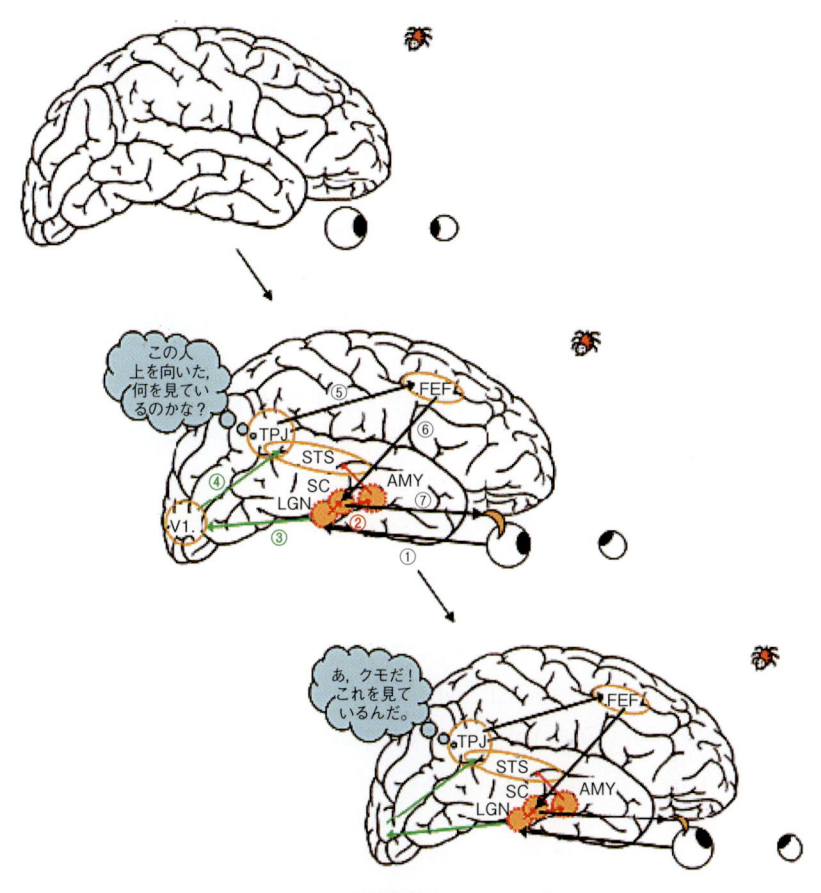

図 24　視線認知のステップ

〔略語〕LGN；外側膝状体，SC；上丘，AMY；扁桃体，V1.；視覚野，STS；上側頭溝領域，TPJ；側頭頭頂結合部，FEF；前頭眼野

考を推測することが可能になる．

G　精神障害における視線認知の障害

　ここまで主に健常者や限局性脳損傷例の視線方向認知について述べてきたが，自閉症や統合失調症などの精神障害でも視線を合わさないなどの症

候を認め[32]，検査上も視線認知の障害がたびたび報告されている．自閉症や統合失調症は限局性脳損傷例と異なり明確な責任病巣を有さない．しかし近年，脳画像を用いた研究において，やはり STS や扁桃体の機能異常や形態異常が指摘されるようになってきた[33-40]．このような所見が両障害における視線認知障害の神経基盤となっている可能性は十分に考えられる．ここでは，それぞれの疾患における視線認知障害について興味深い報告を紹介しておく．自閉症も統合失調症も，目の検出から視線方向への注意転導まで，広範な段階での障害が報告されていることに注目していただきたい．

　まず，自閉症において，人物写真を眺めるときに目を注視する割合が健常者より少ない[41]ことが報告されている．小児の研究では，視線がそれている目を探す課題と，視線が合っている目を探す課題とを健常児・自閉症児で行うと，健常児では視線が合ったものを探すほうが正確で速いのに対し，自閉症児では視線が合うことによる処理促進作用が欠如していることが示された[42]．同様に，機能画像研究では健常者の STS においてみられる視線方向の弁別が，自閉症の STS ではみられなかった[43]．そして図 21 に類似した視線による spatial cueing の実験においては，視線方向が target の位置を 80% の確率で予測する条件では自閉症群でも視線効果を認めたのに対し，視線方向が target の位置を予測しない(50%)条件では視線効果を認めなかった[44]．健常者でみられる視線方向の強い吸引力が自閉症者では大きく減弱していることが示唆される．

　次に，統合失調症においては，人物写真を眺める際に目など顔の主要部分を注視する割合が低く，顔以外を注視する割合が高いことが報告されている[14]．また，視線方向判断課題において，統合失調症群の左右判断は健常群に劣らないが，自分を見ているか否かの判断では健常群より有意に時間がかかることが示されている[45]．さらに，同様の視線方向判断課題で自分を見ていない写真を「見ている」と判断する誤答が統合失調症群のほうが高かったという報告もある[46]．このような先行研究の結果を受けて，筆者らは慢性期統合失調症 22 名，健常者 22 名に対し図 21 の「矢印」「四角い目」「楕円の目」の 3 種類の刺激で実験を行った[47]．健常群ではこれまでと同様，どの刺激に対しても有意な視線効果，矢印効果を認めた．一方，統

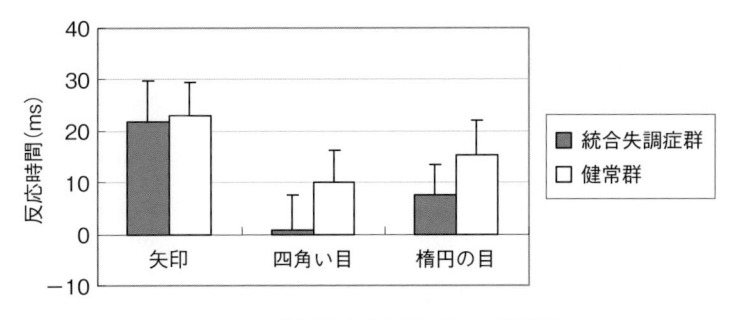

図 25　慢性期統合失調症群の実験結果
（Akiyama T, et al, 2008[47]）

合失調症群では健常群と同等の矢印効果を認めたのに対し，楕円の目では視線効果の減弱，四角い目では視線効果の消失を認めた（図25）．つまり慢性期統合失調症群においても，STS損傷患者や扁桃体損傷患者と同様，生物的・社会的な方向信号に対して特異的に注意を誘導できない，という障害が示された．このような障害は社会交流の場面では，相手の視線を追って注意の対象を共有すること，あるいはそれを元に相手の意図を推測することなどへの障害として現れると考えられ，対人関係上の影響が重大であることは容易に想像できる．

おわりに

本項では視線方向認知を中心に取り上げてきた．自己と他者をつなぐダイナミックなカスケードのようなイメージをお伝えできたとしたら幸いである．また，このカスケードに深く関わっている脳領域についても詳細に紹介したが，この脳領域は本項の精神障害の項でも示されているように，必ずしも視線方向認知の厳密な神経基盤ではないのかもしれない．むしろ，より広範な脳領域が1つのシステムとして正常に機能し，豊富な社会交流の体験を積み重ねていくことによって正確な視線認知，健康的な視線行動が形成されていくものと推測される．

●文献●

1) Vuilleumier P, Armony JL, Driver J, et al : Effects of attention and emotion on face processing in the human brain : an event-related fMRI study. Neuron 30 : 829-841, 2001
2) Morris JS, Ohman A, Dolan RJ : Conscious and unconscious emotional learning in the human amygdala. Nature 393 : 467-470, 1998
3) Morris JS, DeGelder B, Weiskrantz L, et al : Differential extrageniculostriate and amygdala responses to presentation of emotional faces in a cortically blind field. Brain 124 : 1241-1252, 2001
4) Brothers L, Ring B : Mesial temporal neurons in the macaque monkey with responses selective for aspects of social stimuli. Behav Brain Res 57 : 53-61, 1993
5) Young AW, Aggleton JP, Hellawell DJ, et al : Face processing impairments after amygdalotomy. Brain 118(Pt 1) : 15-24, 1995
6) Kawashima R, Sugiura M, Kato T, et al : The human amygdala plays an important role in gaze monitoring. A PET study. Brain 122(Pt 4) : 779-783, 1999
7) Perrett DI, Hietanen JK, Oram MW, et al : Organization and functions of cells responsive to faces in the temporal cortex. Philos Trans R Soc Lond B Biol Sci 335 : 23-30, 1992
8) Campbell R, Heywood CA, Cowey A, et al : Sensitivity to eye gaze in prosopagnosic patients and monkeys with superior temporal sulcus ablation. Neuropsychologia 28 : 1123-1142, 1990
9) Puce A, Allison T, Bentin S, et al : Temporal cortex activation in humans viewing eye and mouth movements. J Neurosci 18 : 2188-2199, 1998
10) Allison T, Puce A, McCarthy G : Social perception from visual cues : role of the STS region. Trends Cogn Sci 4 : 267-278, 2000
11) Bonda E, Petrides M, Ostry D, et al : Specific involvement of human parietal systems and the amygdala in the perception of biological motion. J Neurosci 16 : 3737-3744, 1996
12) Akiyama T, Kato M, Muramatsu T, et al : A deficit in discriminating gaze direction in a case with right superior temporal gyrus lesion. Neuropsychologia 44 : 161-170, 2006
13) Adolphs R, Gosselin F, Buchanan TW, et al : A mechanism for impaired fear recognition after amygdala damage. Nature 433 : 68-72, 2005
14) Phillips ML and David AS : Visual scan paths are abnormal in deluded schizophrenics. Neuropsychologia 35 : 99-105, 1997
15) Morris JS, Frith CD, Perrett DI, et al : A differential neural response in the human amygdala to fearful and happy facial expressions. Nature 383 : 812-815, 1996
16) Whalen PJ, Rauch SL, Etcoff NL, et al : Masked presentations of emotional facial expressions modulate amygdala activity without explicit knowledge. J Neurosci 18 : 411-418, 1998
17) Morris JS, deBonis M, Dolan RJ : Human amygdala responses to fearful eyes. Neuroimage 17 : 214-22, 2002
18) Whalen PJ, Kagan J, Cook RG, et al : Human amygdala responsivity to masked fearful eye whites. Science 306 : 2061, 2004

19) Morris JS, Ohman A, Dolan RJ : A subcortical pathway to the right amygdala mediating "unseen" fear. Proc Natl Acad Sci U S A 96 : 1680-1685, 1999
20) Baron-Cohen S : Mindblindness : an Essay on Autism and Theory of Mind. The MIT Press, Massachusetts, 1995
21) Hooker CI, Paller KA, Gitelman DR, et al : Brain networks for analyzing eye gaze. Brain Res Cogn Brain Res 17 : 406-418, 2003
22) Pelphrey KA, Viola RJ, McCarthy G : When strangers pass : processing of mutual and averted social gaze in the superior temporal sulcus. Psychol Sci 15 : 598-603, 2004
23) Hood BM, Willen JD, Driver J : Adult's eyes trigger shifts of visual attention in human infants. Psychological Science 9 : 53-56, 1998
24) Posner MI : Orienting of attention. Q J Exp Psychol 32 : 3-25, 1980
25) Friesen C, Kingstone A : The eyes have it! Reflexive orienting is triggered by nonpredictive gaze. Psychon Bull Rev 5 : 490-495, 1998
26) Tipples J : Eye gaze is not unique : automatic orienting in response to uninformative arrows. Psychon Bull Rev 9 : 314-318, 2002
27) Driver J, Davis G, Ricciardelli P, et al : Gaze perception triggers reflexive visuospatial orienting. Visual Cognition 6 : 509-540, 1999
28) Akiyama T, Kato M, Muramatsu T, et al : Gaze but not arrows : a dissociative impairment after right superior temporal gyrus damage. Neuropsychologia 44 : 1804-1810, 2006
29) Akiyama T, Kato M, Muramatsu T, et al : Unilateral amygdala lesions hamper attentional orienting triggered by gaze direction. Cereb Cortex 17 : 2593-2600, 2007
30) Freese JL, Amaral DG : The organization of projections from the amygdala to visual cortical areas TE and V1 in the macaque monkey. J Comp Neurol 486 : 295-317, 2005
31) Samson D, Apperly IA, Chiavarino C, et al : Left temporoparietal junction is necessary for representing someone else's belief. Nat Neurosci 7 : 499-500, 2004
32) American Psychiatric Association : Diagnositc and Statistical Manual of Mental Disorders 4th ed. American Psychiatric Press, Washington D.C., 1994
33) Onitsuka T, Shenton ME, Salisbury DF, et al : Middle and inferior temporal gyrus gray matter volume abnormalities in chronic schizophrenia : an MRI study. Am J Psychiatry 161 : 1603-1611, 2004
34) Kemper TL, Bauman M : Neuropathology of infantile autism. J Neuropathol Exp Neurol 57 : 645-652, 1998
35) Courchesne E : Brainstem, cerebellar and limbic neuroanatomical abnormalities in autism. Curr Opin Neurobiol 7 : 269-278, 1997
36) Ohnishi T, Matsuda H, Hashimoto T, et al : Abnormal regional cerebral blood flow in childhood autism. Brain 123(Pt 9) : 1838-1844, 2000
37) Zilbovicius M, Boddaert N, Belin P, et al : Temporal lobe dysfunction in childhood autism : a PET study. Positron emission tomography. Am J Psychiatry 157 : 1988-1993, 2000
38) Rajarethinam RP, DeQuardo JR, Nalepa R, et al : Superior temporal gyrus in schizophrenia : a volumetric magnetic resonance imaging study. Schizophr Res 41 : 303-312, 2000
39) Gur RE, McGrath C, Chan RM, et al : An fMRI study of facial emotion processing in

patients with schizophrenia. Am J Psychiatry 159 : 1992-1999, 2002
40) Das P, Kemp AH, Flynn G, et al : Functional disconnections in the direct and indirect amygdala pathways for fear processing in schizophrenia. Schizophr Res 90 : 284-294, 2007
41) Pelphrey KA, Sasson NJ, Reznick JS, et al : Visual scanning of faces in autism. J Autism Dev Disord 32 : 249-261, 2002
42) Senju A, Yaguchi K, Tojo Y, et al : Eye contact does not facilitate detection in children with autism. Cognition 89 : B43-51, 2003
43) Pelphrey KA, Morris JP, McCarthy G : Neural basis of eye gaze processing deficits in autism. Brain 128 : 1038-1048, 2005
44) Ristic J, Mottron L, Friesen CK, et al : Eyes are special but not for everyone : the case of autism. Brain Res Cogn Brain Res 24 : 715-718, 2005
45) Franck N, Montoute T, Labruyere N, et al : Gaze direction determination in schizophrenia. Schizophr Res 56 : 225-234, 2002
46) Hooker C, Park S : You must be looking at me : The nature of gaze perception in schizophrenia patients. Cognit Neuropsychiatry 10 : 327-345, 2005
47) Akiyama T, Kato M, Muramatsu T, et al : Gaze-triggered orienting is reduced in chronic schizophrenia. Psychiatry Res 158 : 287-296, 2008

〔秋山知子, 三村　將〕

●こぼれ話●

ないものが鍵

　人権を声高に叫ぶその国には人権があるのか．自由を声高に叫ぶあの国には自由があるのか．平等博愛を声高に叫ぶ彼の国は，本当に幸せな国なのだろうか．

　礼を口にせねば，目礼に気づかぬ人々は，本当に感謝の気持ちを抱いたことがあるのか．言葉で愛を語らねば判らぬ人々は，本当に人を愛したことがあるのだろうか．

　水が濁り臭いを放つようになってはじめて，清水の美味さに気づく．高山に登り息苦しくなってはじめて，それまで存在さえ意識しなかった空気の有り難さに気づく．

　人は，自ら天賦の才に恵まれた能力は肝要だとは感じない―いかにすばらしくとも．艱難辛苦の末に獲得した能力が秘伝の奥義だと感ずる―如何に月並みであっても．（入）

Ⅱ　コミュニケーション・スキルと脳

1
身体性コミュニケーションとその障害

A　もしも言葉がなかったら…

　言語はヒト同士のコミュニケーションに重要な役割を担っているが，身体動作による非言語的なサインもまた円滑なコミュニケーションに一役買っている．もしも言葉がなかったら，と考えてみよう．その場合でも，身体の動きでさまざまなことを表現できる．例えば，指先や全身の動きを用いて，物の形や道具の用途などさまざまな事物を指し示すことができる．また，何かを指し示してそちらを向いてもらうなど，自分の意図を伝えることも可能だ．「敬礼」や「OK」など，慣習的な概念を伝えることもできる．さらに，仕草からは感情を伝えることもできるだろう．本項では，このような身体性動作を介したコミュニケーションを「身体性コミュニケーション」として捉え，その基盤となる神経メカニズムや障害について紹介する．

B　身体性コミュニケーションの神経メカニズム

　身体性コミュニケーションのプロセスは複数の認知プロセスに分解して理解することができる．そしてプロセスごとに異なる神経システムが関与している(図26)．相手の身体動作を認識するプロセスは，身体構造の知覚，身体の動きの検出，身体動作の理解，情動の認知などの段階に分けることができる．ここでは，それぞれのプロセスごとの神経メカニズムについてみていこう．なお，本項では身体性コミュニケーションと関連するさまざまな用語が用いられるが，表1のような定義で用いることとする．

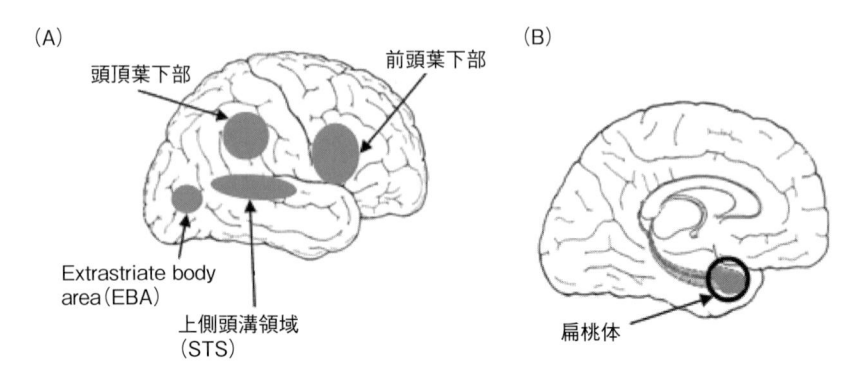

図26 身体性コミュニケーションに関わる脳領域

脳を右外側から見た面(A)と,正中断面を身体右方向から見た断面(B).EBAは身体構造の知覚,STSは身体の動きの知覚,頭頂葉-前頭葉系は動作の理解,扁桃体は情動の認知において重要な役割をもつ.

表1 身体性コミュニケーションに関連する用語

	定義	例
行為	身体運動が外環境と相互作用して成立した一連の現象.行為のうちヒトの身体運動だけを取り出したものが動作(下記参照)といえる.	・「歯を磨く」という一連の現象
動作	意図をもって表出された身体部位の動き.	・歯ブラシに手を伸ばす手の動き ・「さよなら」と手を振る手の動き
パントマイム	身体外の物体を持たずに,何らかの行為を行っている「ふり」をすること.	・歯ブラシを持たずに,使う振りをする
慣習的動作	他者に対して意志や意味を伝達する際に用いられる動作で,一定以上の規模の社会で広く用いられているもの.	・「さよなら」(手を水平に左右に振る) ・「お金」(人差し指と親指で輪をつくる)
模倣	他者が行った動作と同じ動作を行うこと.	

1)「かたち」の知覚

身体構造の適切な知覚は,身体動作を理解するための重要な基盤である.視覚システムは色や形,大きさなど,機能に応じて特異的な処理シス

テムが存在することが知られているが，身体についても特化した知覚システムが存在する．機能イメージングを用いた研究では，身体構造を知覚する際に後頭葉の外側面が活動することがしばしば報告されており，この領域はその機能にちなんで extrastriate body area (EBA) と通称される[1,2]．この領域の活動を経頭蓋磁気刺激法 (TMS) により阻害すると，身体の形態弁別が阻害される[3]．同様のことは病巣研究からも示されている[4]．

EBA は身体運動の一時点ごとの形態の変化を知覚するのに適しているとされている[5]．例えばある動作を数枚の静止画の連続として呈示したとき，動作が正しく連続している条件よりも，順番がばらばらになっている条件のほうが EBA の活動は大きい．しかし一方で，EBA の機能は，単純な知覚処理のみにとどまらない可能性も報告されている．例えば，EBA は目的がわかりやすい動作 (例；バスケットボールを地面で転がしている動作より，シュートしている動作のほうが目的は理解しやすい) の観察時に活動が高いことや[6]，観察者自身が運動を行う際に活動が変化することが報告されている[7]．さらに，同じ行為を続けて観察していると (一種の「慣れ」が生じて) EBA の活動は減少するが，こうした活動の減少は行為者が異なっていても，行っている行為が同じであれば生じる[8]．これらの例は，EBA における身体構造の知覚処理が高次の行為機能と協調して機能していることを示していると考えられる．

2)「動き」の検出

身体動作の認知において「動き」の情報処理は欠かすことができない．特に，ヒト (を含めた生物) の動き (＝バイオロジカル・モーション) は他の物体の動きとは異なる，特化した処理を受けている．言い換えれば，転がる石や飛んでいる飛行機を見るのと，目，口，手などの動きを見るのとでは異なるシステムが関与している．こうした機能分化は，さまざまな動きが混ざり合う環境の中で効率的にコミュニケーション情報を抽出するためには有益であると考えられる．

ヒトは，身体そのものを見なくても，身体の「動き」だけを見れば身体を知覚することができる．このことは，興味深い実験から示されている．Johansson はヒトの関節に小さなライトをいくつかつけ，その動作を暗闇

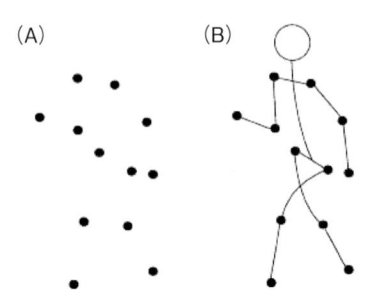

図 27 バイオロジカル・モーション刺激の例
(Decety J, et al, 2006[11] より抜粋)

点だけ表示された状態ではまとまった知覚は生じないが(A)．これらが協調して動くと「ヒトの動き」という知覚が生じる．これらの点は関節などにつけられている(B)．

で撮影した[9]．その動画を見ると，静止した状態では複数の光点が見えるだけで「ヒト」であるとは認識しづらい．しかし動画を再生すると，複数の光点が動いている様子しか見えないにもかかわらず，観察者には「ヒト」が動いているという知覚が生じる(図27)．点同士の動きから得られる「ヒトの動き」としての知覚は強固で，点で描かれた人物の動きからその人物の性別を推測することさえ可能である[10]．バイオロジカル・モーションの知覚に関する検討では，身体部位の動きを提示する場合と，このような光点を用いた刺激が提示される場合とがある．後者では動き以外の手がかりが存在しないため，純粋な意味でのバイオロジカル・モーションの知覚能力を測ることができる．

　動き一般に関する情報はMT/MSTと呼ばれる領域(側頭葉，頭頂葉，後頭葉の中間的な位置)で処理されるが，バイオロジカル・モーションに関しては，上側頭溝(STS)と呼ばれる領域が関与するとされている[12-14]．側頭頭頂後頭葉の病変例を対象とした報告では，基本的な動きの知覚(運動の向きや速度の認知)に異常がみられたにもかかわらず，バイオロジカル・モーションの知覚は正常であった[15]．また，TMSによりSTSの活動を妨げるとバイオロジカル・モーションの知覚が阻害される一方，MT野の刺激ではバイオロジカル・モーションの知覚に変化がみられなかった[16]．STSは何かを把持する手の動作や，視線の動き，話者の口の動きなど，コミュニケーションに関わる身体動作に反応することがわかっている[17-20]．

3)「動作」の理解

(1) 動作の表出と認識には共通したシステムが機能する

　知覚された身体の動きがコミュニケーションに利用されるには，その動作の目的や意味，意図が理解される必要がある．例えば，ネコに対してどこかを指差しても，指差した方向には注意を向けず，指の匂いを嗅いだり指をなめたりする．つまり，この場合指が差し出されたことは知覚されていても，指の差す方向へ注意を向けることは理解されていない．ある動作のコミュニケーション上の意味は，動作の動きそのものに含まれているわけではないと言える．動作によるコミュニケーションが成立するためには，指を差す＝指を向けた方向に注意を向ける，ということが情報の発信者と受信者で共有されている必要がある．

　身体性コミュニケーションにおいて，身体動作の目的や意図の理解に重要な役割を果たしているのが頭頂葉から前頭葉のシステムである．この神経ネットワークでは，上述したような自他間で動作の意味を共有するための仲介をする機能をもつことが示唆されている．例えばこのシステムでは，自分が何らかの行為を行う場合(例；食べ物を口へ運ぶ)と，他人がその行為を行うのを観察する場合(例；他人が食べ物を口へ運ぶのを見る)とで同じ領域が活動する．このような神経活動は当初マカクザルの前頭葉(F5と呼ばれる部位)で発見され[21,22]，その後ヒトでも運動前野腹側部，Broca野，頭頂葉下部領域などで確認されている[23-26]．こうした活動は，他者の動作を自己の動作と同一の枠組みで捉えていると解釈される．すなわち，他者を鏡で映した自分のごとく捉えるという意味で，ミラー・ニューロンシステムと称される(図28)．ミラー・ニューロンという考えは，自己と他者の行動に共通した神経基盤を想定するため，コミュニケーションにおける共感能力との関連が指摘されており，自閉症などのコミュニケーション障害を説明しようというアプローチもなされている[27]．また，ミラー・ニューロンシステムにはBroca野に相当する領域が含まれることから，言語機能の進化との関連も主張されている[28]．

　動作の認識と表出とで共通したシステムが関与するならば，動作認識障害と表出障害とが並行して生じることが予測される．左半球の頭頂葉〜前

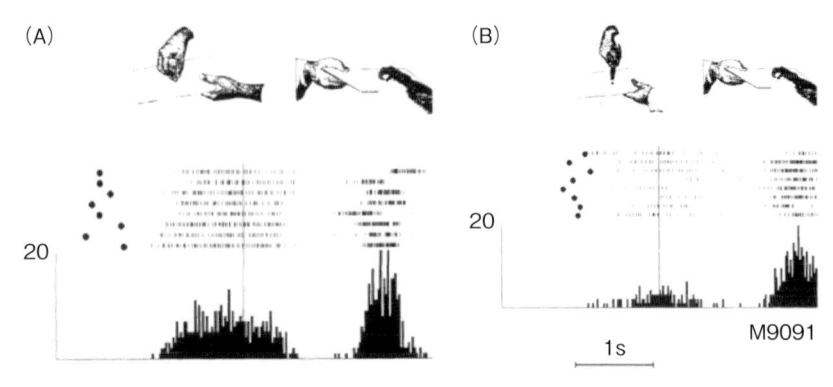

図28 ミラー・ニューロンの活動
(Gallese V, et al, 1996[21]より抜粋)

あるニューロンは，実験者が餌をつかんだときにも（A左），サルがその餌をつかんだときにも（A右）活動が高まった．しかし，実験者が餌をペンチでつかんだときには活動が低下し（B左），サルが餌をつかんだときに再び活動が高まった（B右）．

頭葉の病変では挨拶や会話などで用いられるような慣習的動作（さよなら，敬礼など）や，パントマイム動作（何かを行っているふり）などのコミュニケーションに関連する動作の表出が障害されることが多く報告されてきた[29]．こうした動作表出障害がみられる症例では，動作表出障害のない症例に比べ動作の認識・識別に困難がみられることが示されている．特に左頭頂葉病変を有する症例において，この困難は大きかった[30,31]．また，脳病変により片麻痺を生じた症例を対象として動作の認識を検討した研究では，麻痺している側の動作認知が健側の動作認知に比べて困難となることが示されている．すなわち，左片麻痺の症例では「目の前の相手が左手を動かす動作」の認識が困難であったということである[32]．このことも，表出系と認識系の関連を示唆する結果といえる．

　動作認識の障害は，視覚的な認識だけでなく，より広い側面に生じる．例えば，動作の表出障害がみられる症例では，表出困難な動作に関連した音（例；ハサミで切る音，ストローで飲む音）の認識が困難となる．興味深いことに，手の動作障害が強い症例では手の動作音の認識が困難であり，口の動作障害が強い症例では口に関連した動作音の認識が困難となる．病巣解析の結果，手の動作音の認知・動作表出には頭頂葉下部および下前頭

回が，口の動作音の認知・動作表出には下前頭回および島皮質が関与していた[33]．これらの報告は，動作の表出システムの障害により認識の障害が現れる例といえる．

頭頂葉系の機能の重要な点としては，身体空間情報処理をあげることができる．動作を適切に表出するためには，自分の身体部位を適切な位置関係に構成する必要がある．このため，身体部位に関する空間情報処理負荷が高いと考えられる．敬礼の動作をするためには，腕を水平に向けて額に親指側を当てる必要があるし，金槌を使うパントマイムをするには手を握る形態にし，肘より先を垂直方向に反復運動する必要がある．頭頂葉病変では，こうした動作の空間的な側面に誤りが出ることが多い[34,35]．また，左頭頂葉病変例の動作解析を行った研究では，動作における関節同士の協調に異常がみられることが報告されている[36]．こうした問題は身体空間情報処理の問題と関連している可能性が指摘されている[37-41]．

前頭葉系では特に運動前野やBroca野などの領域が重要とされている．これらの領域はパントマイム動作の表出や[42,43]，行為に関する知識の貯蔵[44]などに関与しているとされている．またこの領域は，他者の意図を読

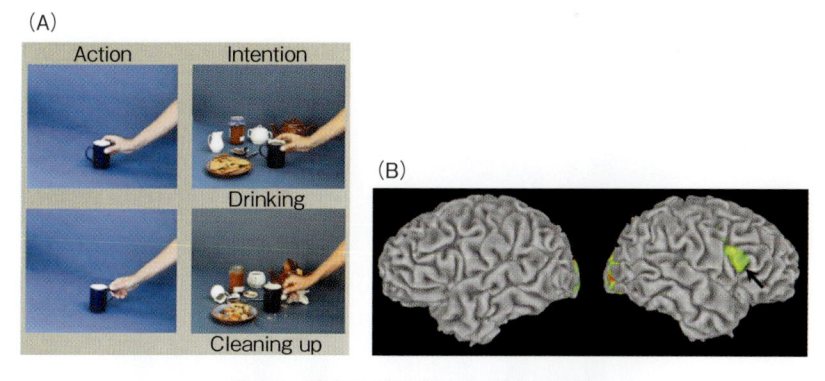

図29 意図の読み取りに関する実験
(Iacoboni M, et al, 2005[25] Fig 1 および Fig 3 を改変)
お茶を飲む前という文脈(A右上)と，お茶を飲んだ後という文脈(A右下)では，同じ動作でも異なる意図(お茶を飲む，片付ける)を読み取ることができる．文脈を伴う行為を観察する条件(A右)での脳活動から，動作のみを観察している条件(A左)の脳活動を引くと，下前頭回の活動が検出された(B)．

むことに関与している．同じ動作でも，文脈が異なれば行為者の意図は異なる（図29）．例えば，食事の最中という文脈でコップを手に取った場合には「何かを飲む」という意図が感じられるのに対し，食事が終わったという文脈でコップを手に取った場合には「コップを片付ける」という意図が感じられる．こうした文脈による行為者の意図の違いに対して，運動前野腹側部を中心とした前頭葉下部領域の活動が鋭敏に変化する[25]．

4）「情動」の認知

　情動は主に顔の表情から読み取ることができるが，同様のサインは身体動作にも表れている．身体動作の表出は個体内の情動の変化と密接に関連している[45]．例えば，敵との遭遇による闘争状態や，天敵からの逃走など，情動に伴って状況に応じた身体運動が喚起される．身体から発せられる情報は，顔からの情報と同様にすばやく処理されていることが示唆されている．Meerenらの研究では，顔と身体とで異なる情動を提示したときの情動認知を検討している（図30）[46]．この実験で被験者は顔の表情を回答することを要求されていたので，顔にだけ注意を払っていればこの課題は遂行できるはずである．しかし，顔と身体の情動が一致している場合に比べ，不一致の場合に成績が低下していた．つまり，ヒトは意識していな

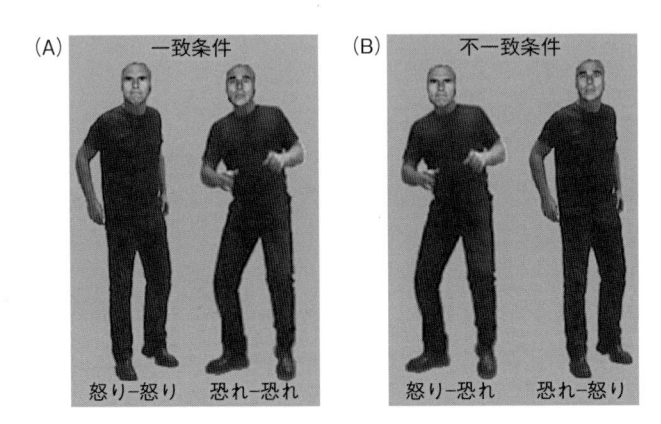

図30　顔と身体から発せられる情動の読み取りを検討した研究
被験者は，顔と身体とで情動が一致している条件（A）のほうが，不一致の条件（B）よりもすばやく正確に顔の表情を応えることができた．

くても身体動作から発信される情動情報を処理しているといえる．また，顔と身体が不一致の場合，刺激提示の100 ms以内にEEGの反応がみられた．このことは，顔と身体での情動の食い違いは，情報処理のかなり早い時期から検出されていることを示している．

　情動伝達一般に関しては，扁桃体が重要な役割を担っていることが知られている．扁桃体は恐怖に関連した視覚刺激や音声刺激，また恐怖表情の認知や行動の制御などに関与するが，身体動作による情動の処理も，扁桃体が関与していることが示唆されている．fMRIを用いて情動の含まれた動作と中立的な動作の認知を比較した研究[47]では，恐怖情動が含まれる動作を観察しているときに扁桃体および紡錘状回が活動していることが報告されている（図31）．

　情動を表す身体動作の認知障害に関しては報告が少ない．両側扁桃体病変例を対象として情動的身体動作の認知を検討した研究では，表情の認知は障害されていたものの，情動的動作の認知は正常であった[48]．扁桃体は情動認知全般に関しての役割を持っているものの，身体動作の認知においては他のシステムと協調して機能している可能性がある．CarrらはfMRI

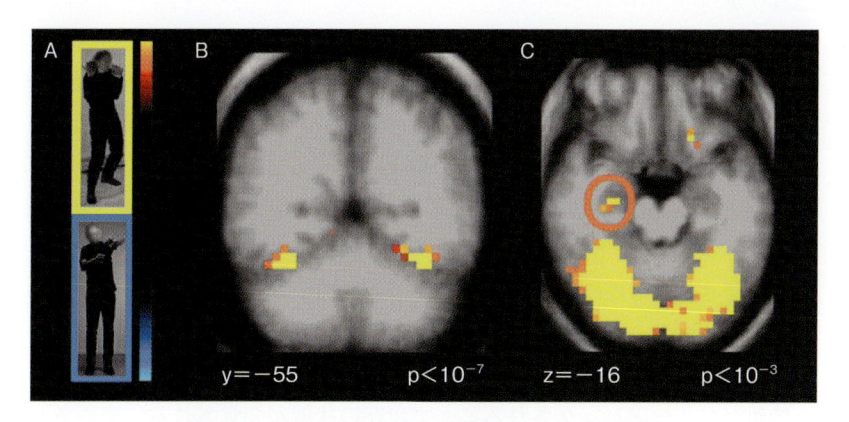

図31　身体から発せられる情動に対する脳活動
(Hadjikhani N, et al, 2003[47])

情動的な動作（恐怖の動作：A上）を観察しているときの脳活動から，中立的な動作（液体を注ぐ動作：A下）を観察しているときの脳活動を引いたもの．両側紡錘状回および右扁桃体（丸で囲まれた領域）に活動がみられる．B，Cでは写真の左側が身体上の右側を表す．

を用いた検討において，他者の表情を観察している際の脳活動と，その表情を模倣している際の脳活動を比較した[49]．結果として，模倣しているときのほうが扁桃体の活動が高いことが判明した．このことは，運動システムの活動が扁桃体の活動に影響していることを示唆している．線条体病変により運動障害をきたすハンチントン病患者を対象とした研究では，怒りを表す身体動作の認知に異常がみられることが報告されている．この成績は運動障害の程度と相関しており，ハンチントン病における情動動作認知においても，運動システムの機能と情動認知との関連が示唆される[50]．上述の扁桃体病変例で情動的動作の認知が可能であったのも，こうした他領域の関与が考えられる．

C 自分を知り，他人を知る

　他者の行動を認識する際には，自己の運動表出に用いられる神経システムを介していることを上で述べた．では，このように自己と他者で行為の神経基盤が共通しているとき，自己と他者はどのように区別されているのだろうか．

　ある運動や感覚が「自分のもの」であると感じるためには，複数の感覚情報が同期・一致して生じる必要がある．例えば，自分の意図した運動命令から予測される状態と，その結果生じた状態が一致した場合，それは自分の動作だと認識されるはずである．Blakemoreらは，図32のようなモデルを用いて運動が自己のものと意識される過程を説明しようとしている．手で頭をかく場合，肘を曲げて手をあげる動作が必要となるが，この運動命令が発せられる際には，運動結果の予測に関する情報が同時に生成される（この情報は，遠心性コピーと呼ばれる）．この動作が達成されたとき，肘の部分が曲がった感覚や，肩の関節が回転する感覚などが生じ，これらの情報がフィードバックされることで現在の状態が知覚される．予測された状態と現在の状態が一致した場合，それは「自分の運動」と感じられるといえる．自分で自分をくすぐっても平気でいられるのは，自分が意図した運動命令が，身体を触れたことによる感覚情報を予測して打ち消しているためとされている．一方，他人からくすぐられる場合は，それにより生じ

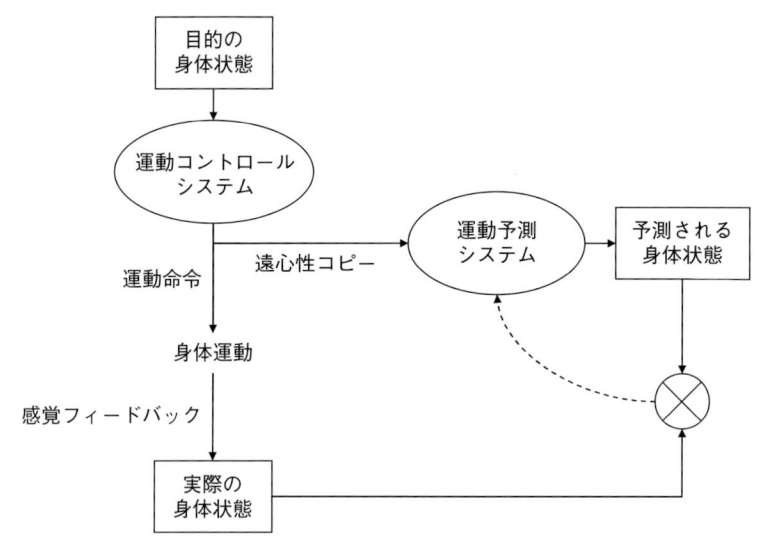

図32 運動の予測と調整に関する認知モデル
(Blakemore SJ, et al, 2002[51]のFig 1を改変)

目的の身体状態を達成するために，中枢から運動命令が発せられる．運動命令と同時に遠心性コピーが生成され，これに基づき運動後の状態が予測される．身体運動が生じることにより得られる感覚フィードバックを利用して現在の身体状態が知覚される．自ら発した運動の場合，知覚された状態と予測された状態は一致し，運動により発生した感覚情報は相殺される(例；自分で自分をくすぐっても平気でいられる)．知覚状態と予測状態の不一致は，予測システムの制度向上のために用いられる．

る感覚を予測する情報がないため，より強い感覚が生じることになる．

　知覚システムが自己を認識する仕組みを利用して，自分の身体でないものを自分であるかのような感覚に陥れることができる．Rubber hand illusionと呼ばれる実験である(図33)[52]．この実験では，自分の手を衝立などで隠し，見える位置にゴムでつくった偽者の手を置く．その状態で，隠れている自分の手とゴムの手の同じ位置を同時に触ってもらう．しばらくこれを続けていると，ゴムの手が自分の手であるかのような錯覚に陥る．この錯覚は強固で，あり得ない位置や大きさの手を用いても自分の手であるかのように感じる．見えている手が偽者だということは知識でわかっているものの，あまりに自分の手のような感覚がするため，ゴムの手に危害が及びそうになるとヒヤリとしてしまうほどである[53]．これは，「ゴムの

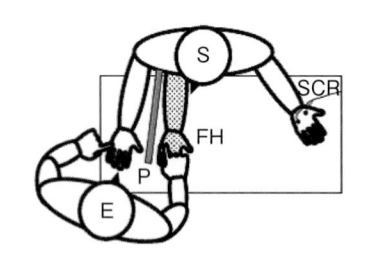

図 33　Rubber hand illusion の 1 例
(Armel KC, et al, 2003[53]) より抜粋)

被験者(S)は両手を机の上に置くが，片方の手は衝立(P)により隠される．その手と同じ側に，ゴムでできた偽者の手(FH)が置かれる．実験者(E)はゴムの手と被験者の手を同時に触り，被験者はゴムの手が触られるのを見ている．すると，ゴムの手が触られているのと同時に自分の手の感覚も生じるため，あたかもゴムの手が自分の手であるかのように感じてしまう．このとき，ゴムの手に危害が及びそうになるとヒヤリとして，SCR(皮膚コンダクタンス反応)が上昇する．

手が触られている」という視覚からの情報と，「手が触れられている」という触覚からの情報が，時系列を通じて一致し続けるため，ゴムの手が自分の手であると誤って認識されてしまうと考えられる．

　自己と他者の区別については，側頭頭頂葉接合部(temporoparietal junction；TPJ)，頭頂葉領域，および EBA の関与が指摘されている[11, 54-57]．TPJ は視聴覚，体性感覚や辺縁系などから入力を受け，側頭葉や前頭前野とは双方向性の結合を有している．このような性質から，複数の身体に関連する感覚の統合および身体に関する高次の認知に関与していると考えられる．この領域の病変は，身体認知の障害や病態失認のような自己認識の障害との関連が指摘されているほか，"幽体離脱"(自己身体の喪失感や自己身体を自分が他の視点から眺めるような体験)との関連さえ指摘されている[58]．これらの症状に共通しているのは自己の現在の状態についての認識低下であるが，その基底には感覚統合の問題が存在しているものと考えられる．

おわりに

　本項では，身体性コミュニケーションの成立にはさまざまなシステムが関連していることを紹介した．自分の考えや気持ちは言葉だけでなく，身

体の動きにより伝えることができる．動作はヒトのこころの状態や思考を如実に反映し，他者へ情報をダイレクトに伝えるのに適している．その基盤には，身体に特化した知覚システムや，自己と他者とで共通した身体認識システムが用いられており，他者の行動を自分の行動に置き換えて認識することが可能となっている．一方，自己身体情報処理や感覚情報の統合により，自己と他者とが区別されている．身体性コミュニケーションを支える神経システムは，自己と他者とをつなぐ一端を担っている．このシステムはコミュニケーション機能としての役割にとどまらず，ヒトの認識や意識過程にとっても重要な役割を果たしているということがいえるだろう．

●文献●

1) Downing PE, Jiang Y, Shuman M, et al : A cortical area selective for visual processing of the human body. Science 293 : 2470-2473, 2001
2) Pitcher D, Charles L, Devlin JT, et al : Triple dissociation of faces, bodies, and objects in extrastriate cortex. Curr Biol 19 : 319-324, 2009
3) Urgesi C, Candidi M, Ionta S, et al : Representation of body identity and body actions in extrastriate body area and ventral premotor cortex. Nat Neurosci 10 : 30-31, 2007
4) Moro V, Urgesi C, Pernigo S, et al : The neural basis of body form and body action agnosia. Neuron 60 : 235-246, 2008
5) Downing PE, Peelen MV, Wiggett AJ, et al : The role of the extrastriate body area in action perception. Soc Neurosci 1 : 52-62, 2006
6) Takahashi H, Shibuya T, Kato M, et al : Enhanced activation in the extrastriate body area by goal-directed actions. Psychiatry Clin Neurosci 62 : 214-219, 2008
7) Astafiev SV, Stanley CM, Shulman GL, et al : Extrastriate body area in human occipital cortex responds to the performance of motor actions. Nat Neurosci 7 : 542-548, 2004
8) Kable JW, Chatterjee A : Specificity of action representations in the lateral occipitotemporal cortex. J Cogn Neurosci 18 : 1498-1517, 2006
9) Johansson G : Visual perception of biological motion and a model for its analysis. Percept Psychophys 14 : 201-211, 1973
10) Mather G, Murdoch L : Gender discrimination in biological motion displays based on dynamic cues. Proceedings of the Royal Society of London Series B 258 : 273-279, 1994
11) Decety J, Grezes J : The power of simulation : imagining one's own and other's behavior. Brain Res 1079 : 4-14, 2006
12) Grezes J, Fonlupt P, Bertenthal B, et al : Does perception of biological motion rely on specific brain regions? Neuroimage 13 : 775-785, 2001

13) Saygin AP, Wilson SM, Hagler DJ Jr, et al : Point-light biological motion perception activates human premotor cortex. J Neurosci 24 : 6181-6188, 2004
14) Vaina LM, Gross CG : Perceptual deficits in patients with impaired recognition of biological motion after temporal lobe lesions. Proc Natl Acad Sci U S A 101 : 16947-16951, 2004
15) Vaina LM, Lemay M, Bienfang DC, et al : Intact "biological motion" and "structure from motion" perception in a patient with impaired motion mechanisms : a case study. Vis Neurosci 5 : 353-369, 1990
16) Grossman ED, Battelli L, Pascual-Leone A : Repetitive TMS over posterior STS disrupts perception of biological motion. Vision Res 45 : 2847-2853, 2005
17) Bonda E, Petrides M, Ostry D, et al : Specific involvement of human parietal systems and the amygdala in the perception of biological motion. J Neurosci 16 : 3737-3744, 1996
18) Puce A, Allison T, Bentin S, et al : Temporal cortex activation in humans viewing eye and mouth movements. J Neurosci 18 : 2188-2199, 1998
19) Calvert GA, Bullmore ET, Brammer MJ, et al : Activation of auditory cortex during silent lipreading. Science 276 : 593-596, 1997
20) Allison T, Puce A, McCarthy G : Social perception from visual cues : role of the STS region. Trends Cogn Sci 4 : 267-278, 2000
21) Gallese V, Fadiga L, Fogassi L, et al : Action recognition in the premotor cortex. Brain 119(Pt 2) : 593-609, 1996
22) di Pellegrino G, Fadiga L, Fogassi L, et al : Understanding motor events : a neurophysiological study. Exp Brain Res 91 : 176-180, 1992
23) Fadiga L, Fogassi L, Pavesi G, et al : Motor facilitation during action observation : a magnetic stimulation study. J Neurophysiol 73 : 2608-2611, 1995
24) Binkofski F, Buccino G : The role of ventral premotor cortex in action execution and action understanding. J Physiol Paris 99 : 396-405, 2006
25) Iacoboni M, Molnar-Szakacs I, Gallese V, et al : Grasping the intentions of others with one's own mirror neuron system. PLoS Biol 3 : e79, 2005
26) Buccino G, Binkofski F, Riggio L : The mirror neuron system and action recognition. Brain Lang 89 : 370-376, 2004
27) 鶴谷奈津子, 小早川睦貴：ひとまねの重要性—自閉症スペクトラムにおける模倣障害. 岩田誠, 河村満・編：発達と脳—コミュニケーション・スキルの獲得過程(脳とソシアル), 医学書院, 東京, 2010, 133-147
28) Chen W, Yuan TF : Mirror neuron system as the joint from action to language. Neurosci Bull 24 : 259-264, 2008
29) 小早川睦貴：失行の新しい捉え方. Brain Nerve 61 : 293-300, 2009
30) Rothi LJ, Heilman KM, Watson RT : Pantomime comprehension and ideomotor apraxia. J Neurol Neurosurg Psychiatry 48 : 207-210, 1985
31) Heilman KM, Rothi LJ, Valenstein E : Two forms of ideomotor apraxia. Neurology 32 : 342-346, 1982
32) Serino A, De Filippo L, Casavecchia C, et al : Lesions to the motor system affect action perception. J Cogn Neurosci 2009
33) Pazzaglia M, Pizzamiglio L, Pes E, et al : The sound of actions in apraxia. Curr Biol 18 : 1766-1772, 2008

34) Liepmann H: The left hemisphere and action. In Kimura D (ed): Translations of Liepmann's Essays on Apraxia. DK Consultant, Ontario, London, 1980
35) Goldenberg G: Apraxia and the pariet al lobes. Neuropsychologia 47: 1449-1459, 2009
36) Merians AS, Clark M, Poizner H, et al: Visual-imitative dissociation apraxia. Neuropsychologia 35: 1483-1490, 1997
37) Buxbaum LJ, Giovannetti T, Libon D: The role of the dynamic body schema in praxis: evidence from primary progressive apraxia. Brain Cogn 44: 166-191, 2000
38) 小早川睦貴，大東祥孝：物品使用における把持過程の分析—両側頭頂葉萎縮例における検討—．神経心理 23：200-208, 2007
39) 鶴谷奈津子，大東祥孝：自己身体に選択的な定位障害を呈した頭頂葉萎縮例—自己身体部位失認の身体特異性の検証．神経心理 22：252-259, 2006
40) 鶴谷奈津子，大東祥孝：自己身体部位失認の1例における身体情報処理過程の検討．神経心理 23：209-219, 2007
41) Goldenberg G: Imitating gestures and manipulating a mannikin--the representation of the human body in ideomotor apraxia. Neuropsychologia 33: 63-72, 1995
42) 鶴谷奈津子，小早川睦貴，河村満：左右差を呈した Broca 野病変による観念運動性失行の1例．日本神経心理学会総会プログラム・予稿集, 2008
43) Goldenberg G, Hermsdorfer J, Glindemann R, et al: Pantomime of tool use depends on integrity of left inferior frontal cortex. Cereb Cortex 17: 2769-2776, 2007
44) Rizzolatti G, Fogassi L, Gallese V: Neurophysiological mechanisms underlying the understanding and imitation of action. Nat Rev Neurosci 2: 661-670, 2001
45) de Gelder B: Towards the neurobiology of emotional body language. Nat Rev Neurosci 7: 242-249, 2006
46) Meeren HK, van Heijnsbergen CC, de Gelder B: Rapid perceptual integration of facial expression and emotional body language. Proc Natl Acad Sci U S A 102: 16518-16523, 2005
47) Hadjikhani N, de Gelder B: Seeing fearful body expressions activates the fusiform cortex and amygdala. Curr Biol 13: 2201-2205, 2003
48) Atkinson AP, Heberlein AS, Adolphs R: Spared ability to recognise fear from static and moving whole-body cues following bilateral amygdala damage. Neuropsychologia 45: 2772-2782, 2007
49) Carr L, Iacoboni M, Dubeau MC, et al: Neural mechanisms of empathy in humans: a relay from neural systems for imitation to limbic areas. Proc Natl Acad Sci U S A 100: 5497-5502, 2003
50) de Gelder B, Van den Stock J, Balaguer Rde D, et al: Huntington's disease impairs recognition of angry and instrumental body language. Neuropsychologia 46: 369-373, 2008
51) Blakemore SJ, Wolpert DM, Frith CD: Abnormalities in the awareness of action. Trends Cogn Sci 6: 237-242, 2002
52) Botvinick M, Cohen J: Rubber hands 'feel' touch that eyes see. Nature 391: 756, 1998
53) Armel KC, Ramachandran VS: Projecting sensations to external objects: evidence from skin conductance response. Proc Biol Sci 270: 1499-1506, 2003
54) Arzy S, Thut G, Mohr C, et al: Neural basis of embodiment: distinct contributions of temporopariet al junction and extrastriate body area. J Neurosci 26: 8074-8081,

2006
55) David N, Cohen MX, Newen A, et al : The extrastriate cortex distinguishes between the consequences of one's own andothers' behavior. Neuroimage 36 : 1004-1014, 2007
56) MacDonald PA, Paus T : The role of pariet al cortex in awareness of self-generated movements : a transcranial magnetic stimulation study. Cereb Cortex 13 : 962-967, 2003
57) David N, Jansen M, Cohen MX, et al : Disturbances of self-other distinction after stimulation of the extrastriate body area in the human brain. Soc Neurosci 21 : 1-9, 2008
58) Blanke O, Arzy S : The out-of-body experience : disturbed self-processing at the temporo-pariet al junction. Neuroscientist 11 : 16-24, 2005

〔小早川睦貴〕

2
ストレス, 遺伝子, そして扁桃体

扁桃体との出会い

　脳と社会性の関係について話を始めるにあたって, 個人的な経験を記すのも少し奇妙な感じがするが, 研究を進めていくとき, それにまつわる過去のさまざまなエピソードが想起される. そのような経験は誰にもあるだろう. 筆者が扁桃体, というよりも側頭葉の不思議さに気づかされたのは, 研修医のときにヘルペス脳炎や放射線壊死の症例をみてからである. これらは Klüver-Bucy 症候群の亜型だったと考えられるが, 損傷部位は広く側頭葉から前頭葉にまでわたっていた. 認知症とも性格変化とも形容できるこれらの症状には, 扁桃体損傷が深く関わっていたのだろう. しかし当時の筆者は, まさか自分が扁桃体の画像研究をするなどということは考えもしなかった. それから何年も経過して, 1990 年代に入ると世の中は既に「脳の時代」に突入していた. PET や fMRI の研究が飛躍的に進み, ある有名な扁桃体研究ではノンバーバルな顔刺激を用いて扁桃体の活動を捉えていた.

　それと同時期に, 筆者自身も fMRI を用いた扁桃体研究にのめり込んでいった. 臨床用 MRI 装置で顔写真を提示しながら実験を行うと, 確かに扁桃体の領域に賦活がみられた(図34). それは程度の強弱はあるにせよすべての被験者で確認され, ヒトを対象とした扁桃体研究ができるという確信をもてた. しかし同時に, 被験者間における信号値の違いにも注目していた. これはその後, 遺伝子多型と脳活動の関連を探る研究に発展する. 顔や表情などノンバーバルな刺激を用いた実験は, 言語と異なった脳領域の活性化を伴うことがわかった. それらが情動や自己認知などを通じて, ストレス反応性や共感性などの脳内機構を研究する端緒となっていっ

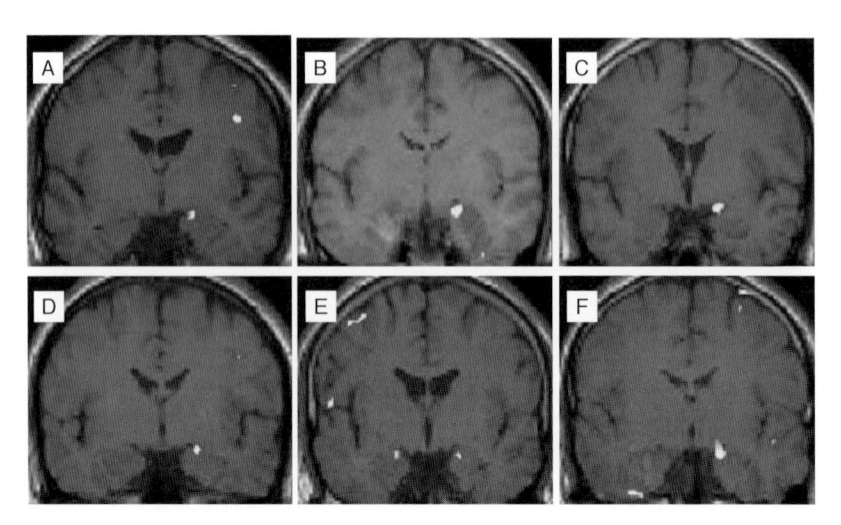

図34 健常被験者における，顔写真を呈示したときの扁桃体領域の活動
6名の被験者(A〜F)で，右扁桃体上端部に賦活が認められる．中には両側性に活動が亢進している被験者(E)もいた．

たのである．

A ストレス・情動と扁桃体の関係

　扁桃体の活動が非侵襲的に計測できるようになり，ストレスや感情・情動などの脳とこころの研究は大きく進歩した．従来の研究では，心理生理学的には皮膚電気反応や内分泌検査など，実験心理学的には記憶における情動の影響など，また社会心理学的には質問紙法を用いた手法などが用いられていた．しかしこれらは感情や情動を直接計測するわけではなく，自律神経系の変化や他の認知システムへの影響を間接的に調べた研究であった．それではfMRIなどによって脳機能を直接測ることが可能となって，何がわかっただろうか[1]．詳細はいくつかの総説にまとめてあるので，それらを参考にされたい[2,3]．要点は扁桃体を中心とする神経メカニズムが，環境から受けるストレスを情動反応として表出するために存在するということである．ストレスとは何かという疑問には，逆にこの神経メカニズムの活動を誘発するものがストレスであると定義することもできるだろう．

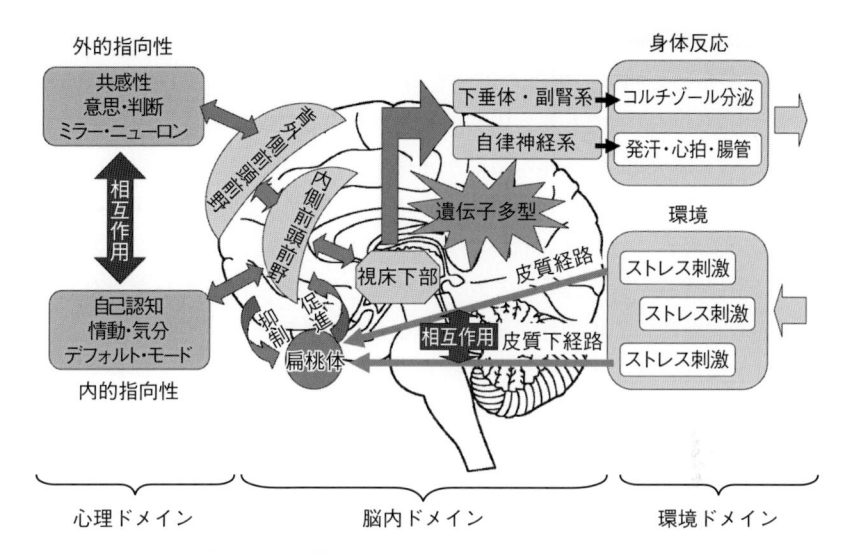

図 35 ストレスと扁桃体を中心とする神経ネットワークの関係

右端は環境ドメインで，ストレス刺激が生成され身体反応の計測などが行われる．中央は脳内ドメインで，皮質経路と皮質下経路に分かれた情報が扁桃体に入力され，さらに内側前頭前野を通して視床下部や背外側前頭前野の活性をもたらす．左端は心理ドメインで，前頭前野の活動が心的処理として表象されることを示している．内側前頭前野は内的指向性の高い心的処理に，背外側前頭前野は外的指向性の高い心的処理にそれぞれ関与している．

　ストレスというものを考えるにあたって，筆者が考えるストレス・情動と扁桃体の関係を図 35 に示した．生体が外部環境から受けるストレス刺激は，脳内では①視覚・聴覚共に皮質を介した経路と，②皮質下を介した経路，で処理される．皮質経路は通常われわれが対象を認知する経路であり，視覚であれば後頭葉の一次視覚野から側頭葉を経て海馬・扁桃体に入力する．皮質下経路は皮質経路をショートカットする形で，上丘・下丘レベルから視床に入り扁桃体に達すると考えられる．ストレス関連刺激に対する生体の反応は素早い必要があることから，皮質下経路の役割が相対的に高くなる．また刺激の種類によっても，脳内の反応は大きく異なる．顔や情動的写真を呈示した場合には扁桃体が，建築物や風景写真を呈示した場合には海馬傍回がそれぞれ強く活動する．中でも表情のついた顔刺激は自動的に，また意識下でも扁桃体を刺激することが知られている．

扁桃体は内側前頭前野との密接な線維連絡があり，主にグルタミン酸やGABAを介して相互に促進や抑制を行っている．扁桃体から内側前頭前野への出力は促進的であり，内側前頭前野から扁桃体への入力は抑制的であるとされている．扁桃体の活動が亢進することで，逆に内側前頭前野から扁桃体への抑制機構が働き相互にバランスをとっていると推測される．内側前頭前野からは視床下部への連絡があり，さらに下垂体-副腎系と自律神経系に情報が送られる．これらはそれぞれコルチゾールを含めた内分泌反応や，発汗・心拍増加・腸管運動などの身体反応として現れる．

　内側前頭前野は，イメージング研究では自己認知に関わっていることが報告されている[4]．例えば，正直，優しいなどといった性格を表す単語を呈示して，自分に当てはまるかどうかを判断させるとその部位の脳活動が変化する．また他者の行動の意図を判断する課題にも関係し，自己-他者の区別を行っている可能性がある．さらに種々の自律神経反応の指標とこの領域の活動や灰白質体積に相関があることから，個体の内的環境(internal milieu)をモニターしていると考えられている．脳が何もしていない状態というのは，健康な個体では存在しないことになっている．外的環境に注意を払っていなければ，脳は内的環境に対して何か異変はないかと常に見守っているのである．この状態は脳のデフォルト・モード(default mode of the brain)と呼ばれており，主に内側前頭前野と楔前部などがその機能を担っているとされている[5]．情動の脳内表象はこの領域またはその近傍で生成され，内的環境の1つとしてモニターされているのであろう．

　一方で背外側前頭前野は，意識が外に向いている場合に活動する．認知課題を遂行中にこの領域が賦活することは，多くの画像研究で報告されている．したがって内側前頭前野は自己モニタリングに，背外側前頭前野は外界への応答に関係していることになる．この両者すなわち情動と認知の相互作用こそが，各個体が社会的行動を一定の規範に則って行うための神経基盤となっているのであろう．

　記憶における海馬と側頭葉皮質の二段階モデルでは，学習早期には海馬が必要であるものの，次第にその役割が減衰していくと仮定されている．古い記憶は海馬とは独立して，皮質領域にエングラム(engram)として残

ると考えられる．言語記憶は最初に音声によって学習され，側頭-頭頂葉のWernicke野がその中枢となる．同様のことは扁桃体と情動においても成り立つであろうか．嫌悪学習の初期において扁桃体が刺激と情動を関係づける際に重要であることは，動物実験やヒトのfMRI実験で確認されている．しかし一度学習された刺激の情動価は，次第に扁桃体を離れて大脳皮質領域に保存されると仮定することもできる．この皮質領域は内側-眼窩部前頭葉に存在し，ここに情動のプロトタイプが保存されていると考えられる．

B　遺伝子多型と扁桃体

　ストレスに対する反応に大きな個人差があることは，経験的によく知られている．またさらに広い観点では，人種や文化によっても異なる．例えば米国に端を発した急激な経済状態の悪化に伴って，平均的な日本人は将来に対する不安を強く感じるが米国人は意外と楽観的な見方をしているようである．このような個人や個人の集団としての人種の性格傾向には遺伝的要素が強い影響をもち，また脳機能の点でも違いが認められている．ヒトにおいて社会や対人関係での行動様式を左右する要因である気質（temperament）は，遺伝的要素により思春期後期から青年期までに形成されるものである．気質の中でも不安や抑うつなどのストレス反応に密接に関与している類型は，Cloningerにより損害回避（harm avoidance）とよばれている．

　この損害回避の気質がセロトニン（5-HT）の神経伝達に関係していることは，古くから報告されている．セロトニンのシナプス間隙における働きを調節する機能として，セロトニントランスポーター（5-HTT）がある．5-HTTはシナプス前に存在し，セロトニンの再吸収を行うことで神経伝達に関与している．また5-HTTは，最新の抗うつ薬の中枢神経系における作用部位であると考えられている．5-HTT機能を調節する要因として，その遺伝子のプロモーター領域の多型（5-HTT linked polymorphic region, 5-HTTLPR）が知られている．ヒトは父母それぞれに由来する2つの対立遺伝子をもっている．したがってこの領域の塩基配列が長い（long, L）か

短い(short, S)かにより，SS型，SL型，LL型の3つの多型に分類される．そしてSS型の個体は，LL型の個体よりも心理社会的ストレスに対して脆弱性が高いという報告がある[6,7]．しかしこれには反対する説や，SL，LL型の中でも他の多型の影響を指摘する研究者も存在する．

脳活動が関連する遺伝子多型により調節されていることを，脳賦活検査などを用いて検証する手法は"imaging genetics"などと呼ばれている[3,6]．これはある心理課題を遂行中の脳機能をfMRIなどで測定し，さらに被験者の血液などを用いて遺伝子解析を行うものである．特定の遺伝子多型を選び，被験者を複数の群に分けて脳機能を比較検討する．心理課題と遺伝子の機能，さらに脳活動に一定の関係が見出せた場合には，脳とこころと遺伝子を結ぶ重要な研究結果となる[1,8]．しかし注意したいことは，こころや脳の働きは，単独の遺伝子多型で制御されているとはとても考えられないことである．したがって最近の総説では，脳活動に与える遺伝子多型の影響がそれほど大きくはないことも指摘されている[6]．たとえ複数の遺伝子多型を解析モデルに組み込んでみても，多くの多型間の相互作用を的確にモデルすることは困難である．また別の問題として，人種により多型の割合が大きく異なっていることがあげられる．5-HTTLPR多型でストレスに耐性が高いとされるLL型の割合は，日本人において6%であり，米国において32%とされている．このような違いは，おそらく人種間での社会行動の違いとして反映されるのであろう．しかし頻度の少ない多型を集めることが難しいことから，研究を行ううえで大きな支障となる．

顔認知課題を用いて扁桃体の活動を計測し，5-HTTLPR多型間でその程度を比較した研究が行われている[6,7,9]．その結果では，SLとSS型の被験者はLL型の被験者と比べて扁桃体の活動が有意に高いことが報告されている．しかし質問紙法で検査された被験者の損害回避の気質には，群間で差はなかった．このことは質問紙法に比べて，脳機能計測という手法の感度が高い可能性を示している．このような研究はセロトニン神経伝達の調節，5-HTTLPR多型と扁桃体，さらに前頭葉機能の相互作用がストレス脆弱性に関係していることを示した点で重要と言える．

筆者らも健常被験者に対して顔を呈示して扁桃体活動を計測し，5-HTTLPR多型を調べた．日本人被験者ではLL型の割合が少ないため，

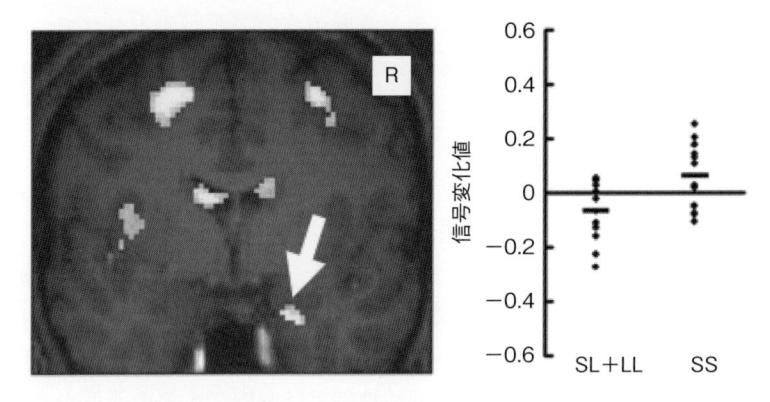

図36 日本人被験者における，セロトニントランスポーター多型と顔認知課題中の扁桃体活動の違い

SS 型(14 名)では SL 型や LL 型(12 名)よりも，右扁桃体(矢印)の活動が高いが有意な差には至らなかった．

SS 型の群と SL 型および LL 型を含む群との比較しかできなかった．その結果として，SS 型は SL 型や LL 型と比べて扁桃体の活動はやや高くなったが有意差がみられるまでには至らなかった(図36)．これなども欧米を中心として行われている実験結果やモデルを，日本人を含めたアジア系人種に応用することの困難さを示す例であろう．

　顔や表情以外の実験刺激を用いた報告では，SS 型では LL 型よりネガティブな情動的写真に対する扁桃体の活動が高いとされている．しかしこれらの研究は，fMRI を用いた脳賦活検査のベースライン条件において 5-HTTLPR 多型の影響が無視できないことも示している．ベースライン条件での脳活動の違いに関し，SS 型ではストレスにさらされるほど安静時(すなわち脳賦活検査におけるベースライン条件)の扁桃体活動は亢進していた[7]．さらにストレスフルな環境が続きうつ病や不安障害などの病的状態に至った場合には，扁桃体だけでなく前頭葉機能も障害されていくことになると考えられる．

　セロトニン系以外ではドパミンの代謝を調節する Catechol O-methyl-transferase(COMT)に関連した多型の報告がある[7]．この多型ではバリン(Val)とメチオニン(Met)のアミノ酸の置換により COMT 活性が異なり，

Metキャリアーでは細胞外ドパミン濃度が高いことが報告されている．脳内ドパミンが神経活動のノイズを軽減するという仮説から，Metキャリアーでは作動記憶成績が高く，fMRIにおける前頭葉の賦活が少なくてすむ．しかし一方で，Metキャリアーは不安が強く，顔認知課題において扁桃体と前頭葉眼窩部との機能的連結が強いと報告されている．さらに情動的写真を見ているときの脳活動は，Metキャリアーで扁桃体と前頭前野の活動が高くなっていた．またパーソナリティー障害などでは，衝動性の制御が問題になることがある．衝動性と遺伝子多型に関して，セロトニンの代謝に関わるmonoamine oxidase-A(MAO-A)に関連した研究が報告されている[7,9]．この酵素の低活性群では脳内アミンの濃度が高く，暴力的な行動特徴を示すという説がある．男性のMAO-A低活性群においては扁桃体活動が高いことや，扁桃体の体積が減少していることが報告されている．

C 性と扁桃体

遺伝子と扁桃体の結びつきを強く示しているのは，性別と扁桃体の形態・機能の関係であろう．生殖器を除いた場合には，当然のことながら身体各部の大きさは男性のほうが女性より勝っている．もちろん大きさが機能を表すわけではないが，脳の各部分の大きさに性別による違いがあることは以前から知られている．これらの性差は，脳全体の体積や身長体重を考慮しても有意であることが報告されている．筆者らは大学生前後の年齢の被験者において，高解像度頭部MRIとvoxel-based morphometry (VBM)という画像解析手法を用いて扁桃体体積の性差を調べた．その結果では，年齢，全脳体積，抑うつ度，性格傾向などを補正しても，男性で有意に扁桃体外側部の体積が大きいことがわかった(図37)．

さらに最近では染色体異常による症例を集めた報告もあり，過剰なX染色体をもつクラインフェルター(Klinefelter)症候群(47, XXY)や1つのX染色体が欠損したターナー(Turner)症候群(45, XO)などで脳構造が調べられている[9]．筆者らと同様な手法により健常な男女との比較を行うと，ターナー症候群では扁桃体の体積が大きいと報告されている．またクライ

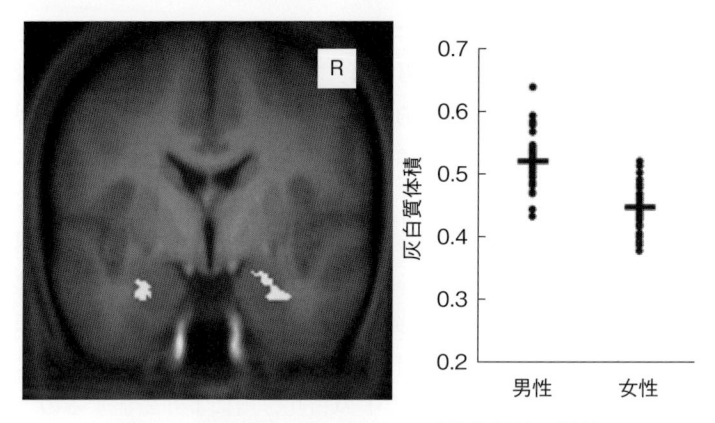

図37 高解像度 MRI を用いた扁桃体体積の性差

健常者において男性(33名)では女性(27名)よりも，高解像度頭部 MRI で計測された扁桃体の体積が有意に大きかった．図に示すように領域としては扁桃体外側部で差が大きく，平均値では約 16% の違いがあった．

ンフェルター症候群の扁桃体は健常な男性より有意に小さく，健常な女性と同等であった．この関係を示すと"XO＞XY＞XXY≒XX"という順番になり，X 染色体の数と扁桃体体積は逆相関する可能性がある．どのような染色体異常のメカニズムが扁桃体に形態的変化を及ぼすのか，また内分泌異常の影響がどの程度関係しているかは今後の検討が必要である．われわれの健常者を対象とした研究では，不安や抑うつになりやすい損害回避の気質と扁桃体の体積が正の相関を示していた．さらにこの結果は女性で顕著であることから，女性では気質と脳体積の関連が強いことがわかった．従来から女性のほうが男性よりも，うつ病や不安障害になりやすいことが知られている．扁桃体が情動反応の鍵となる構造物であることから，女性においてはその形態の変化が疾患と密接に結びついていることになる．

D 精神疾患と扁桃体

近年では精神疾患患者の脳体積を計測する研究が，高解像度 MRI を用いて積極的に進められている．成人のうつ病患者においては，海馬の体積が健常者よりも小さくなっていることが報告されている．これはストレス

の身体的反応としてみられる高コルチゾール血症が，海馬に対して悪影響を与えることに起因すると考えられる．したがって海馬体積の減少はうつ病に特異的ではなく，他の慢性的な精神疾患においても観察される現象である．一方で扁桃体の体積計測は方法論的な困難さもあり，研究により結果に不一致が大きいようである[10]．うつ病では扁桃体体積が増大しているという報告と，逆に減少しているという報告がある．動物に慢性拘束性ストレスを与えると，海馬の細胞は萎縮したり樹状突起が短くなったりする．扁桃体では体積増加と樹状突起の伸張が認められるという結果があり，ストレスに対する神経細胞自体の反応性も海馬と異なっているようである．うつ病が性格因子と環境因子の相互作用により発症するのであれば，性格傾向と扁桃体の体積の関係や性別による違いも重要であろう．

　一方でfMRIを用いた研究では，うつ病患者においては扁桃体活動が亢進していることが一貫して示されている[7,10]．このような扁桃体の過活動は，PETによる安静時糖代謝を調べた研究でも報告されていた．うつ病患者の扁桃体は安静時において既に活動が亢進しており，さらに顔認知課題などを遂行中の変化量も健常者より大きいということになる．既に述べたが，5-HTTLPR多型のSS型ではストレスへの曝露が多くなるにつれて扁桃体の安静時の活動が上昇していった．このような個体に一層のストレスが加わってうつ病が発症した場合は，ベースラインとなる扁桃体活動は上昇したままであろう．過活性の扁桃体に環境からの刺激が入力すると，健常な場合と比較して刺激の情動価をよりネガティブに判断する可能性があるのではないだろうか．もう1つの重要な点として，抗うつ薬などの治療により扁桃体の過活動が改善することがある．将来的には疾患の重症度や予後などを，これらの手法により定量化することも可能になるであろう．

　しかし不安障害や恐怖症においても扁桃体の過活動が報告されていることから，扁桃体の機能的変化は必ずしもうつ病に特異的ではないようである．さらに健常者に対してネガティブな感情を誘発させたPET実験の結果では，必ずしも扁桃体の活動は亢進していなかった．内的に惹起されるような感情に対しては，扁桃体は活動が上昇しないどころか逆に低下しているのである．おそらくこのような精神状態では，前頭葉から扁桃体への

抑制性投射が優位となっているのであろう．また扁桃体を損傷した患者では，健常者と大きく変わらない主観的感情体験を有することも報告されている[10]．これらの結果から扁桃体自体の働きは，患者でみられる病的抑うつ感や悲哀感などとの直接的な関連性はむしろ薄いと考えられる．

E 文化・人種と扁桃体

　文化や人種が心理プロセスに与える影響も，最近では神経科学的方法により研究されている．このような領域は，文化神経科学 (cultural neuroscience) と呼ばれている．人種によりストレスに対する反応が異なり，それに遺伝的要因が関与していることは既に述べた．筆者らはさらに脳内の反応が，人種・文化間で異なるかどうかについての fMRI 実験を行った．ここでは日本在住の日本人，北米在住の日系アメリカ人，北米在住の白人の3群を被験者とした．ネガティブな情動的写真を見たときの扁桃体の反応は日本人で最も強く，日系アメリカ人と白人ではそれより低くなった．質問紙法で調べた神経症傾向は日本人が最も高く，次いで日系アメリカ人，白人の順であった．5-HTTLPR 多型の比率を見ると，日本人はすべて SS 型もしくは SL 型であり，白人系アメリカ人は SL 型と LL 型が多く，日系アメリカ人では両者の中間という割合であった．
　すなわち日本人においては，5-HTTLPR で調べた遺伝的傾向，質問紙法による神経症傾向，fMRI で計測した扁桃体反応がいずれもストレスに対する脆弱さを強調する形で現れていることを示している．このような結果は，日本人として嬉しいことではないかもしれない．しかし種々の報道でも知られているように，本邦における自殺による死亡者の増加は看過できない状態であると考えられている[11]．このような社会現象の基盤にある神経メカニズムを解明することで，不幸な転帰を防ぐことに少しでも貢献できるのではないだろうか．

扁桃体研究のこれから

　感情の特殊な点として他者の感情を推察したり，自分の感情を他者や他

の対象に移し入れたりするという現象がある．このような心的処理は「共感性(empathy)」と呼ばれ，ノンバーバルコミュニケーションの最たるものである．さらにヒトとヒトとの信頼感を高め，集団として社会生活を送るうえで欠くべからざるものでもある．この共感性の神経基盤はどこにあるのだろうか．ヒトは赤ん坊の頃から顔に類似した図形に反応し，次第に母親の顔を他者の顔から区別していく．また工学的な画像処理を用いると，風景写真の中にある顔の部分を探索することは比較的容易だという．このような顔検出システムが，ヒトの脳にも生下時から備わっているのであろうか．そしてそれは顔刺激に強く反応する扁桃体の機能に関係しているのかもしれない．

　21世紀の今日では，社会性や感情・情動などを神経科学的に研究するためのハードウェア的基盤は確立している．また社会的判断に感情的要素が深く関係していることは，日常的に報道される事象を見れば明らかである．冷静に状況を判断させるよりも，感情の高揚を伴う場面を演出するようなことがしばしばみられる．このような状況を作り出し，自分の立場に有利な判断に他者を傾かせようとするのである．従来から情動というものは動物にも存在することから，認知や言語と比較して低次元の心理現象であるとされてきた．しかしこのように見てくると，情動は決して認知や言語より低次であるとは考えられない．さらに認知と情動の相互作用を，最新の装置を用いて脳科学的に研究することの重要性が理解できると思う．この点において，今までになかった社会・感情神経科学(social and affective neuroscience)という研究領域が今後発展していくことを期待している．

謝辞

　文化・人種に関わるfMRI研究は，Joan Chiao，原田宗子両博士の協力により行われた．

● 文献

1) 飯高哲也：脳画像検査から病態を探る機能的変化が表すもの．平安良雄，笠井清澄・監修：精神疾患の脳画像解析・診断学．南山堂，東京，2008, pp 81-87

2) 飯高哲也：扁桃体のニューロイメージング―情動とストレス反応性の解明を目指して―. 神経進歩 50：107-115, 2006
3) 飯高哲也：扁桃体のニューロイメージング. Clin Neurosci 26：431-434, 2008
4) Northoff G, Heinzel A, de Greck M, et al：Self-referential processing in our brain--a meta-analysis of imaging studies on the self. Neuroimage 31：440-457, 2006
5) Raichle ME, Snyder AZ：A default mode of brain function：a brief history of an evolving idea. Neuroimage 37：1083-1090, 2007
6) Munafo MR, Brown SM, Hariri AR：Serotonin transporter（5-HTTLPR）genotype and amygdala activation：a meta-analysis. Biol Psychiatry 63：852-857, 2008
7) 飯高哲也：精神疾患の脳画像解析学と分子生物学の統合　うつ病とストレス脆弱性の脳画像・遺伝的多型に関する研究. 分子精神医学 7：20-26, 2007
8) 飯高哲也：fMRIでみる精神疾患の中間表現型. 臨床精神医学 37：805-810, 2008
9) Aleman A, Swart M, van Rijn S：Brain imaging, genetics and emotion. Biol Psychol 79：58-69, 2008
10) 飯高哲也：特集/扁桃体と精神医学　4. うつ病・不安障害と扁桃体. 臨床精神医学 36：849-854, 2007
11) 飯高哲也：情動とストレス脆弱性を探る脳画像研究―遺伝的多型性を含めて―. 西條辰義, 伊佐正, 川人光男・監修：ブレイン・デコーディング―脳情報を読む―. オーム社, 東京, 2007, pp 156-168

〔飯高哲也〕

●こぼれ話●

死の受容

　死には3つの相があると言われる．地震で何人の人の生命が奪われたというニュースで語られるような，事実としての死，肉親や親しい人が亡くなったときのような悲しみとしての死，そして怖れとしての死，すなわち己の死である．われわれの多くは，この順番で死を体験していくのが普通である．そして，最初から2つの相の死は，繰り返し経験することにより，次第に受容されていく．しかし，3番目の相である自分の死に対する怖れは，受容困難で乗り越えがたい．己の死というものは，繰り返して経験できるものではないし，またその体験を他者から教えてもらうこともできない．ただただ，自分のこころに思い描いてみることしかできないし，おまけに思い描いた己の死が真実の死の姿なのかどうかの答えを得ることも不可能である．そこには，永遠に和らげられることのない，怖れが存在するのみである．私にとっても，己の死は，怖れ以外の何者でもない．

　そんな怖れの気持ちを，いくばくか静めてくれるのは，先人達もまた，自分以上に己の死を怖れていたということを知るときである．フランスの俚諺，"On entre et on crie, c'est la vie. On baille et on sort, c'est la mort（登場して泣き喚く，それが生．あくびをして退場する，それが死）"を吟ずれば，己の死への恐怖がその瞬間だけでも和らぐし，「この世をば，いざおいとまと線香の，烟りとともに，灰さようなら」という十返舎一九の辞世を口ずさめば，これまた己の死への怖れを，束の間笑い飛ばすことができる．1人ぼっちであったなら到底耐えることなどできそうもない己の死への恐怖を，これらの言葉を残して既に死んでいった先人達は，そう怖がらなくてもいいよ，と言って笑い飛ばしてくれているようだ．そう思うと，恐怖心がほんの少しだけ少なくなるように感じられる．それと同時に，きっと彼らもまた，己の死への怖れに打ちひしがれそうになったのではなかったか，怖くて仕方がなかったので，こんな風に茶化したんだろうと思う．先人達もまた，こうして怖々と己の死を迎えたのであろう．そうであるなら，私もまた彼らと同じように，怖々と己の死を迎えるしかないと思う．（岩）

3
他者と関わる前頭葉——思考を読み取る脳内機構

「他者の思考を読み取る」というと，SF小説のような印象を受けるかもしれない．またこれを「他者のこころを理解する」と言い換えると，道徳の教科書のような印象を受けるかもしれない．いずれにせよ，科学的手法でその脳内メカニズムが明らかにできるとは思えないだろう．ところが1992年のある論文の発表から，そのメカニズムに対する魅力的な，そして説得力のある仮説が神経細胞レベルで提唱されるようになった．これがミラー・ニューロンである．これまでヒトや動物の個体レベルでの振る舞いの脳内メカニズムが研究対象となっていたのが，ミラー・ニューロンの発見をきっかけに，社会的振る舞いにおける脳内メカニズムの研究へと進展するようになった．ここではミラー・ニューロンを中心として，「他者の思考を読み取る」脳内メカニズムの研究の進展と問題点を述べる．

A　ミラー・ニューロン

イタリア・パルマ大学のGiacomo Rizzolattiのグループがサルを使って実験を行っていたとき，奇妙な振る舞いをする神経細胞の存在に偶然気づいた．このとき彼らは，サルにさまざまな大きさの餌をつまんだり，つかませたりさせ，腹側運動前野（F5領域，Brodmannの6野の腹側部）から単一神経細胞活動記録を行っていた．この領域にはサルが物をつかむときに活動する神経細胞がある．ところが，餌を置き直そうと実験者が餌を指でつかんだところ，これを見ていたサルは手を動かしていないにもかかわらず，この神経細胞が活動したのだ（図38）．

またこの神経細胞は手の特定の動作に対して反応することもわかった．サルが手を広げて大きな餌をつかむときに活動する神経細胞は，小さな餌を指先でつまむときには活動しない．そしてこの神経細胞は，実験者が手

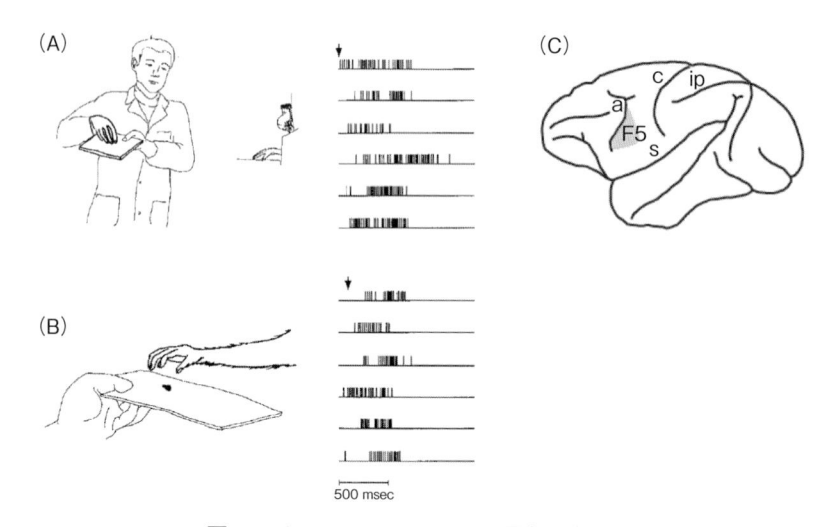

図38　ミラー・ニューロンの最初の報告
(di Pellegrino G, et al, 1992[1])

A：この神経細胞は実験者が餌をつまんでいるのを見ると活動する．B：同じ神経細胞はサルが餌をつまむときにも活動する．C：このような神経細胞は運動前野(F5)で見出された．

を広げて大きな餌をつかむのを見ているときには活動するものの，実験者が小さな餌を指先でつまむのを見ているときには活動しない．この神経細胞活動について最初に報告されたのが1992年のことである[1]．腹側運動前野で記録された神経細胞のうち17％の細胞は，自身が動作を実行するときと他者が同じ動作を行う様子を観察しているときに活動した．そしてこのうちの55％の細胞が，特定の動作の実行と観察において活動していた．

　この神経細胞は餌などのモノだけが提示されただけ，あるいは他者の手がじっとしているだけのときには活動しない．また他者の手が物をつかむような動作をするものの，つかむべきモノが存在しない場合にも活動しない．さらに，実験者がペンチで餌をつまむ様子を見せてもこの神経細胞は活動しない．すなわち他者が自身と同じ身体部分を用いて，同じ動作を行っている様子を観察したときに，この腹側運動前野の神経細胞は活動するのである．

この後，Rizzolattiのグループはさらに実験を重ね，腹側運動前野だけでなく下部頭頂葉(PF領域，Brodmannの7b野)にも同様の活動パターンを示す神経細胞があることを見出し，これをミラー・ニューロンと名づけた．他者の動作を観察することで，自分自身が同じ動作を行っているかのように活動する，つまり脳の中の鏡で相手の動きを映し出しているようであることから，このような名がつけられた．

ミラー・ニューロンは，他者の動作についての視覚情報に対してだけ反応するわけではない．実験者が物を引きちぎる，たたくなどの動作をしているときの音をサルに聞かせたところ，自身が同じ動作を行うときと同様に活動する神経細胞の存在も報告された[2]．つまり動作の観察におけるミラー・ニューロンの反応は感覚情報様式に依存しない．実際，腹側運動前野と下部頭頂葉には視覚，聴覚，触覚などの複数の感覚情報に対して反応するマルチ・モーダル神経細胞が数多く見出される．このような結果から，ミラー・ニューロンは運動，感覚というドメインを超えた抽象的なレベルで動作を表象していると考えられた．

B 他者の動作のコピーから予測，そして意図の解読へ

ミラー・ニューロンは動作そのものについての感覚情報が存在しなくても，他者の特定の動作が予測される場合には活動することが明らかになった[3]．サルはまず実験者が餌をつかむ様子の映像を何度も見せられる．このときに腹側運動前野の神経細胞活動を記録し，ミラー・ニューロンを同定する．その後で，実験者が手を伸ばしているものの，動作の最後の餌をつかむ部分を見えないように仕切りで隠してしまう．ミラー・ニューロンはそれでも同じように活動する．今度は物を置かずに，実験者が物をつかむふりをしているだけの様子を何度か観察させる．するとこのミラー・ニューロンは活動しない．その後で動作の最終部分を隠しても，やはりこの細胞は活動しない．すなわちミラー・ニューロンの活動には，動作に関する感覚情報は必ずしも必要ではないことがわかる．必要なのはある特定の動作が予測されることである．ミラー・ニューロンの活動は動作のゴー

ルを反映していると考えられる．

ところがその後の研究により，ミラー・ニューロンは動作そのものではなく，動作の意図を反映していることを示す報告がなされた[4]．この実験では腹側運動前野ではなく，下部頭頂葉から記録が行われた．まずサルに，餌をつかんでこれを食べる動作と，餌をつかんでこれを別の容器に移す動作を訓練する．すると下部頭頂葉では，一方の動作に対してより強く

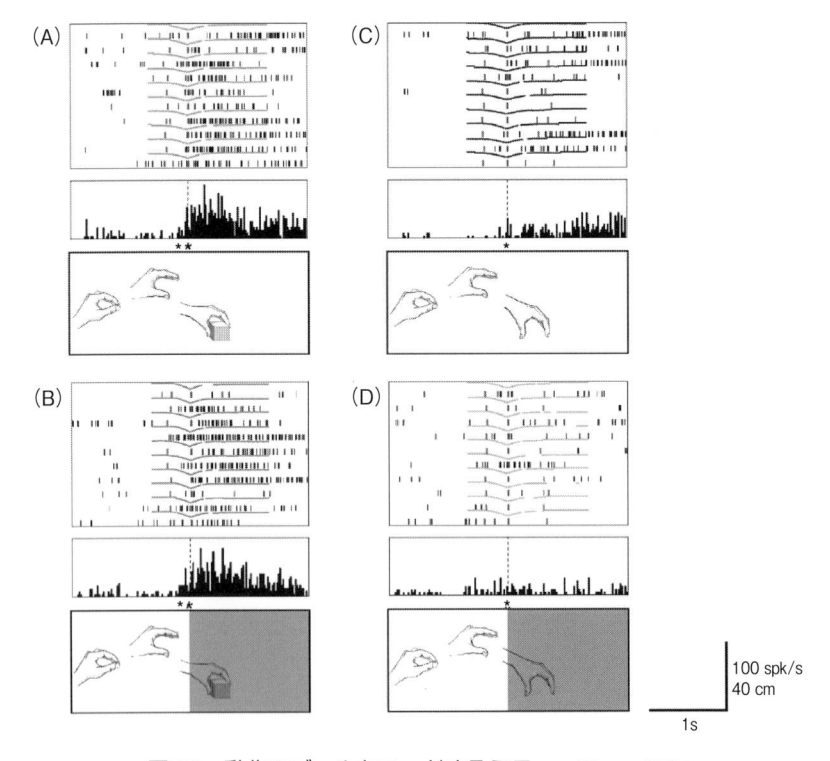

図39 動作のゴールをコードするミラー・ニューロン
(Umilta MA, et al, 2001[3])

A：この神経細胞は実験者が物をつかんでいるのを見ると活動する．B：実験者が物をつかむことがわかっていれば，その場面が実際に見えなくても活動する．C：実験者が物をつかむまねをしているだけで，物がないときには活動しない．D：実験者がまねをするだけだということがわかっていると，動作の後半が見えなくても活動しない．

活動する神経細胞が見出された．次いで実験者が餌をつかんで食べる様子，あるいは餌を別の容器に移し替える様子をサルに見せる．すると頭頂葉神経細胞は，実験者が餌をつかんだ後にどうするかによって異なる反応を示した．餌をサル自身が食べるときに活動した神経細胞は，実験者が餌を食べるのを見ているときに活動し，別の容器に移し替えるのを見ているときには活動しない(図39)．

重要な点は，実験者が餌をつかんだ時点でこの細胞が異なった活動を示したことである．この時点ではサルが観察している実験者の動作は同じである．そのあと実験者が餌を口にもっていくであろうことが予測されている場合には，自分が餌を食べるためにこれをつかむときに活動する神経細胞が同じように活動するのである．そして餌を置き換えるためにこれをつかむときに活動する神経細胞は，このときには活動しない(図40)．この実験結果は，ミラー・ニューロンの活動が現在観察している動作そのものを反映しているのではなく，動作の文脈，すなわちどのような意図でもってその動作が行われたかを反映していると解釈された．ミラー・ニューロン

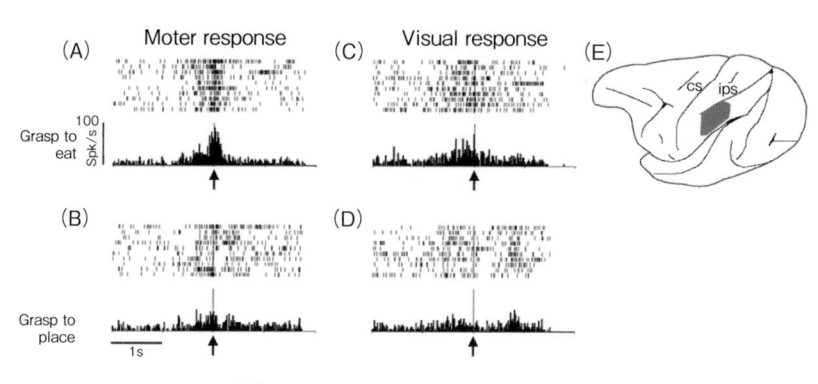

図40 動作の意図をコードするミラー・ニューロン
(Fogassi L, et al, 2005[4])

A：この神経細胞はサルが餌をつかんで食べるときに活動する．B：サルが餌をつかんで別の場所に移すときには活動しない．C：この細胞は実験者が餌をつかんで食べるのを見ても活動する．D：実験者が餌をつかんで別の場所に移すときには活動しない．E：この細胞は下部頭頂葉から記録された．矢印で示した時点でサルは餌をつかんでいる．したがってこの細胞の活動はサルが餌をつかもうとしている時点で，その動作の目的(食べるか置き換えるか)によって活動が変化することを示している．

の役割は他者の動作の理解にあると主張されている．

C ヒトのミラー・システム

　サルでその存在が明らかになったミラー・ニューロンは，ヒトにも存在するのだろうか．健常者を対象とした脳機能画像研究により，他者が動作を行っている様子を見ているときには，自身がその動作を行っているときと同じ領域が活動することがわかった．これはサルの場合と同じく，腹側運動前野と下頭頂小葉であった．ところが機能画像では，同じ領域が活動していることはいえても，同一の神経細胞が活動しているかどうかは不明である．そこでヒトの場合はミラー・ニューロンとはいわず，ミラー・システムと呼ばれている．

　ヒトを対象とした実験では，サルの実験に比べて幅広い課題をテストすることが可能である．ミラー・ニューロンの役割としての動作の意図に対する理解について重要な問いかけは，被験者がよく知らない動作を他者が行っているときにはミラー・システムが働くのかどうかである．この点を明らかにするために，バレエダンサーとカポエイラの選手を被験者とした機能画像研究が行われた[5]．バレエダンサーがバレエの動作の映像を見ているときには，カポエイラの動作を見ているときよりも腹側運動前野と下頭頂小葉が強く活動した．またカポエイラ・ダンサーがカポエイラの動作を見ているときにはバレエの動作を見ているときよりも強く，これらの部位が活動した．自身の動作レパートリーにある動作の映像を見ているときには，ミラー・システムが強く働くのである．自身がよく行っている動作については，他者が同じ動作を行っているのを見たときにその後の動作の流れや意図を理解できるのはミラー・システムが働くからだと考えられる．

　このような脳機能画像研究の問題点は，自身の動作実行と他者の動作を観察しているときに同じ脳領域が活動していても，その中に含まれる同じ神経細胞が活動していることの証明にはならない点である．この問題は完全には解決してはいないが，fMRIの新たな手法を用いることでさらに検討が進められている．1つの手法は脳活動の適応現象を利用したものであ

る．これは，ある神経細胞がコードしている情報が繰り返し提示された場合には，その神経細胞の活動が低下する現象である．もしある脳領域内に存在する神経細胞が，動作の実行とその動作の観察の双方に関係しているのであれば，自身が動作を行った後で同じ動作を他者が行う様子を観察すると，この神経細胞は適応現象を示して活動が低下するであろう．反対に，動作の実行と観察に関する情報処理を別々の神経細胞が担っているのであれば，動作を行った後で他者の同じ動作を観察しても適応現象は生じないであろう．ある研究では，被験者がある動作を行った後，他者が同じ動作を行っている映像を提示すると下頭頂小葉の活動は低下することが示された[6]．ところが他者が異なる動作を行っている映像に対しては，下頭頂小葉の活動は低下しないことが示された．下頭頂小葉には，動作の実行と観察の双方に関わるミラー・ニューロンが存在することが推察される．

ところが最近になり，同様の手法を用いてミラー・システムにおける適応現象を調べたところ，他者の動作を観察した後，同じ動作を自身が行う（模倣）場合には運動前野と頭頂葉に適応現象がみられるものの，自身が動作を行った後で同じ動作を他者が行う様子を観察する場合には適応現象が起こらないことが示された[7]．この結果は神経細胞レベルのミラー現象を否定するものである．

脳機能画像の空間解像度を超える手法として，fMRI 画像上の信号値の空間分布パターンを解析する手法もある．数 cm の脳領域内に含まれる，一辺 3 mm の 100 個程度の画素の信号値の分布を解析することで，被験者が見ている映像上の線の傾きや文字，あるいは被験者の考えている内容を脳活動パターンから推定することができることが知られている．この手法を用いて，被験者がある動作を行っているときと，他者が同じ動作を行っているときの MR 信号値の空間パターンを比較した研究がある[8]．被験者がじゃんけんのグー，チョキ，パーのいずれの動作を行っているか，また画面上の他者がグー，チョキ，パーのいずれの動作を行っているのを観察しているかは，頭頂葉の信号分布に基づいて 60% 以上の確率で推測することが可能であった．ところが自分自身がある動作を実行しているときの信号分布パターンに基づいて，他者がどの動作を行っているのを見ているのかを推測することはできなかった．このことは，動作の実行と観察

が頭頂葉の異なった神経細胞集団によって表現されていることを示唆している．

サルで見出されたミラー・ニューロンと，ヒトで同定されたと主張されているミラー・システムにはいくつかの性質の差があることも指摘しておかなくてはならない．その1つが動作の模倣におけるミラー・システムの活動である．ヒトの実験では被験者が画面上に提示された他者の動作を模倣するときに，ミラー・システムが活動することが示されている[9]．またMEGを用いた研究でも，ヒトが動作を実行する際，他者がその動作を実行している様子を観察する際，そして他者の動作を模倣する際に，同じように前頭葉腹側部が活動することが示されている[10]．では，サルが模倣しているときにミラー・ニューロンは活動するのだろうか．残念ながら，サルは模倣しないために確かめようがない．少なくともミラー・ニューロンがヒトでみられる模倣行動の起源であるとの主張は支持されないことは確かであろう．さらにヒトのミラー・システムは，画面上に提示された無目的な動作を模倣するときにも活動する．これは，ミラー・ニューロンが動作の意図を反映しているとの考えとは相容れない結果である．

D 社会性と自閉症

他者の動作の意図を読み取る働きをするミラー・システムの存在は，人間における社会性と密接に関係するものと思われている．他者の意図を理解することによってはじめて，他者と協調した行動や，反対に他者を欺く行動も可能になるからである．他者の気持ちをおもんぱかって行動を制御する働きは，心の理論と呼ばれている．例えば自分の手元にあるお菓子をある人がじっと見つめているとする．その人がこのお菓子を食べたいのだろうということが予測できる．このような心の理論の成立にミラー・ニューロン，ミラー・システムが関与しているのではないかとの考えが広く行き渡っている．

「相手の気持ちになって考える」という表現が日常的に用いられるが，ミラー・システムの働きからするならば相手の動作，さらには意図を自分の脳内に表現する，すなわち相手を自分の脳に取り込むことによってその気

持ちを理解している，ということができる．他者の動作を映し出すことによって，その意図を脳内に表象する働きがあると考えられるわけだ．

　機能画像研究では被験者がなんらかの意図をもって視線を向ける際には，運動前野と Broca 領域に対応する前頭葉腹側部が活動することが示されている．また他者が嫌悪感を抱いているような表情を見ると，自身が嫌悪感をもっているときと同じように前頭葉腹側部から島皮質にかけて活動が認められる．動作の意図を反映するというミラー・システムの活動が，他者の感情を理解する共感においてもみられるのである．また他者に対して強い共感を抱いた被験者ほどミラー・システムが強く活動することも示されている．

　他者の意図を推察する役割をもつミラー・システムがうまく働かなくなればどうなるだろう．他者の考えを推測する能力の障害が自閉症の症状の根幹にあると考えられている．このことから自閉症はミラー・システムの問題に起因するとの主張がある．この自閉症における壊れた鏡説（broken mirror theory）を支持する結果として，自閉症患者では他者の唇の動きを模倣する際に観察される前頭葉腹側部の MEG 反応が減弱し，その潜時が延長することが示されている[11]．また自閉症患者では，他者がさまざまな感情を示している映像を見た際の運動前野と腹側前頭領域の活動が低下する．さらに MRI 構造画像を用いて自閉症患者と健常者の脳を比較したところ，腹側運動前野，下頭頂小葉を含めた領域で大脳皮質が有意に薄くなっていること，さらにその程度が自閉症の重症度と相関することも明らかにされた[12]．

　他者の意図や感情を推測するしくみが人間の脳に存在することは確かだと思われる．ただしミラー・ニューロンの存在のみをもってして，その神経基盤が理解されたと考えるのは間違いであろう．運動前野と頭頂葉というコア・ミラー・システム以外に，上側頭溝（superior temporal sulcus；STS），前部帯状回，島皮質，扁桃体などの領域の関与も示されている．STS 領域にも，他者がなんらかの動作を行っているときに活動する神経細胞が存在する．ところがこれはミラー・ニューロンとは違い，自身が動作を行っているときには活動しない．また他者の動作や意図を脳内に表象した場合に，これを自身の動作や意図と区別する必要がある．このような自

己と他者の区別に，前部帯状回が関係しているとの報告が多くなされている．共感においては島皮質，扁桃体の活動が大きな役割をもつ．これらの脳領域がどのように関係しているのかを明らかにしていく必要がある．

E ミラー・ニューロンの展望と問題

　ミラー・ニューロンは社会性というつかみどころのない行動・心理現象を，神経細胞の活動という物理的メカニズムで説明できる可能性を示したという点で大きな意義をもつ．ただしその機能的意義が検証されないままに，大きな話が作り上げられてしまう危険性が存在することもまた事実である．以下の文献にあげているように，ミラー・ニューロンに関する成果のほとんどは Rizzolatti のグループが中心となっている．得られた結果そのものの確からしさを疑うものではないが，その解釈の方向性が偏ったものとなってしまっている可能性は否定しきれない．現在，ミラー・ニューロンあるいはミラー・システムについてはさまざまな問題が提議されてきている[13]．

　最も議論を巻き起こしているのが，ミラー・ニューロンが言語の獲得に関係しているという主張である[14]．その主張は，ミラー・ニューロンの働きは他者の意図の理解であるのだから，これがさらに進化的プロセスを経ることによって他者とのコミュニケーションの道具である言語の獲得に至ったのではないかという想像にすぎない．赤ん坊が言葉の発音を真似るときに，親の口元をじっと見て，これをまねするようにして言語発声することはその可能性を感じさせる．だが，動作の模倣によって言語が獲得されるとの考えは，言語学者の間では主流の考え方ではない．

　ミラー・ニューロンが見出された腹側運動前野が，ヒトの言語領域である Broca 領域と相同であるとの考えが，「ミラー・ニューロン＝言語の起源」説を信憑性のあるものとしている．最近，ヒトの Broca 領域に相当する Brodmann の 44 野と極めて近似した細胞構築パターンを示す領域がサルの脳でも同定された．この領域に対して微小電極による電気刺激を行うと，サルの唇，舌，のどが動くことから，機能的にもヒトの 44 野との相同性が強く推察されることとなった．だがミラー・ニューロンが記録され

ているのは 6 野である．ミラー・ニューロンと言語が単純に結びつけられるものではないことがわかる．またヒトのミラー・システムに対する多くの機能画像実験の結果をまとめてみると，その活動は Broca 領域 (44 野) ではなく Brodmann の 6 野に相当することも示されている．

　ミラー・ニューロンが他者の動作の意図の理解という役割を果たしているとの考えについても，反論の余地がある．まずこのミラー・ニューロンを障害することによって動作の理解が障害されたという実験結果は皆無である．ヒトでは左半球頭頂葉の損傷後に生じる観念運動失行をミラー・システムの障害によるものとする考えがある．道具を使った動作の模倣テストと，その動作の意味の理解のテストを行ったところ，両者のスコアが相関することが明らかになった[15]．この結果から，ミラー・ニューロンシステムの損傷により動作の模倣が障害され，このために動作の意図の障害が起きたと解釈されている．ところが個々の患者について検討すると，模倣行動が障害されていても動作の意図の理解が障害されていない場合が少なからずある．模倣と動作の意図の理解は同一のメカニズムでは説明できないことを示唆する．そもそもミラー・ニューロンは模倣行動を示さないサルで見出されたものであるのだから，その役割を明らかにするためにはサルを対象とした不活化実験が必須であろう．

　また，ミラー・ニューロンの活動は他者の動作の意図の理解に必須な役割を果たしているのではなく，むしろ意図の理解の結果であると解釈することも可能である．例えば，観察された他者の動作の目的によって頭頂葉神経細胞の活動が変化するとの実験結果は，その目的を理解した結果としてその後に続く動作やその結果として起こりうる感覚情報，すなわち食べ物を口に入れたときに起こりうる味覚や報酬の期待度を反映していると解釈することも可能である．したがってミラー・ニューロンが他者の動作の意図を理解しているかのように振る舞っているといっても，その役割は別の脳領域が担っている可能性がある．また，そもそもわれわれ人間が意識的に感じているのと同じように，サルが他者の意図を理解しているかどうかはまた別の問題である．

　このような問題点の指摘の一方で，ミラー・ニューロンに関連した新たな発見もなされている．最近，ヌマウタスズメ (swamp sparrow) の脳の

HVC(high vocal center)と呼ばれる領域からミラー・ニューロン様の活動を示す神経細胞が同定された[16].この鳥に自身の歌声を聞かせると,神経細胞1つひとつが鳥の歌声の特定のフレーズに対して反応すること,また耳をふさいでいる状態でも自身が同じフレーズを歌うときにも活動することが明らかにされた.鳥の歌声と言語の関連も含めて,ミラー・ニューロンを切り口にした研究はさまざまな問題点を内包しつつも新たな進展を見せている.

● 文献 ●

1) di Pellegrino G, Fadiga L, Fogassi L, et al : Understanding motor events : a neurophysiological study. Exp Brain Res 91 : 176-180, 1992
2) Kohler E, Keysers C, Umiltà MA, et al : Hearing sounds, understanding actions : action representation in mirror neurons. Science 297 : 846-848, 2002
3) Umiltà MA, Kohler E, Gallese V, et al : I know what you are doing. A neurophysiological study. Neuron 31 : 155-165, 2001
4) Fogassi L, Ferrari PF, Gesierich B, et al : Parietal lobe : from action organization to intention understanding. Science 308 : 662-667, 2005
5) Calvo-Merino B, Glaser DE, Grèzes J, et al : Action observation and acquired motor skills : an FMRI study with expert dancers. Cereb Cortex 15 : 1243-1249, 2005
6) Chong TT, Cunnington R, Williams MA, et al : fMRI adaptation reveals mirror neurons in human inferior parietal cortex. Curr Biol 18 : 1576-1580, 2008
7) Lingnau A, Gesierich B, Caramazza A : Asymmetric fMRI adaptation reveals no evidence for mirror neurons in humans. Proc Natl Acad Sci U S A 106 : 9925-9930, 2009
8) Dinstein I, Gardner JL, Jazayeri M, et al : Executed and observed movements have different distributed representations in human aIPS. J Neurosci 28 : 11231-11239, 2008
9) Iacoboni M, Woods RP, Brass M, et al : Cortical mechanisms of human imitation. Science 286 : 2526-2528, 1999
10) Nishitani N, Hari R. Temporal dynamics of cortical representation for action. Proc Natl Acad Sci U S A 97 : 913-918, 2000
11) Nishitani N, Avikainen S, Hari R : Abnormal imitation-related cortical activation sequences in Asperger's syndrome. Ann Neurol 55 : 558-562, 2004
12) Hadjikhani N, Joseph RM, Snyder J, et al : Anatomical differences in the mirror neuron system and social cognition network in autism. Cereb Cortex 16 : 1276-1282, 2006
13) Hickok G : Eight problems for the mirror meuron theory of action understanding in monkeys and humans. J Cogn Neurosci 21 : 1229-1243, 2009
14) Rizzolatti G, Arbib MA : Language within our grasp. Trends Neurosci 21 : 188-194, 1998

15) Buxbaum LJ, Kyle KM, Menon R : On beyond mirror neurons : internal representations subserving imitation and recognition of skilled object-related actions in humans. Brain Res Cogn Brain Res 25 : 226-239, 2005
16) Prather JF, Peters S, Nowicki S, et al : Precise auditory-vocal mirroring in neurons for learned vocal communication. Nature 451 : 305-310, 2008

〔坂井克之〕

●こぼれ話●

植物の"群れ"と動物の群れ

　フラクタル構造の群れを形成する生命体は，哺乳類だけに限られているわけではない．鳥類や魚類，あるいはアリやミツバチなどの昆虫でも，同様の社会構造がみられるし，サンゴのような形で群れを形成する動物も存在する．今は絶滅してしまった恐竜の中にも，草食，肉食を問わず，群れを作って生活していたものは少なくなかったらしい．こうしてみてくると，動物界では群れを作る生活者が実に多いことがわかる．

　植物でも，このようなフラクタル構造が存在するように思われる．例えばブナの森林を考えてみよう．ブナの森を形成する1本1本のブナの木は，根，幹，枝，葉などから成り立っており，これらの構成要素はそれぞれが細胞から成り立っている．すなわち，細胞レベル，根幹枝葉レベル，1本の樹木としての個体レベル，そして森という"群れ"レベルの4段階から成り立つ．しかしここで，私が昔から不思議に思っていることがある．それは個体レベルでの形の違いである．動物の個体は，少なくとも成獣であれば，大きさも形も大体一定しているのに対し，個体としての個々の樹木の形や大きさは，実に千差万別である．この点では，樹木という個体レベルの姿は，動物でいえば群れのレベルに重ね合わすことができよう．その証拠に，樹木は枝や葉，根のいくつかを切り落としても完全な形の1本の樹木であることに変わりはないが，動物では足1本を失えばもはや完全な個体とは言えない．すなわち，個体レベルの樹木は，哺乳動物の群れのレベルに似た存在なのではないかと思われる．言い換えれば，1本の樹木は，それだけで哺乳動物の1つの群れに対応させることができるのである．庭木を育てるには，しばしば樹木の剪定という作業が必要になるが，1本の樹木を"群れ"として考えるなら，この過程は，ライオンに捕食されるシマウマの個体の存在と重ね合わされてくる．その点から考えると，1本のブナの木を切り倒すとすれば，それは野牛の群れ1つを皆殺しするのと同じことになるのではないだろうか．植林においては，間伐という作業が必要になる．大きな樹木を育てるために，不要な樹木を取り除くという，ヒトのみが行うこの作業は，生物界全体から見れば，実に恐ろしい意味を有しているように思えてくるのである．（岩）

4 脳指紋とコミュニケーション・スキル

A 脳指紋（うそ発見器，真実検出器）

　筆者らは，1982年以来，受け取る側にとって意味のある音や画像などの刺激にのみ反応するP300と呼ばれる脳波変化を研究してきた．そして1991年，P300が「うそ発見器」として応用できることを報告した[1]．2001年にはFarwellとSmith[2]が筆者らと同じ手法を用いて，それを脳指紋として紹介した．その後，画像刺激によるP300検出器がうそ発見器として犯罪捜査に用いられ，20年以上服役していた被疑者の無実が証明されたことから，これらの研究が一躍脚光を浴びるようになった．
　ここではまず本項のテーマである脳指紋を説明する前に，脳指紋の中核をなすP300について説明する．

B 内因性の誘発電位としてのP300

　P300は，ある刺激に対する脳の反応を示す誘発電位の1つである．刺激と反応は，1対1の関係にある．しかし，脳におけるP300の反応は小さく（多くは数μV），通常よくみられるα波（50μV）などの波形に埋もれ，1回の刺激でその反応を可視することはできない．このため，何回も同じ刺激を与え，その反応を加算平均する．加算すればするほど刺激と関係のないα波などは相殺されゼロに近くなる．一方，誘発された反応は，常に同じ反応が得られ，加算平均すればするほど，反応が明瞭になる．つまり，波形を何度も重ね合わせることで，埋もれがちなP300の波形を浮き立たせるわけである．
　誘発電位は外因性と内因性に分けられるが，P300は内因性の誘発電位

と言われている[3]．その理由は，P300 は刺激の性質よりも，刺激に対する脳内での精神活動（注意，驚き，期待，予測，自信，親和性など）をより反映する電気現象だからである．Sutton と Ruchkin[4]は，P300 出現の決定因子は刺激に対して価値，あるいは重要性をもつことにあると述べている．P300 は記憶との関連は深いが，P300 = 記憶ではない．P300 による脳指紋とは，記憶に残っているものを P300 によって引き出すパラダイムである．

P300 を誘発する代表的な方法は，オドボール（oddball）paradigm である．例えば，低音を 2 秒に 1 回聞かせ，その中に高音を稀に提示する．前者は Freg，後者は Rare と呼ぶ（図 41）．何回も続けて低音が聞こえるときは，既に脳の中では低音の情報が記録されているので，次に同じ低音が提示されても脳に新たに登録する必要がない．しかし，突然高音が提示された場合，脳はその音を登録する必要が出てくる．このときに出る脳波が

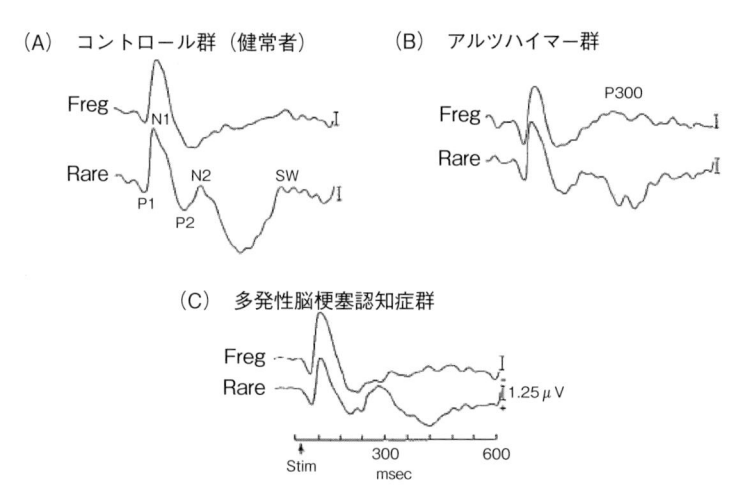

図 41　認知症患者の聴覚刺激による P300
(Neshige R, et al, 1988[7])

各群の総加算平均を示す．A：正常者群（9 名），B：アルツハイマー病群（13 名），C：多発性脳梗塞認知症群（14 名）．P1，N1，P2 成分に関して，Freg と Rare の有意差がなく，さらに 3 群間で有意差がない．一方 P300 成分に関しては，Freg には出現せず，Rare に対してのみ出現し，正常群（A）より認知症群（B，C）で潜時の延長がみられる．

P300(P300成分)である．P300と命名された理由は，稀な刺激が与えられてから，ほぼ300 msec(潜時)後に，頭頂部正中線上に最大の陽性波(positive wave)が誘発されるからである．P300成分のピーク(頂点)が出現するタイミング(潜時)は幼児から18歳にかけて短くなり，その後加齢に伴い延長する[5,6]．認知症患者ではさらに延長する[7]（図41）．

C　P300の特性[5-21]

P300成分が誘発されるためには，いくつかの条件設定が必要である．例えば被験者に低音と高音の2種類の音を2秒おきに提示し，高音でP300成分を誘発したいとする．この場合，低音はnon-target，高音はtargetとなる．この場合の条件設定は次の4つである．

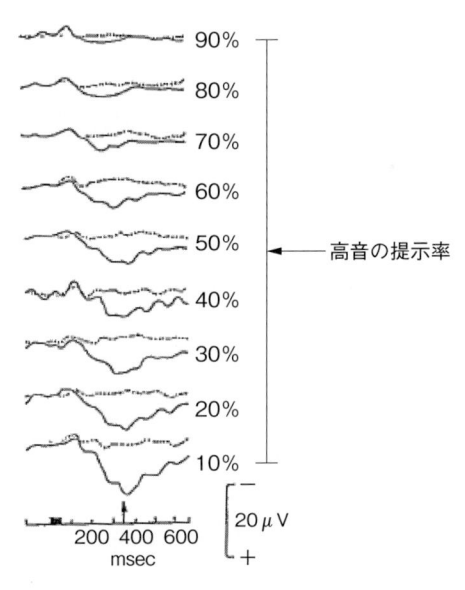

図42　低音(non-target)と高音(target)を提示したときのP300
(音成，1991[11])

低音(non-target)に対する反応を点線で，高音(target)に対する反応を実線で提示した．高音の提示確率が少なくなればなるほどP300が明瞭になる(矢印)．

1つ目は，targetの刺激数の出現頻度である．Targetの提示確率が減少するにつれ，P300成分は高振幅となる(図42)．つまり，高音の出現頻度が少なければ少ないほど，高音に対する脳の反応は高まり，P300成分は大きくなる．逆に，低音と高音が同頻度に出現する場合には，高音をいくらtargetとして重要性をもたせてもP300成分は小さいか，誘発されない．

2つ目は，targetとnon-target順序確率である．刺激のインパクトが脳には非常に重要で，それが何度も繰り返されると馴れにつながり，反応が薄れてしまう．このため，Targetに対するP300成分は，たとえtargetの出現頻度が稀であっても，target刺激が連続して出現すればP300成分は小さくなる．一方，target刺激の前にnon-target刺激の数が増加するほど，P300成分は大きくなる．

3つ目は，無作為な刺激順序である．P300成分の誘発のためには，target刺激がいつ提示されるかを予測できない，いわゆる驚き(surprise)が重要である．実際，高音と低音を常に同じリズムで提示した場合には高音に対する驚きはなくなり，P300成分は小さくなる．このことから，target刺激の提示は無作為とするが，前述の順序確率の問題があり，target刺激が連続して提示されないという制限を設けた偽無作為(pseudorandom)にする．

4つ目は，課題である．稀な刺激の提示回数を数えたり，その出現時にボタンを押すなどの反応をする必要があるといわれてきた．しかし，刺激が被験者にとって意味(重要性)のあるものならば，被験者は何も反応する必要はない．

以上の条件を用いれば，P300がうそを見極める手段の1つとして非常に有効となる．そこで次に，P300を用いてうそが暴けるのかどうか，筆者らが実際に行った実験を紹介しながら検証していく．

D　P300による実際の虚偽・真実検出(脳指紋)

筆者らは，まず学生や研修医12名を被験者に選び，カメラで撮った写真をモニターで見せながら脳波を測った[1]．見せた写真は，学生たちがよく見知っている教官1名とあまりよく知らない事務員9名の10枚で，こ

れを交ぜ合わせて提示した．すると，どの被験者もよく知っている教官の場合は，脳波の大きな変化（P300成分）がみられ，他の写真ではほとんど反応しなかった．この結果を経て，筆者らは佐賀県警の協力を得て，模擬犯罪を用いた実験を6組15名の学生に行った．各組は2～3名からなり，各組の1名を模擬犯人とした．例えば3名からなる組の場合，「今日の午後，実際に，Aさんの机の引き出しから通帳を盗め」と記載したカードを1枚，「何もしなくてよい」と記載したカードを2枚，計3枚のカードを用意した．3人には3枚のカードのうち1枚をblindで引かせ，カードの内容を他言しないよう指示した．カードを引いた人以外は，検者も含め誰一人模擬犯人が誰かわからない状態で検査した．その後，盗まれた通帳や盗まれた現場など「犯人」にしかわからない写真1枚のほか，犯罪と関係のない写真9枚を混ぜモニターに映し出し，3人に提示した．すると，「犯人」の学生のみに通帳など犯罪関連の写真を提示した際，P300成分がみられた．さらに，犯人や盗む物・場所など模擬犯罪の状況を変え，他の組で同様の実験を行ったところ，どの組も，波形の形からずばり犯人を的中することができた（図43）．

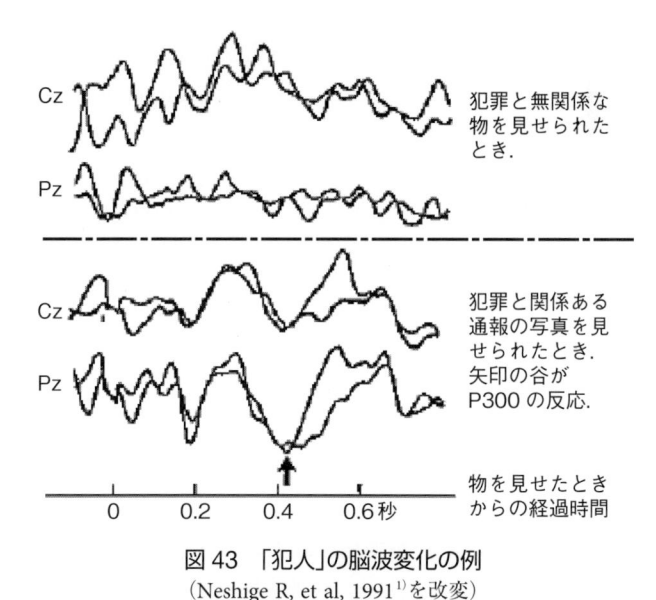

図43 「犯人」の脳波変化の例
(Neshige R, et al, 1991[1])を改変)

一方，1991年にFarwellとDonchin[22]も「写真提示」ではなく「言語提示」によるP300を用いた装置を，うそ発見器として発表した．その後，FarwellはBrain Finger-printing Laboratory（脳指紋研究所）を設立し[23]，P300を用いたうそ発見器で200名以上を検査して，その有効性を確信した．2000年，彼はこの検出器を使って，アメリカで殺人罪により20年以上服役していた被告が犯罪に関係してないこと，アリバイが正しいことを証明した．このとき，犯人しか知らない写真，言葉，音響をtargetとし，同じカテゴリーに属する一連をnon-targetとして用いたのである．この結果に加え，目撃者が虚偽の証言を行っていたことを自白したことから，裁判所は，被告を無実とし，自由の身にした．このニュースは全世界を駆け巡り，CIAとFBIより彼の研究所に100万ドルの研究費が贈呈された．それほど，この研究は犯罪捜査に重要な意味をもっていたのである．

犯罪の詳細は脳内に記憶されている．Farwellは貯蔵されている記憶を波形として蘇らせ，これを脳指紋と称してP300成分を誘発するようなパラダイムをつくったのである．これは，脳指紋をtargetとしたP300成分の検出であり，先に示した筆者らの実験手法と同じものである．ただし，ここで注意すべき点は，脳指紋とP300は必ずしも同じものを指すものではない，という点である．というのも，脳指紋は記憶の波形である一方，P300はその範囲にとどまらず，yes, noのようにtargetかnon-targetで示されるものすべてに応用できるからである．

以上から，P300はうそ（真実）を検出する極めて有用なツールとして犯罪捜査に活用することが可能である．しかし，その結果はあくまでも参考証拠であり，犯罪を確証できるものではない．なぜなら，P300によるうそ発見が常に100%ではないからである．例えば風景の写真を5枚撮り，その中に殺害現場を含む風景を混ぜ，ランダムに提示したとしよう．殺害現場の写真に対し，P300成分が再現性をもって誘発されたならば，その風景写真に関係しているといえよう．しかし，殺害現場の風景がたまたま自分の知っている場所の風景に似ていたら，P300成分が誘発される可能性はある．このため，P300によってうそを発見するためには，検者がP300を熟知し，P300成分が誘発されないような刺激を選択して混ぜ，P300成分が誘発されやすい方法で，刺激を提示する必要がある．

E ノンバーバルコミュニケーション・スキル

われわれは普段,言葉や身体を使ってコミュニケーションをとっているが,言葉を発せないばかりか,手足も動かせないために,他者とのコミュニケーションが完全に閉ざされた人も数多くいる.例えば,筋萎縮性側索硬化症(amyotrophic lateral sclerosis ; ALS)の患者では,発症後数年で脳と眼球以外の機能は廃絶し,医療行為を中断すれば死に至る.人工呼吸器,胃瘻の増設などの医療の進歩に伴い,長期生存できるようになったが,他者とコミュニケーションをとるのは非常に困難な状況にある.せめて,Yes,No の意思表示などができれば,彼らの QOL は豊かになるであろう.そこで,最近注目されているのがコミュニケーション手段としての脳活動解析である.

一般に,脳活動を測定する際には,PET,SPECT,さらに fMRI[24]がよく用いられる.しかし,これらは装置自体が非常に大きく,また非常に高価なため患者の日常生活におけるコミュニケーション手段としての汎用は不可能である.

一方,扱いが簡易で最近注目を浴びているのが近赤外線分光法(NIRS)である[25].赤外線は頭皮・頭蓋骨を容易に透過して頭蓋内に広がり,その反射光を 10~30 mm 離れた頭皮上の点で計測すると,脳活動の様子をヘモグロビン(Hb)の増減や酸素交換情報に伴う指標で計測できる.この方法を応用して,"yes, no"といった意思表示を NIRS によって知ることができる.具体的には,"yes"の場合には右上肢を動かす努力をするように指示する.実際に右上肢が動かなくても指示情報が脳に届き,その運動に対応した部位の大脳の血流が増加する.この増加の有無を Hb の反射光で検索するのである.このような方法を用いると,数秒以内で yes, no の意思伝達が可能である.NIRS は比較的安価で簡単に実用でき,動いていても計測可能という点でメリットがある一方,fMRI のように脳機能部位の詳細な解剖学的位置づけが困難であり,NIRS で計測したヘモグロビンの変化と脳神経活動の関連性の解明が不十分である.さらに,精度は健常者で 80% 程度であり,ALS 患者ではもっと低いことが予想される.

このほか，近年ではパーソナルコンピュータを介したコミュニケーション手段としての brain computer interface(BCI)が研究されている．この中には，P300 をはじめ μ リズム・β リズム，slow cortical potential などがある[26]．BCI は装置自体もコンパクトにまとめることができ，最も実用化が期待される分野である．そこで，次節からは BCI としての P300 について見ていくことにする．

F　P300 による意思伝達装置

P300 を脳指紋として用いる場合には記憶されている物を P300 記録の target としたが，意思伝達装置として用いる場合では伝達したい物を P300 記録の target とする．

筆者らは熊本大学電子工学科との共同研究で，脳と眼球運動以外活動させることのできない ALS 患者と簡単な意思疎通を図ることに成功した．ここでは，その実際の様子を紹介していく．

1) 画像を用いたコミュニケーション

(1)　基礎実験[27-31]

まず，被験者の眼前 1 m に画面を設置し，そこに食べ物，トイレ，飲み物，違う(×)，を示す 4 つの画像を同時に提示した(図44)．背景は黒に設定し，4 つのうちいずれかの背景色が無作為に紫に変わるように設定した．被験者には，あらかじめ 4 つの画像のうちの 1 つを target として提示し，target 画像の背景が変わるときに頭の中でカウントしてもらうよう指示した．背景色を変えている(刺激提示)時間は，刺激画像を十分把握できるように 0.3 秒とし，その後 1.5 秒間背景色をすべて黒に戻し，次の刺激画像を提示した．そして，刺激前 100 msec の波形の平均を基線とし，刺激提示後 230〜500 msec の間に現れる最も大きな波形(最大陽性成分)を P300 成分として，基線から P300 成分のピークまでの距離を P300 振幅とした．そして 4 つの画像それぞれについて得られた波形を加算して平均を求め，解析処理を行った．

その結果，加算回数が増えるほど，target に対する P300 成分は明瞭と

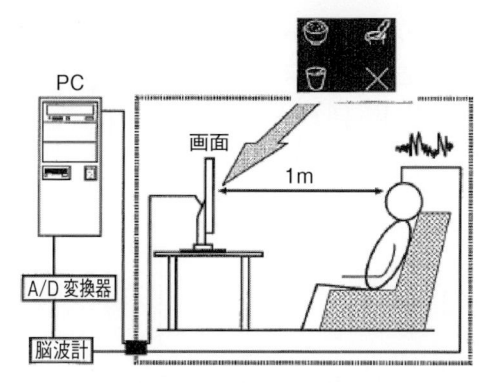

図 44　P300 による意思伝達の検査方の模式図法

なった．波形が不明瞭の場合でも，フーリエ変換をしたのちに，刺激提示開始時間より，1,024 msec 後の間に 2～5 Hz の周波数帯域のパワースペクトルを算出すると，target の後のパワー値が最も強かった．これを健常者で行ったところ，3 回の加算で 100% の正答が得られた．これを基に，筆者らは，5 名の眼球運動のみが可能な ALS 患者に P300 を用いた 3 つの実験を行った[27, 29-31]．

2）画像による ALS 患者とのコミュニケーション

(1)　実験 1：「はい，いいえ」パラダイム

画面に「はい・とても，はい，いいえ，わからない」の 4 つの短文を提示した（図 45A）．被験者には，あらかじめ 4 つの短文を見せ，実験前に target とする短文を決めてもらった．基礎実験と同様に，1.5 秒ごとに 4 つの短文のうち 1 つの背景色を変化させ，それぞれの短文が無作為に 7 回刺激されるまで計 28 回続けた．被験者には，1～3 秒に 1 回という自分のペースで，1，2，3…とカウントさせ，target の背景色が変わったときに，ひと呼吸おいて，再度 1 からカウントし直してもらった．カウントは，背景色が変わるペースには合わせないように指示した．この方法では target が稀に刺激されるので，P300 成分が誘発される．さらに，不意にカウントを中断することで，target 出現時に新たな刺激が加わり P300 が誘発される．これを emitted P300 という[32]．この 2 つが重なると，P300 成分の

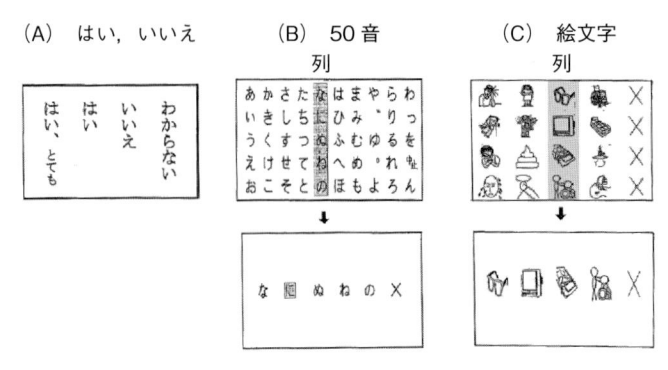

図45　3種類のパラダイム

振幅が大きくなる．

　この実験では，検者は5名中4名で100%の正答率で被験者がtargetとした短文を当てることができ，少なくとも4つの選択肢では42秒で意思の疎通が図れた．正当した4名は標準的なoddball paradigmでも明瞭なP300成分が記録されたが，コミュニケーションに失敗した1名は，P300成分が不明瞭であった．このように健常者の中でも，正確に反応しているのに，P300成分が誘発されない人もいる[33]．P300による意思伝達を試みる場合には，事前に，標準的なoddball paradigmを行い，P300成分が明瞭に記録されることを確認して行うことが望ましい．

(2)　実験2：50音パラダイム

　次の実験は，50音表を提示し，1つの文字を伝達するというものである（図45B）．まず，被験者に50音の中から1つtargetとなる語を選んでもらう．このとき，検者はその言葉を知らない．そして，画面に50音表を提示したまま，各列の背景の色を実験1と同様に無作為に変化させた．50音の各列の刺激回数は5回とし，被験者にはtargetを含む列の背景色が変わるたびに，その列に特に注意を向けてもらうよう指示した．その経過の中で，コンピュータがtargetを含むと判定した列のみ，最後に×（バツ）を加えて，その列のみを画面中央に横に配列した．そして，この各文字についても1つずつ背景色を変え，target語がある場合には，それを注

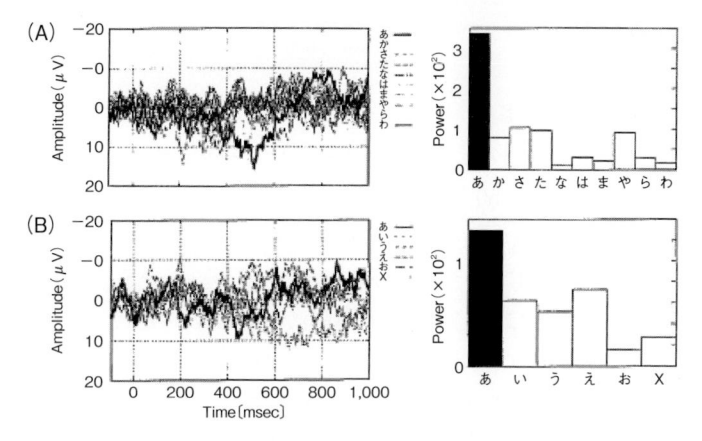

図46 50音パラダイムによるP300成分の記録例
(音成ら，2004[27])

被験者は58歳女性のALS患者で，targetは"あ"であった．A：列の決定では，"あ"を含む列に対してP300成分がみられる(左，太線)．フーリエ変換した後，2〜5 Hzのパワースペクトルでも，"あ"を含む列に最大値を示した(右)．B：1文字の決定．"あ"の文字の後には，明瞭なP300成分はみられない(左，太線)．フーリエ変換した後，2〜5 Hzのパワースペクトルでは，"あ"の文字に最大値を示した(右)．

視してもらい，画面にtargetがない場合，×を注視してもらうようにした．最後にtarget語のみがスクリーンに提示されていればコンピュータが正答したことになり，それ以外の文字が提示されれば，コンピュータの誤答である．このことは，被験者の意思がコンピュータに伝わったかどうか，とも言い換えられる．実際に加算回数は5回と少ないため，視覚的にP300成分を同定できないことが多かったが，2〜5 Hzのパワースペクトルを見ることによって，77〜100％の正答率を得た(図46)．正答率を100％にするためには加算回数を7回以上とする必要があるが，これでは一文字の伝達に2分以上を要するので，臨床応用には程遠い．

　英語の場合，アルファベットを6×6に配列し，1つのアルファベットをtargetにした場合，各縦の列(row)，各横の列(column)の輝度を無作為に上げて刺激とすると，targetが含まれるrowとcolumnの刺激に対してP300成分が誘発される．そのrowとcolumnの交点が，targetの文字である[34]．英語は日本語より選択する文字数が少ないため，伝達スピード

が速くなる．

(3) 実験3：絵文字パラダイム

17個の選択肢(16個の絵と×)の中から1つを選ばせる絵文字パラダイムを行った(図45C)．50音パラダイムと同様に，まず被験者にモニターに写し出された16個の絵の中からtargetを1つ決めてもらう．そして，画面に5列(最後の列はすべて×)×4行で17個の絵を表示し，5列のうち1列の背景を無作為に変えた．各列の刺激回数は7回とし，計35回刺激を与えた．この過程の中で，コンピュータがtargetを含むと判定した列の絵文字を横に並べ，最後に×を加え提示した．そして，画面に映る5つの絵を無作為に刺激した．これも，1つの絵文字の刺激回数は7回，総刺激回数は35回とした．その結果，100%の正答率でコンピュータはtargetを当てることができた．

以上3つの実験の正答率はいずれも高いが，伝達に時間を要すという問題がある．「50音パラダイム」は現段階では最も時間を要すため，実用化という意味では，「はい，いいえパラダイム」「絵文字パラダイム」が有用であろう．「絵文字パラダイム」を臨床応用する場合には，飲み物や食べ物など患者が必要とするものを表す絵文字を作っておくとよい．例えば，ラジオが好きな人には，ラジオの絵文字もよいだろう．

このP300を用いた意思伝達装置は，特にALS患者に有効である．ALSでは末期まで眼球運動が残存しており，これがスクリーンを固視するこのパラダイムには有効である．またALSでは顔の筋肉の脱力が起こるため，脳波の解析が筋電図の混入によって妨げられることが少ない．

一方，脳幹の障害でlocked-in症候群になり大脳以外の活動が失われた患者の多くは，眼球運動も障害されており，固視が不可能なことが多い．このようなケースにも対応できるよう，音刺激によるP300も考案されている[35]．

G そのほかの brain-computer interface(BCI)

1) μ リズム・β リズム

　P300以外にもBCIとして，μ リズム・β リズムの研究が進められている．
　μ リズムは覚醒時に感覚運動野でみられる 8～12 Hz の活動である[36]．覚醒時の μ リズムは，対側の上肢を動かす，ないし動かすイメージをもてば抑制される．脳波を目で判読すると，μ リズムの出現は 2.9～18% と非常に少ないが，コンピュータを使い分析すれば，ほとんどの成人で見出すことができるといわれている．一方，β リズムは 13 Hz より速い脳波である．覚醒時に上肢を動かす，ないし動かすイメージによって，それに相応した対側の感覚野運動での β 波の活動性が増す[37]．
　最近，理研-トヨタ連携センターは，μ リズム・β リズムを利用して，脳で車いすを動かすことに成功している[38]．右手を動かす運動・イメージの有無で右折を，左手を動かす運動・イメージで左折を，足を動かす運動・イメージで直進，バックの二者選択の3つをコントロールしたのである．健常人で，1日3時間，1週間程度の訓練で，125 msec という反応時間で，95% の精度を達成している．しかし，縦横無尽にコントロールできるようになるためには数カ月の訓練を要し，また β リズムの周波数の個人間でのばらつきも大きいため，神経疾患患者の多くは集中力を持続することが困難であり，イメージの効果が薄れていくという問題がある．

2) Slow cortical potential(SCP)

　SCP は 0.5～10 sec の持続時間をもつ電位のシフトである．一般に，negative SCP は随意運動[39,43]や皮質の活性に関係し，positive SCP は皮質活性化の抑制に関係しているといわれている．Shift を陰性あるいは陽性にする方法を，数カ月の訓練によって，自分でコントロールできるようになるといわれている．これは二者選択の反応のみ用いることができ，汎用性は少ない．

おわりに

　P300は，ヒトの脳に刻まれた指紋ともいうべき記憶にアクセスできるツールとして真実（うそ）発見に応用できるだけでなく，ALSなど患者のノンバーバルコミュニケーションツールとしても効果を発揮できる．高い精度だけでなく，訓練がいらず，容易な方法で，誰が見ても理解できる結果が得られるP300による意思伝達装置は，今後，その活躍の場所を広げていくであろう．

● 文献 ●

1) Neshige R, Kuroda Y, Kakigi R, et al : Event-related brain potentials as indicators of visual recognition and detection of criminals by their use. Forensic Sci Int 51 : 95-103, 1991
2) Farwell LA, Smith SS : Using brain MERMER to detect knowledge despite efforts to conceal. J Forensic Science 46 : 135-143, 2001
3) Sutton S, Braren M, Zubin J, et al : Evoked potential correlates of uncertainty. Science 150 : 1187-1188, 1986
4) Sutton S, Ruchkin DS : The late positive complex : advances and new problems. Ed by Karrer R, et al : Brain and Information : Event-related potentials. AA NY Acad Science 425 : 1-23, 1984
5) 音成龍司，Barrett G，柴﨑浩：大脳誘発電位後期陽性成分(P300)の正常所見および加齢の影響．脳波と筋電図 14：177-183，1986
6) Barrett G, Neshige R, Shibasaki H : Human auditory and somatosensory event-related potentials : effects of response condition and age. Electroencephalogr Clin Neurophysiol 66 : 409-419, 1987
7) Neshige R, Barrett G, Shibasaki H : Auditory long latency event-related potentials in Alzheimer's disease and multi-infarct dementia. J Neurol Neurosurg Psychiatry 51 : 1120-1125, 1988
8) Neshige R, Luders H : Identification of a negative bitemporal component(N300) of the event-related potentials demonstrated by noncephalic recordings. Neurology 38 : 1803-1805, 1988
9) 音成龍司：長潜時大脳誘発電位(P300)の正常知見．神経内科 31：447-454，1989
10) 柿木隆介，音成龍司，柴﨑浩，他：老年痴呆の薬剤効果判定における事象関連電位"P300"の意義．脳波と筋電図 17：359-364，1989
11) 音成龍司：事象関連電位(P300)．島村宗夫，柴﨑浩・編：臨床神経生理学—最近の検査法と臨床応用．真興交易医書出版部，東京，1991，pp 229-242
12) 音成龍司，黒田康夫，柿木隆介，他：視覚刺激による課題非関連性事象関連電位：電子スチル写真を用いた新しい刺激法の提案．脳波と筋電図 19：25-31，1991

13) Neshige R, Luders H : Recording of event-related potentials (P300) from human cortex. J Clin Neurophysiol 9 : 294-298, 1992
14) Kakigi R, Neshige R, Matsuda Y, et al : Do patients with Down's syndrome recognize Mickey Mouse? J Neurol Sci 121 : 22-26, 1994
15) 音成龍司：Familiarity と P300．臨床脳波 36：88-92，1994
16) 音成龍司，遠藤智代子，宮本勉，他：脳損傷に対する認知リハビリテーションとしての P300 Biofeedback Therapy の提唱．リハ医学 32：323-330，1995
17) Neshige R, Kusuhara T, Itikawa T, et al : P300 biofeedback therapy in mental disturbance as cognitive rehabilitation. In Ogura C (ed) : Recent advances in event-related brain potential research, Excerpta Medica, New Jersey, 1996, pp 461-466
18) 伊藤多枝子，音成龍司，村山伸樹，他：健常人の聴覚および視覚の言語性，非言語性 P300 の検討．リハ医学 34：277-282，1997
19) 伊藤多枝子，音成龍司，村山伸樹，他：聴覚および視覚の言語性，非言語性 P300 による失語症と非失語症の鑑別．リハ医学 35：164-169，1998
20) 音成龍司，永田博明，堀田和世：P300 バイオフィードバック療法．PT ジャーナル 33：101-107，1999
21) 音成龍司，伊賀崎伴彦，清田宏明，他：記憶関連電位 (Memory-related P300) の提唱．臨床神経 40：1-7，2000
22) Farwell LA, Donchin E : The truth will out : interrogative polygraphy ("Lie detection") with event-related brain potentials. Psychophysiology 28 : 531-547, 1991
23) Brain Fingerprinting Laboratories, (http://www.brainwavescience.com/HomePage.php)
24) Birbaumer N, Ramos Murguialday A, Weber C, et al : Neurofeedback and brain-computer interface clinical applications. Int Rev Neurobiol 86 : 107-117, 2009
25) Sitaram R, Zhang H, Guan C, et al : Temporal classication of multichannel near-infrared spectroscopy signals of motor imagery for developing a brain-computer interface. Neuroimage 34 : 1416-1427, 2006
26) Wolpaw JR, Birbaumer N, McFarland DJ, et al : Brain-computer interfaces for communication and control. Clin Neurophysiol 113 : 767-791, 2002
27) 音成龍司，黒川裕章，田之上和也，他：脳波による意思伝達装置—ALS 患者のために．臨床神経 44：509-603，2004
28) 田之上和也，村上伸樹，伊賀崎伴彦，他：脳波による意思伝達システムの開発，健常人における画像刺激法の比較と周波数解析．臨床神経生理学 32：662-672，2004
29) 音成龍司，村山伸樹，伊賀崎智彦：誘発電位を用いた意思伝達装置．神経内科 3：23-32，2005
30) Neshige R, Murayama N, Tanoue K, et al : Optimum methods of stimulus presentation and frequency analysis in P300-based brain-computer interfaces for patients with severe motor impairment. Suppl Clin Neurophysiol 59 : 35-42, 2006
31) Neshige R, Murayama N, Igasaki T, et al : Communication aid device utilizing event-related potentials for patients with severe motor impairment. Brain Res 1141 : 218-227, 2007
32) Röschke J, Mann K, Wagner M, et al : An approach to single trial analysis of event-related potentials based on signal detection theory. Int J Psychophysiol 22 : 155-162, 1996
33) Ruchkin DS, Sutton S : Emitted P300 potentials and temporaluncertainty.

Electroencephalogr. Clin Neurophysiol 45 : 268-277, 1978
34) Farwell LA, Donchin E : Talking off the top of your head : toward a mental prosthesis utilizing event-related brain potentials. Electroencephalogr Clin Neurophysiol 70 : 510-523, 1988
35) Furdea A, Halder S, Krusienski DJ, et al : An auditory oddball (P300) spelling system for brain-computer interfaces. Psychophysiology 46 : 617-615, 2009
36) 音成龍司, 辻真俊：よくわかる脳波判読 第2版. 金原出版, 東京, 2008
37) Kubler A, Nijboer F, Mellinger J, et al : Patients with ALS can use sensorimotor rhythms to operate a brain-computer interface. Neurology 64 : 1775-1777, 2005
38) トヨタ自動車ニュースリリース：脳波で電動車椅子をリアルタイム制御. 2009/06/29
39) Neshige R, Luders H, Friedman L, et al : Recording of movement-related potentials from the human cortex. Ann Neurol 24 : 439-445, 1988
40) 音成龍司：運動関連電位. 神経内科 32 : 255-264, 1990

〔音成龍司〕

Ⅲ 社会の中でのコミュニケーション

1 囚人のジレンマにおけるかけ引きと脳活動

　ヒトが社会活動をスムーズに行うには，さまざまな相手とのインタラクションを通じて意思決定を行わなければならない．このような社会的意思決定の特徴は，自分の行動に依存して相手の行動が変わり，同時に相手の行動によって自分の行動も変容するという，顕著な双方向性にある．生物学，心理学，経済学などさまざまな分野で社会的意思決定を研究する枠組として，囚人のジレンマゲームが用いられてきた．自分と相手の利得の間に存在する利害の対立と協力のジレンマが，実際の社会的意思決定の優れたモデルとなっているからであろう．

　ゲーム理論の枠組みによる囚人のジレンマゲームの解析では，シンプルで処理能力の高い知能を仮定してどのような均衡状態が存在するか解析することが多い．これに対して，実際のヒト同士が囚人のジレンマゲームを行うと，ヒトが相手であることに起因する情動が行動に影響する．また，相手の行動をどれだけ読むかといった認知の個人差も囚人のジレンマゲーム中の行動に大きな影響を及ぼす．

　本項では，はじめに囚人のジレンマゲームの概要をまとめた後，囚人のジレンマに関連する，情動，学習，かけひきの脳活動とその個人差に関して述べることで，ヒトの囚人のジレンマゲームに関与するさまざまな脳領域について紹介したい．

A　囚人のジレンマゲーム

　ヒトの社会や自然界におけるさまざまな利害の対立と協力をモデル化するゲームとして，囚人のジレンマゲーム[1,2]がある．囚人のジレンマゲームでは相手が自分にとって最悪の戦略を選択した場合に，自分の利得を最善にする行動と，お互いに協力して利得を最大にできる行動とが異なるた

	プレイヤー2 裏切り	プレイヤー2 協力
プレイヤー1 裏切り	−20(−20)	+50(−30)
プレイヤー1 協力	−30(+50)	+30(+30)

図47 囚人のジレンマゲームにおける利得表の例

各要素はプレイヤー1とプレイヤー2の行動に対応するプレイヤー1の利得(円).括弧内はプレイヤー2の利得.

めジレンマが存在する.これは別々に監獄に入れられた2人の囚人が,自分だけ罪を自白すれば自分の刑期は1年,相手は8年,両者が黙秘すれば両者の刑期は3年,逆に両者が自白すれば両者の刑期5年といった状況と似ている.

図47に囚人のジレンマの利得表の例を示す.プレイヤー1の利得は自分だけ裏切れば50円,相手も共に裏切れば−20円,両者が協力すれば30円,自分だけ協力すれば−30円であり,ゲームはプレイヤー2にとっても対称な構造となっている.まずはこのような囚人のジレンマゲームを1回だけ行う場合,どのような行動が考えられるであろうか?

ゲーム理論では均衡の概念が大きな役割を果たす.特に,各プレイヤーが自分だけ行動を変えることでは利得を増やせない行動の集合をナッシュ均衡という.囚人のジレンマゲームでは相手の状況によらず,自分は裏切れば利得を増やすことができるので〈裏切り,裏切り〉がゲームのナッシュ均衡である.ここで働くメカニズムは最悪のシナリオを想定し,自分の利得を最大にするメカニズムである.一方,何らかのメカニズムでお互いに協力し合うことができればナッシュ均衡よりも利得を増やすことができる.全プレイヤーの利得を同時に現在より多くできない行動の集合のこと

をパレート最適解と呼び，囚人のジレンマゲームでは，〈協力，協力〉はパレート最適解である．同時に，片方の利得をそれ以上大きくできないという意味で，〈協力，裏切り〉と〈裏切り，協力〉もパレート最適解である．

さらに，この囚人のジレンマゲームを同じプレイヤー同士で複数回行う繰返し囚人のジレンマゲームも，実際の日常生活における意思決定のうえでは頻繁にみられる状況である．繰返し囚人のジレンマゲームにおいても，〈裏切り，裏切り〉はナッシュ均衡解であるが，長期の利得をどのように重み付けするかなどの条件によって複数の均衡解が生じる．

Axelrod は繰返し囚人のジレンマゲームにおいてどのような戦略が優位であるのか調べるため，コンピュータシミュレーションによる二度のコンテストを行った[2]．コンテストに寄せられたさまざまな戦略の総当り対戦によって，初めは協力し2回目以降は相手の戦略を真似る，"しっぺ返し戦略"が頑強であることが明らかになった．しっぺ返し戦略は，裏切られれば次回裏切るが，相手が改心して協力すれば再び協力に転じる，比較的弱い処罰を行う協力者であるとみることができる．

では実際にヒト同士が囚人のジレンマゲームを行うときどのような行動を取るのであろうか？　これまでの心理学的研究からナッシュ均衡解と比較して相互協力行動〈協力，協力〉が多くみられることが知られている．なぜであろうか？　また，ヒトが同じ相手と繰返し囚人のジレンマゲームを行うとき，どのように行動を選ぶのであろうか？　すべてのヒトが同じ方法で行動選択をするのだろうか？　以下では，強化学習と報酬系の脳部位について簡単に触れた後，このような問いに答えるために fMRI を用いて行われた研究を紹介する．

B 報酬系の脳部位と強化学習

大脳皮質から大脳基底核への入力部に当たる線条体は，典型的な報酬系部位（図48）である．線条体をさらに細かく分類すると，下部に存在する側坐核，上部に存在する内側の尾状核，外側に存在する被殻からなる．おおまかに，側坐核は快，不快報酬両方の報酬の基本的な処理に関与しており，発生学的に古い部位である辺縁系と強い結合をもつといえる．一方，

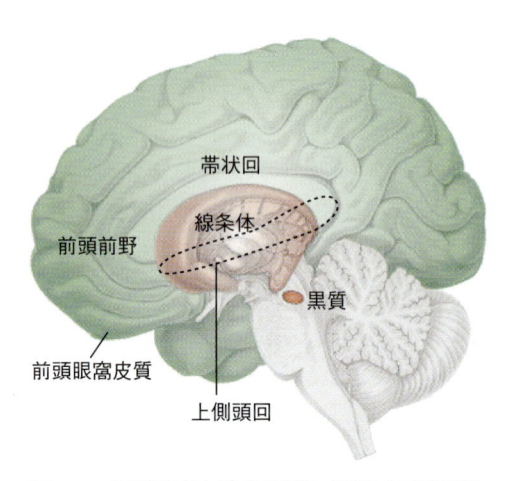

図48　報酬処理と強化学習に関連する脳部位

　線条体の上部に位置する尾状核，被殻は多くの大脳皮質領域から入力を受けているため，大脳皮質から得られる環境情報と報酬情報を結び付けて状況に依存した行動パターンを選択，学習するのに最適な場所であると考えられる．ここではまず，この考えを形式化した大脳基底核の強化学習仮説[3,4]を説明する．

　基本的な強化学習アルゴリズムである temporal difference（TD）モデルでは，ある時刻の文脈（環境情報）s，行動 a による行動価値関数 $Q(s, a)$ を試行錯誤で学習することを目的とする[5]．例えば先に示した囚人のジレンマゲームでは，s が相手が誰か，その相手の過去の行動などを示し，a が裏切りか協力の行動，$Q(s, a)$ が利得表に示された報酬の金額を示す．行動価値関数 $Q(s, a)$ はその文脈の価値を表現し，厳密には文脈 s で行動 a からスタートした将来（無限まで先の時間）までの報酬の最適期待値を意味し，以下の式(1)で表される．式中の γ は，すぐに貰える報酬を重視し将来貰える報酬を割引くため変数で，割引率と呼ばれる．この行動価値関数さえ学習してしまえば行動の選択は行動価値関数を最大にする行動を選べばよい．行動価値関数 $Q(s, a)$ は以下の(1)式のように変形できる．つまり $Q(s, a)$ は次に貰う報酬 r_{t+1} とそこから先を見た最適報酬価値関数 $\max_{a'} Q(s_{t+1}, a')$ を γ 倍して加えたものである．さらに経時的に状況は

変化(遷移)するので行動価値関数の期待値の計算には文脈間の遷移確率を用いて，(2)式のように書かれる．

$$Q(s,a) = E\{r_{t+1} + \gamma \max_{a'} Q(s_{t+1}, a') | s_t = s, a_t = a\} \cdots\cdots\cdots (1)$$
$$= \sum_{s'} P_{ss'}^a [R_{ss'}^a + \gamma \max_{a'} Q(s', a')] \cdots\cdots\cdots\cdots\cdots\cdots (2)$$

(1)式から仮に行動価値関数を完璧に学習できていれば，

$\delta(t) = r_{t+1} + \gamma \max_{a'} Q(s_{t+1}, a') - Q(s, a) = 0$ が成り立つことがわかる．そこでTDモデルでは，この報酬予測誤差 $\delta(t)$ を減少させる方向に行動価値関数 $Q(s,a)$ の更新を進める．α は学習率と呼ばれ，更新のスピードをコントロールする変数である．

$$Q(s,a) \leftarrow Q(s,a) + \alpha \delta(t) \cdots\cdots\cdots\cdots\cdots\cdots\cdots\cdots\cdots (3)$$

TDモデルの学習信号である報酬予測誤差 $\delta(t)$ の主な特徴として，以下の2点が挙げられる．

①報酬が予測できない学習初期には報酬を受け取るタイミングで報酬予測誤差 $\delta(t)$ が大きな値をとる．

②学習の進行で報酬予測が容易になると，もはや報酬を受け取るタイミングで報酬予測誤差 $\delta(t)$ は大きくならず，報酬のタイミング以前に文脈が変化して未来の報酬の到来を検知したとき，$\delta(t)$ が大きくなる．

つまり，報酬予測誤差 $\delta(t)$ は，学習の初期では報酬を受け取ったタイミングで大きいが，学習が進行するとむしろ報酬を予測できる文脈情報が現れた時点で大きくなる．Schultzはサルの黒質緻密部および腹側被蓋野のドパミンニューロンの発火活動が式(3)の報酬予測誤差の振る舞いと極めてよく一致することを発見した[6]．この報酬予測誤差に基づき線条体で価値関数の学習が起こると考えるのが大脳基底核の強化学習仮説[3,4]である．ドパミンはこのほか，前頭眼窩皮質や帯状回皮質にも投射しておりこれらの領域も報酬関連領域として知られている．

強化学習には大まかに分けて，(2)式に現れる状態遷移確率 $P_{ss'}^a$ を陽に推定して用いるmodel-based強化学習と，(3)式のように状態遷移確率を陽に用いないmodel-free強化学習がある．学習すべき対象や環境が複雑な場合には，状態遷移確率 $P_{ss'}^a$ を明示的に学習するmodel-based強化学習の方が効率のよい場合が多い．これは，相手の性質が未知の場合の囚人

のジレンマゲームに当てはめて言えば，自分と相手の過去の行動の系列から陽に相手の行動の確率分布を推定し，報酬の予測に利用すれば学習成績が向上することに対応する．

C 囚人のジレンマと脳活動

1）相互協力と報酬系

　ヒト同士が囚人のジレンマゲームを行うとき，ナッシュ均衡で予想される相互非協力〈裏切り，裏切り〉よりも，相互協力〈協力，協力〉がはるかに多くみられる．この現象の背後に存在する神経メカニズムを調べるため，Rillingらは繰返し囚人のジレンマゲームのfMRI実験を行った[7]．

　各試行は21秒の時間幅をもち，前半の12秒の間にMRI装置の中の被験者と外にいる相手がそれぞれ相手と協力するか，裏切るかを選択しボタン押しを行う．続く9秒の間に両者の選択した行動とその試行で得られた利得が提示された．各試行において，結果に反応する脳活動の解析は12秒から21秒までのfMRI信号を用いて行われた．

　被験者の行動，相手の行動の主効果はどちらもみられなかった．そこで，被験者の行動，相手の行動の交互作用を調べたところ，〈協力，協力〉と〈裏切り，裏切り〉の場合には線条体内の尾状核，側坐核，および前頭眼窩皮質，前部帯状回皮質で活動の上昇がみられた．さらに，〈協力，協力〉の条件とそれ以外の3つの条件の脳活動を比較すると，尾状核，側坐核，および前頭眼窩皮質，前部帯状回皮質で活動の上昇が確認された．

　この活動の上昇が報酬に由来すると仮定して，2つの理由が考えられる．1つはヒトとヒトの間の相互協力行動そのものが報酬として作用する可能性，もう1つは協力行動に伴う利得（お金）が報酬関連の活動を生み出す可能性である．これらを詳細に検討するためのコントロール実験として，相手がコンピュータプログラムであると教示してヒトの場合とまったく同じ行動をする相手との囚人のジレンマゲームを行った．この場合，コントロール課題において被験者が受け取る利得（報酬）は同じである．その結果，相手がコンピュータプログラムの条件では，〈協力，協力〉における

前頭眼窩皮質の活動増加は引き続きみられたが，線条体と帯状回皮質の活動はみられなくなった．このことから，線条体の活動増加は単に利得に反応しているのではなく，ヒトとヒトの相互協力に対する反応であることがわかった．Rillingらは，相互協力に対する線条体の活動が相互協力をポジティブに捉え，人間社会において相互協力を促進する要因になっているのではないかと考察している．

2) 囚人のジレンマゲームにおける強化学習と個人差

社会生活の中で相手とのよりよい付き合い方を決めるとき，これまでの経験から相手の行動パターンを把握し，自分の行動を決定する必要がある．この学習において，どの程度うまく相手の行動を予測できるかで学習のスピードに差が生じると考えられる．強化学習の言葉で言えば，「複雑な環境である相手とのインタラクションにおいて，過去の行動系列と自分の行動から相手がどう行動をするか(遷移確率)を陽に学習し報酬予測に用いるほうが，報酬予測を直接学習〔例えば(3)式〕するより成績がよいのではないか」という仮説である．Harunoらはこの仮説を検証するため，fMRIを用いた囚人のジレンマゲームの実験を行った[8]．相手がヒトであることから生じるさまざまな影響を排除し相手の行動予測に焦点を絞るため，被験者に相手はコンピュータプログラムであることを明示的に教示した．

この課題では，各試行の初めに2種類のエージェントA，Bのどちらかが画面上に現れる(図49)．被験者(n＝34)はエージェント提示後，できるだけ早くそのエージェントに協力するか，裏切るかを決定することが求められた．被験者はその後ビープ音に合わせて決定に対応するボタン押し〈協力：右，裏切り：左〉を行う．ボタン押しから7±0.5秒後に被験者の報酬が，被験者とエージェントそれぞれが取った行動〈協力：白，裏切り：赤〉とともに提示される．各試行における被験者の報酬は上記の図47の利得表で決定された．例えば相互協力〈協力，協力〉のとき，被験者は30円の報酬を得る，といった具合である．各エージェントはそれぞれ18回ずつ現れ，被験者はできるだけ早く最適戦略を見つけることが求められた．

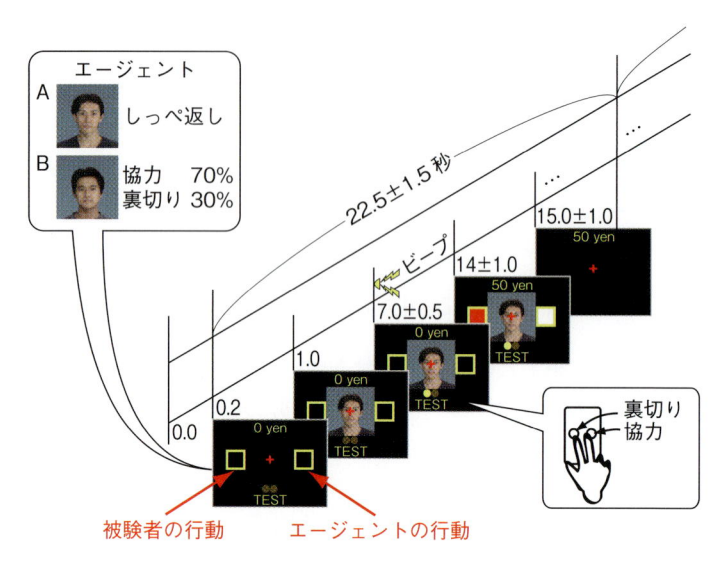

図 49 囚人のジレンマ課題

被験者は MRI 装置の中で 2 種類のコンピュータエージェント A, B に対し報酬(利得)を最大にする戦略を学習する.

　被験者は,"エージェントの行動はあなたの行動に依存するかも知れないし,確率的であるかも知れない.自分の報酬を最大にするように学習してください"とだけ教示された.実際にはエージェント A は,最初の 1 回だけ協力し,それ以降は被験者の 1 回前の行動を繰り返す"しっぺ返し",エージェント B は,被験者の行動に関係なく,確率 0.7 で協力し,確率 0.3 で裏切る"確率的協力者"であった.したがって,被験者が学習すべき行動戦略はエージェント A に対しては協力,エージェント B に対しては裏切りとなる(利得表　図 47 参照)."しっぺ返し"の行動は被験者の行動に依存し変化するので,相手の行動予測が強化学習中に果たす役割が大きい.一方,"確率的協力者"の行動は被験者の行動に依存せず,行動予測を伴わない TD 学習則でも十分学習できる.このことから,エージェント A に対する学習は,エージェント B に対する学習よりも難しいことが予想される.

　図 50A に被験者の学習過程の例を示す.被験者 I はエージェント A に

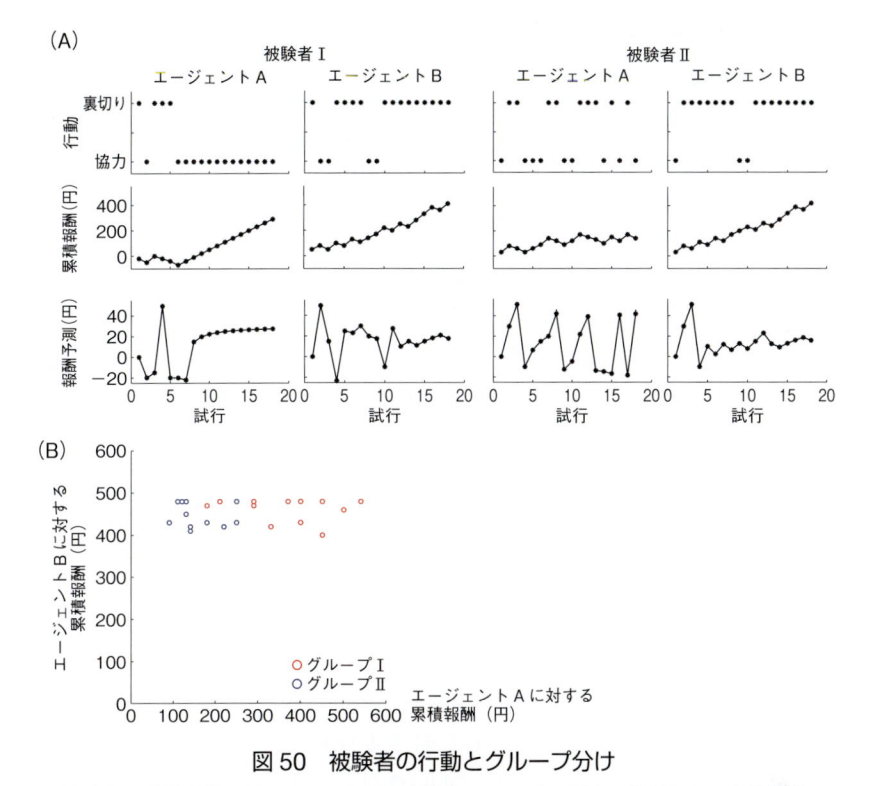

図50 被験者の行動とグループ分け

A 被験者の学習過程の例. B グループⅠ(赤)とグループⅡ(青)に分類される各被験者のエージェントA,Bに対する総報酬量(円)

対してもエージェントBに対しても，10試行目までに最適解を学習し終えている．これと対応して累積報酬も単調に増加している．被験者の行動から推定した報酬予測(行動価値関数)も10試行目までにほぼ正しい値に収束した．これに対して，被験者ⅡはエージェントAに対しては学習が進まなかったが，エージェントBに対しては，被験者Ⅰとほぼ同じ学習過程をたどった．最後の5試行で最適解を獲得していたかどうかを基準に全34名の被験者を調査したところ，12名の被験者がエージェントA，エージェントBの両者に対して最適解を学習できた(グループⅠ)．一方，12名の被験者はエージェントBに対してのみ最適解を学習できた(グループⅡ)．残りの8名はどちらもできなかった．図50Bは，グループⅠと

グループIIのエージェントA, Bに対する累積報酬をプロットしたものである．両グループは，エージェントAに対しては優位な差があったが（p＝0.000064），エージェントBに対しては差がなかった（p＝0.33）．さらに実験終了後に相手の行動戦略についてインタビューしたところ，グループIでは全員がエージェントA, Bを特定できたが，グループIIでは4名がエージェントAを特定し，8名がエージェントBを特定できたのみであった．このことは，グループIの被験者がグループIIの被験者よりも明示的に相手の戦略を意識したことを示唆する．

　グループIとグループIIの学習能力の差はなぜ生じるのであろうか？この問いに答えるためにfMRIデータの解析を行った．具体的には両グループで学習中の報酬予測と相関する部位を特定し，そのグループ差を見た．グループIでは上側頭回の脳活動と報酬予測に相関がみられたのに対し，グループIIではみられなかった〔図51A statistical paramethic mapping（SPM）[9] $p<0.001$; uncorrected for multiple comparison〕．この上側頭回における両グループの脳活動差はエージェントAに対して学習しているときにも，エージェントBに対して学習しているときにもみられた．このことは，上側頭回の活動が両グループの行動差に起因できないことを示す．なぜなら，エージェントBに対する行動は，両グループに有意な差がみられなかったからである．図51Bは両グループの各被験者が，各エージェントに対する学習の最終10試行で獲得した平均報酬と上側頭回（図51Aのピーク座標）のBOLD（blood oxygention level dependent）信号（エージェント提示から7.5秒間）の上昇率をプロットしたものである．グループIでは各被験者のBOLD増加と平均報酬に正の相関がみられる（$p<0.025$）のに対し，グループIIではみられない（$p>0.33$）．上側頭回は，相手の意図や考えを読む心の理論[10]や生き物の動きの分析などに関与することが知られる脳部位である[11]．

　次にグループI，グループIIの両者で共通して報酬予測と相関する脳部位を求めると，図51Cに示すように尾状核，被殻，内側前頭前野，前頭眼窩皮質，帯状回皮質，背側前頭前野，頭頂皮質に活動がみられた．これらは通常の行動によって環境が変化しない強化学習において報酬予測との相関が報告されている脳部位であった[12,13]．

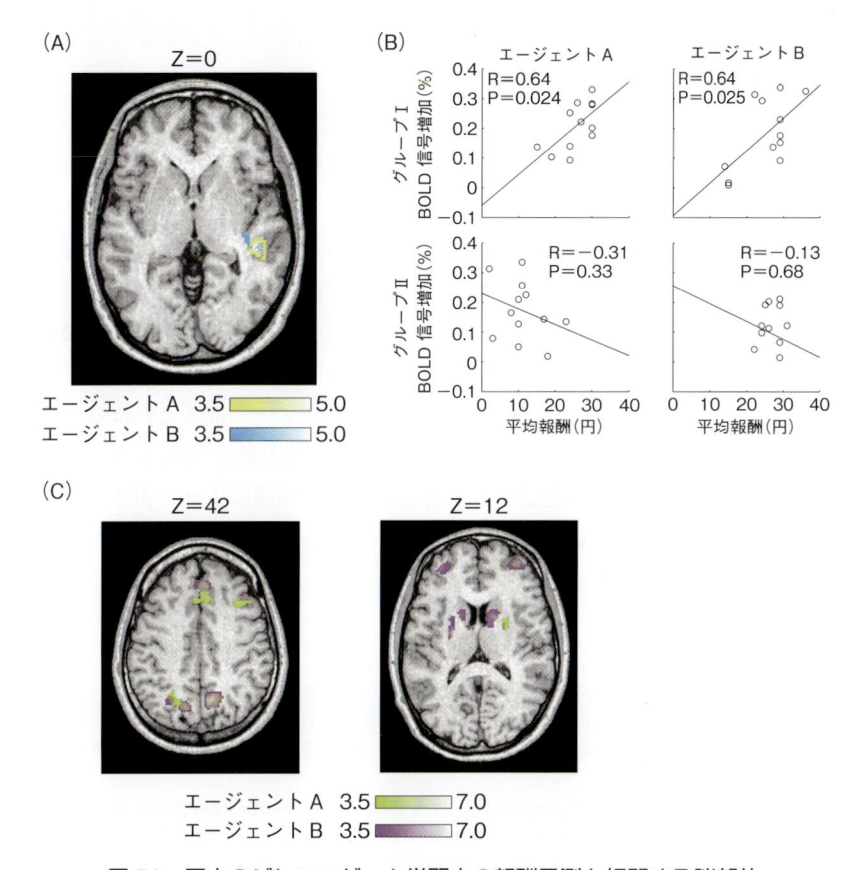

図51 囚人のジレンマゲーム学習中の報酬予測と相関する脳部位
A：グループⅠとグループⅡの差（黄：エージェントA，シアン：エージェントB）．
B：グループⅠにおける上側頭回の活動と学習成績の相関．C：グループⅠとグループⅡで共通に報酬予測と相関した脳部位（緑：エージェントA，紫：エージェントB）．

　以上の結果は，通常の報酬関連領域を中心に行われるTD学習に加えて，心の理論ネットワークの一部である上側頭回を活用し相手の行動を明示的に考慮する被験者グループⅠは，エージェントAに対する学習が速いことを示す．興味深いことに，この上側頭回の脳活動差はエージェントBに対する学習の際にもみられるが，学習に相手の行動を考慮する必要がある場合にだけ学習速度の差として表出する．

おわりに

　本項では，囚人のジレンマゲームとその神経機構に関連する事項を足早に紹介してきた．ヒトとヒトの囚人のジレンマゲームでは頻繁にみられる相互協力の背後に報酬系の脳部位が関与することが示唆された．また，ゲーム理論的解析では前提とされる，相手の行動を読み利得計算に組み入れる能力が心の理論ネットワークの一部である上側頭回と報酬系の協働によって達成され，そこにみられる個人差が社会的な強化学習における成績差の一要因となることを示した．囚人のジレンマゲームは考えれば考えるほど，社会的インタラクションのモデルとして魅力的な要素を含んでいる．今後も洗練された課題設定と新たな解析法の開発により，引き続きヒトの社会行動の神経機構を探る強力なツールであり続けるであろう．

●文献●

1) Tucker AW : A two-person dilemma. Stanford University Press, California, 1950
2) Axelrod RM : The Evolution of Cooperation. Basic Books, New York, 1984
3) Houk JC, Adams JL, Barto AG : In Houk JC, Davis JL, Beiser DG (ed) : Models of Information Processing in the Basal Ganglia. MIT Press, Massachusetts, 1995, pp 249-270
4) Montague PR, Dayan P, Sejnowski T : A framework for mesencephalic dopamine systems based on predictive Hebbian learning. J Neurosci 16 : 1936-1947, 1996
5) Sutton RS, Barto AG : Reinforcement learning. The MIT Press, Massachusetts, 1998
6) Schultz W, Apicella P, Scarnati E, et al : Neuronal activity in monkey ventral striatum related to the expectation of reward. J Neurosci 12 : 4595-4610, 1992
7) Rilling JK, Gutman DA, Zeh TR, et al : A neural basis for social cooperation. Neuron 35 : 395-405, 2002
8) Haruno M, Kawato M : Activity in the superior temporal sulcus highlights learning competence in an interaction game. J Neurosci 29 : 4542-4547, 2009
9) Friston KJ, Holmes AP, Worsley K, et al : Statistical parametric maps in functional brain imaging : a general linear approach. Hum Brain Mapp 2 : 189-210, 1995
10) Frith U, Frith CD : Development and neurophysiology of mentalizing. Philos Trans R Soc London B 358 : 459-473, 2003
11) Pelphery KA, Morris JP, Michelich CR, et al : Functional anatomy of biological motion perception in posterior temporal cortex : An fMRI study of eye, Mouth and hand movements. Cerebral Cortex 15 : 1866-1876, 2005
12) Haruno M, Kuroda T, Doya K, et al : A neural correlate of reward-based behavioral learning in caudate nucleus : a functional magnetic resonance imaging study of a

stochastic decision task. J Neurosci 24 : 1660-1665, 2004
13) Haruno M, Kawato M : Different neural correlates of reward expectation and reward expectation error in putamen and caudate nucleus during stimulus-action-reward association learning. J Neurophysiol 95 : 948-959, 2006

〔春野雅彦〕

●こぼれ話●

卒業写真

　引っ越しの荷物整理で古い写真が出てきた，とのこと．昔の自分が，今は災害で失われて見ることのできない風景の中に立っている．背景に写っている人並みの中には，もう存在しない人もいるかも知れない．そのときも今もその人への思い入れは変わらない．もし知っていればどうだろう．
　卒業写真の想い出をたどるとき，今の眼がレンズを通して切り取られた出来事と，そのときの私と友のこころの内を追想する．このとき，自分のこころの解釈は昔も今も変わらないかもしれない．友のこころの推定は変化する，時が経ちその後の出来事が積み重なれば．昔の人と今の人は別人である．
　記念撮影に収まるとき，何を考えているだろうか．レンズを通して自分を確認したいのか？　姿見鏡ならばそうかもしれないが，その場で見られない写真は違うだろう．それでは，その場にいない他の人たちを推定しているのか？　あるいは，レンズの中に将来の自分の眼を推定しているのか？
　今年の大嵐で流されたあの湖畔の堤防の上でこの写真に収まったとき，自分は確かにカメラのレンズを見ていた．今の自分と目が合っているのだ．鏡の中の自分は幻である，私は同時に異所性に存在できないから．しかし，写真の中の自分，レンズの向こうの自分は時の流れの中に実在する．（入）

2 人格を破壊する脳深部の小さな梗塞——視床背内側核と"sociopathy"

　症例に「遭遇」するのは必ずしも偶然ではない．神経内科コンサルタント医として出かけていた病院でその患者のことを聞いたとき，筆者は2つの前提条件をもっていた．その1つは，脳には沈黙野はなく，病巣があれば何らかの症候があるはずと常に症候ハンターであることを心がけていたことであり，もう1つは，神経心理学分野の学問的総体の興味が個々人の症候から個と個の関係，個と社会の関係（社会の中での個）へと広がりつつあったことである．精神科に入院し，その日はまだ隔離室に入れられていたその患者は「あるときを境に人が変ってしまった」ことを主徴としていた．対面する前に「人が変わる」という神経内科ではなじみのない症状を対象とするための勉強を始めなければならなかった．

A 人格と人格変化——最も定義しにくい神経症状

　数学での「点」や「線」と同様に，基本的語彙である「人格」は極めて定義困難であり，歴史的には極めて多義的に用いられてきた．近年，精神医学の領域で「パーソナリティ（人格）障害」という病態概念が定着しつつあり，これに伴い，一定の理解が共有され始めているが，神経内科領域など他の領域では必ずしも精神科の「パーソナリティ障害」を受け入れ，理解しているわけではない．

　StussとBensonは，前頭葉損傷による行動異常を論じるにあたって，基本語であるmood（気分），affect（感情），drive（衝動），motivation（動機づけ），emotion（情動）と並んでpersonality（人格）にも定義が必要であると，英語辞書に依拠して次のように述べている[1]．「人格とは個人を特異的な自己および知的な存在たらしめている性格ないし資質の総和であり，気分，感情，情動，注意，記憶，自己反省などを含む行動的諸側面によっ

て影響される」．また Tyrer は，気質（temperament）を「背景に遺伝規定性をもつもので，生物学的-生理学的基礎に立った個体の刺激への反応性の特徴」と，性格（character）を「後天的に獲得された個体の特徴」とそれぞれ定義し，そのうえで人格とは気質と性格とを統合した概念で，時に価値観まで含むものとしている[2]．アメリカ精神分析学会編の事典でも同様に，性格とは「その人の持続的な機能のパターンであり，習慣化した考え方，感じ方，行動の仕方であり，精神分析的には，精神内界の葛藤を静めるようなその人の習慣的様式である」とし，気質とは「その人の生来的な認知，情動，運動傾向である」とし，人格を「気質と性格，価値観や倫理観を含むような，その人の習慣的で予測可能な行動パターンである」としている[3]．

歴史的に遡ると，パーソナリティ障害に関して，系統的でない形ではあるが，Freud はその後の精神分析的人格障害論の基礎となる方法論を示したという[4]．以来，精神科領域で Reich, Deutsch, Klein, Kernberg などにより人格と人格変化・人格障害について論じられてきた．Schneider は，人格解体の3類型として，上機嫌で多弁，迂遠，厚顔なもの，感情や発動性に乏しいもの，自制できず気が変わりやすく，怒りっぽいものと分類した[5]．これらの先行論文を踏まえて，吉田は人格変化の症候を，人格全体の変化と個別症状とに分けて整理している（表2）[6]．

歴史的変遷には今後も立ち返る必要があると思われるが，パーソナリティ障害の現下の標準的診断基準として，DSM-IV-TR のものを示す[7]．

表2　人格変化の症候
（吉田，1978[6]）

1. 人格全般の変化	人格特徴の尖鋭化 人格の平凡化 人格水準低下
2. 個別症状	1）意欲件の障害（減退または亢進） 2）抑制消失 3）気分，感情の障害 4）子どもっぽさ 5）固執傾向 6）省察力の障害（病識のなさ） 7）被影響製の亢進 8）そのほか（空想性，迂遠すぎる応答と行為）

DSM-IV-TRでは全般的診断基準(表3)を提示した後に，3群10型(表4)の類型的個別診断基準を提示している．個別的基準は精神科医以外の者にはほとんど扱えないが，全般的基準はよく理解できる．しかし，冒頭にある「その人の文化から期待されるものより著しく偏った」という表現についていくつかの点を理解しておく必要がある．人格はあくまでも人対人，すなわち社会の中で問題となる事項であること，人格の偏りはあくまでも連続

表3　パーソナリティ障害の全般的診断基準
(髙橋ら，2003[7])

A．その人の属する文化から期待されるものより著しく偏った，内的体験および行動の持続的様式．この様式は以下の領域の2つ(またはそれ以上)の領域に現れる
　(1)認知(すなわち，自己，他者，および出来事を知覚し解釈する仕方)
　(2)感情性(すなわち，情動反応の範囲，強さ，不安定性，および適切さ)
　(3)対人関係機能
　(4)衝動の制御
B．その持続的様式は柔軟性がなく，個人的および社会的状況の幅広い範囲に広がっている
C．その持続的様式が，臨床的に著しい苦痛，または社会的，職業的，または他の重要な領域における機能の障害を引き起こしている
D．その様式は安定し，長期間続いており，その始まりは少なくとも青年期または成人期早期にまでさかのぼることができる
E．その持続的様式は，他の精神疾患の表れ，またはその結果ではうまく説明されない
F．その持続的様式は，物質(例：乱用薬物，投薬)または一般身体疾患(例：頭部外傷)の直接的な生理学的作用によるものではない

表4　DSM-IV-TRにあげられたパーソナリティ障害
(髙橋ら，2003[7])

A群(クラスターA)パーソナリティ障害
　妄想性パーソナリティ障害
　シゾイドパーソナリティ障害
　統合失調型パーソナリティ障害
B群(クラスターB)パーソナリティ障害
　反社会性パーソナリティ障害
　境界性パーソナリティ障害
　演技性パーソナリティ障害
　自己愛性パーソナリティ障害
C群(クラスターC)パーソナリティ障害
　回避性パーソナリティ障害
　依存性パーソナリティ障害
　強迫性パーソナリティ障害

的なものであり，正常，異常に単純に分けられないことである．いずれにしても DSM-IV によるパーソナリティ障害は単に精神科疾患にだけみられるものではなく，身体疾患にも合併してみられうるとされている点は注目に値する．

B　意識が回復したら人格が変わっていた

　さて，問題の患者に出会ったのは，1999 年の暮のことであった．週に 1 回出かけていたある病院では精神科・心療内科に依頼され，その外来ブースを借りて，神経内科の診療をしていた．そんな因縁で，11 月末に精神運動興奮状態で入院した 48 歳の男性について，相談を受けたのだった．入院時には，ちょっとしたことで怒りを爆発させ，小さなことにこだわり，すぐに大声を出して暴れまわる状態で，数日は隔離室での管理を余儀なくされたというが，1 カ月後の併診時には向精神薬によりやや落ち着き，一般病棟に移っていた．

　患者は右手利きで無職の 48 歳男性で，以前から高血圧と糖尿病を指摘されていた．学歴は中卒で，成績は平均以下であったが，発病前は商店の販売員として働き，性格は穏やかで仲間に親切であった．アルコールは機会飲酒程度で，発病前も入院時にも常用薬の服用はなかった[8,9]．

　入院 5 年前の 43 歳のある日，急に意識障害が現れ，近くの脳神経外科病院に入院し，画像検査で左視床の小梗塞と診断された．次第に意識は回復し，運動麻痺も感覚障害もなく，6 週後に自宅へ退院した．その頃から自己中心的で頑固になり，イライラして不眠を訴えるかと思えば，何もせず引きこもり無気力・無感情な状態になるといったように，興奮と鎮静の間を変動していた．イライラが高じると，大声を出し，部屋を散らかし，家人に暴力をふるった．精神状態が普通ではないと，1 日だけ近くの精神科病院に入院したほか，その後の 5 年間に 2 回短期間入院し，その後向精神薬の投与でそれなりに落ち着いていた．しかし，生活は不規則であり，特に記憶が変だとは思われなかったが，金銭のコントロールはできなかった．45 歳のときに解雇され，さらに妻から離縁された．入院前の 2 年間は服薬を自己中断していた．

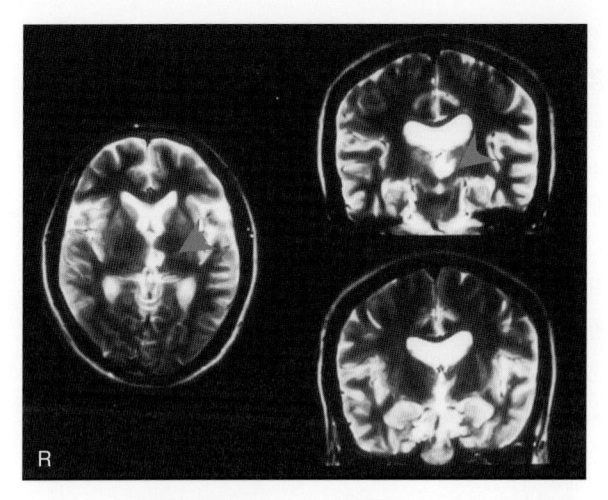

図 52 自験例の頭部 MRI T2 強調像（水平断と冠状断）
左視床最内側(矢頭)に脳梗塞がみられる.

　神経内科初診時の神経学的診察では，両側への側方注視時に下向きの眼振(視床のすぐ下方の中脳の障害を示唆)がみられる以外に異常なく，失語や失行もみられなかった．頭部 MRI(図 52)では左視床の最内側に陳旧性脳梗塞像がみられ，視床背内側核の大部分(腹側後内側部)と正中核群，束傍核が含まれていた．

　初診時頃には以下の観察や神経心理学的試験が可能になっていたが，それでもいくつかの検査や脳血流検査(SPECT)は拒否されたり，途中で中止になっていた．看護師や臨床心理士の観察から，以下のような特徴が抽出された．①感情的に非常に不安定で爆発しやすい(例；トイレや食事，外出を希望したとき，許可が待てずあるいは不許可に対して怒鳴ったり，時には泣き出したりした)，②行動を順序立てて行えない(例；病室の掃除が順序よくできない，入浴時の用具の用意や動作の順序が異常)，③注意が転導しやすい(例；会話の内容が些細なきっかけで脱線する，駐車場の車の数を数えようとするが何度やっても最後まで数えられない)，④思考や機転の柔軟性に乏しい(例；体重コントロールや運転免許の書き換えなど自分のその時点の関心事を繰り返し話す，書類の記入時に一部の書き方にこだわり完成できない)．そのほかに，スタッフにポットのお茶の味見

をさせたり（被害妄想？），他の患者のおやつを盗み食いしたり（脱抑制），医師から注意されると，「知らない，忘れた」ととぼける（こどもっぽさ）などの異常言動がみられた．また，病識に乏しかった．

　Mini-mental-state examination（MMSE）では地方名のみ，長谷川式簡易知能評価スケールでは5物品の1つのみの減点でともに29点（30点満点）であり，明らかな記銘力障害や失見当識はないと思われた．ウェクスラー成人知能評価尺度（WAIS）では言語性IQ 78，動作性IQ 67，全IQ 70と，教育歴・職業歴からみて平均下程度であり，病前より大きく悪化しているとは思われなかった．視覚記銘力検査（Benton）も正常範囲であった．これらに対し，WICST（Wisconsin Card Sorting Test 慶應版）では達成カテゴリーが1/6のみで，保続エラーが大部分を占め，セット（構え）変換障害が著明であった．

　以上の観察・検査結果は人格の面ではSchneiderのすべてのパターンを呈し，吉田の整理した症候のほとんどすべてを呈し，DSM-IVの基準を満たしており，向精神薬でやや穏和になっていても著明なパーソナリティ障害状態にあると判断できる．行動面では，遂行機能障害を主とするいわゆる前頭葉症候群の状態と診断できる．

C　視床傍正中動脈梗塞の神経心理学——情動と行動様式に着眼して

　視床は，脳深部の小さな構造でありながら大脳皮質のすべての領域と相互の連絡をしているため，さまざまの高次脳機能に関連しており，その損傷により多彩な神経心理学的症状や行動変化をもたらす．最もよく知られているのは記憶の回路（Papezの回路）が障害されるための記銘力障害であるが，情動の回路（Yakovlevの回路）も知られており，その障害により気分や感情の変化，ひいては人格変化もきたしうる（図53）[10]．脳梗塞患者を対象とした最近の研究では視床を灌流する4つの主要な動脈の支配域ごとに症候の特徴が知られている[11]．①前方パターンは主に無関係の情報の保続と重なり，アパシー（無感情）そして健忘からなる．②傍正中動脈梗塞後に頻度高くみられるのは，脱抑制症候群であり，人格変化，自発性喪

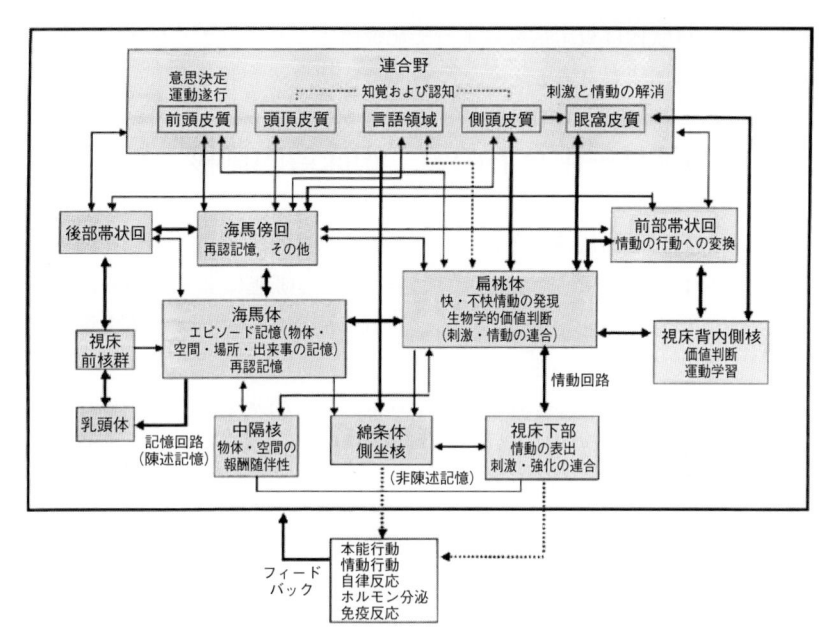

図53 情動と記憶に関与する神経回路
(小野ら, 2001[10])

失，健忘を伴い，病巣が広い場合には視床性「痴呆」(認知症)を呈する．このパターンは，前項の自験例と同様に，他の神経学的症候が乏しい場合には本来の精神疾患との鑑別が困難である．③下外側病変の場合は遂行機能障害が出現しうるが，時に強く長期間の障害を示してもしばしば病巣との因果関係が見逃される．④後方パターンでは無視症候や失語を伴う認知障害がよく知られているが，特別の行動異常は報告されていない．

上でみたように，人格や感情・情動の変化を呈する視床梗塞は傍正中動脈(上記の②)や灰白隆起視床動脈(上記の①)に生じうるが，解剖学的理由により病巣はしばしば両側性であり，片側性のものは稀である．画像検査が進歩してきた1981年以降でも数例の報告しかない[9]．②の病変(背内側核にほぼ限局)例で有意な記憶障害がなかったという報告が2例だけあるが，パーソナリティ・情動障害については触れられていない．運動障害も記憶障害もないのにパーソナリティ・情動障害をきたした症例は報告され

ておらず，自験例は視床病変によって記憶障害とパーソナリティ・情動障害とが解離して現れうることを示す貴重な症例と思われる．

D 前頭葉サーキットの要—視床背内側核

　視床の内側には内側核群と正中核群の2つの核群がある．内側核群のほとんどは背内側核である．最近の機能解剖学的研究により3つの前頭葉サーキットの存在が想定されているが，背内側核はこのいずれもと関係しており，要に位置している(図54)[12,13]．

　1つめのサーキットは背外側サーキット(図54A)であり，背内側核の中間部(小細胞部)が関わり，構成や企図，注意を促進すると推測されてい

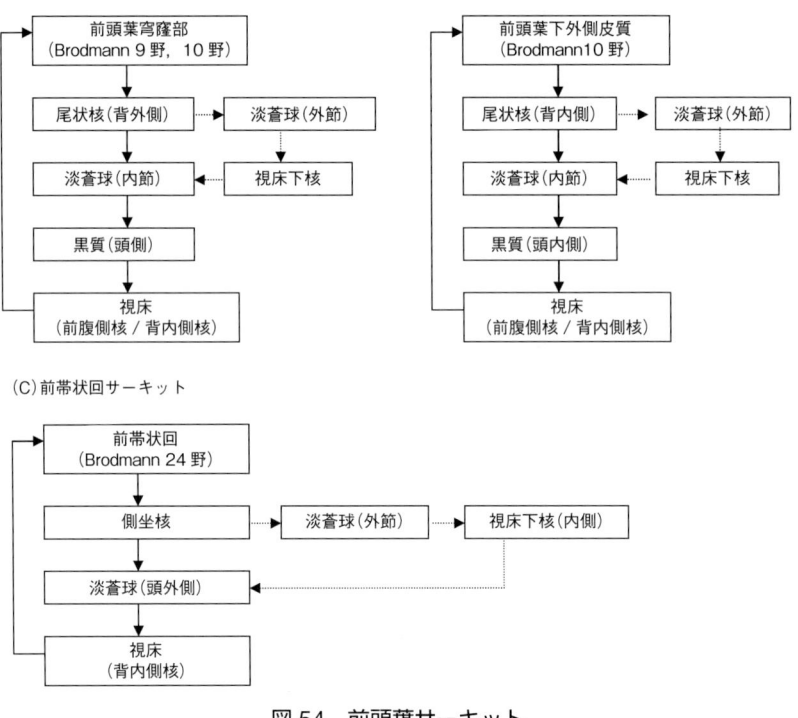

図54　前頭葉サーキット

る．これらのいわゆる遂行機能への障害があると，具体的思考（concrete thinking：比喩や含意を把握できず，文章の文意を文そのままにしか理解できないような判断の障害），保続，セット変換障害，思考にあたってフィルターをかけたり一部を無視したりすることの障害，環境による転導性亢進（環境への依存性），構成や企図の障害が現れる．

背外側核の内側部（大細胞部）が含まれる前頭眼窩面サーキット（図54B）は，社会的に適切な行動や共感を媒介すると考えられる．その病変により，衝動性，爆発性，機転の低下，気分変調，対人関係の感受性喪失などが現れる．

背内側核正中部が含まれる前部帯状回サーキット（図54C）は，補足運動野の抑制的入力と覚醒を維持する刺激とのバランスをとることにより，動機付けを生成している．両側性の障害により，無動無言，重篤な無感情，動機づけの欠如，不活動（自発性低下）などが出現する．片側病変でも一過性に同様の症状がみられる．

自験例は視床背内側核病変により上記3つの前頭葉サーキットとも障害され，著明な人格変化と前頭葉症候群を呈したとまとめられる．なお，正中核群の機能は十分に明らかにされていないが，上行性網様体賦活系と強く結びつき，覚醒や注意のコントロールに働いていると考えられ[14]，自験例では急性期の意識障害と慢性期の注意障害に関与していると思われる．

E "Sociopathy（社会症）"と遂行機能障害―ノンバーバルコミュニケーションの観点で

前節までで，視床内側，特に背内側核の一側性限局性小梗塞により，明らかな記憶障害なしに，著明な人格変化と前頭葉症候群（遂行機能障害）が生じうることがわかった．前頭葉皮質は広いので，人格変化と遂行機能障害が解離しうる[15]が，小さな視床病変でも解離しうるかはまだ証拠がない．前頭葉眼窩面の病巣による人格変化は有名なPhineas Gage例[16]（鉄棒の貫通による外傷機序）以来よく知られており，今や脳挫傷，前交通動脈動脈瘤破裂によるくも膜下出血後，前大脳動脈梗塞，脳腫瘍などで多数の症例が経験されている．それらの人格変化が著明な場合，社会生活が困難

になるので，sociopathy（まだ適訳はないが，社会生活障害と訳しうる）という捉え方が提唱されてきている．

　Blairらは，前頭葉眼窩面を含む右前頭葉外傷性病変により後天性sociopathyを呈した1症例を，強い遂行機能障害を呈しても社会的に常軌を逸した行動をしなかった1症例（運動ニューロン疾患があり，MRI上で中等度の全脳萎縮と広汎な右前頭葉白質を有した）および発達性精神疾患をもつ5服役囚と比較研究した[15]．当該例の行動は著明に常軌を逸しており，高度の攻撃性と厚顔で他人を軽視する態度を示した．比較のために言語や図を介するいくつかのタスク（心の理論に基づくものを含む）がなされ，当該例は遂行障害を呈さなかったが，情動表現の理解や自律的反応，社会的認識における強い障害を示した．特に他人の恐怖や怒り，困惑への反応性が低下していた．Blairらは，前頭葉眼窩面は他人のマイナス的感情反応を予期することないし不適切な行動を抑制するためにこれらの予期を利用することに関連しているだろうと結論している[15]．このような予期はどちらかというと言語を介さないで形成されると思われ，その意味で前頭葉眼窩面，ひいては視床背内側核がノンバーバルコミュニケーションを支える脳構造の1つの重要な部位をなしているといってよいだろう．

F　視床背内側核と統合失調症

　統合失調症は最も一般的な精神科疾患であり，ヒトの精神構造や人と人との関わりを探る上で重要な手掛かりを与えてきたことから，医学領域だけでなく広く教養的文化的関心を集めてきている．統合失調症における大脳機能の研究は古くから行われ，前頭前野や側頭葉の機能障害が言及され，その皮質性変化が同症の認知機能異常の背景をなすと考えられてきた．しかし，最近では脳の中枢性感覚スイッチ機構である視床に焦点が当てられ，この構造が統合失調症の病態生理に関わっていることが示唆されてきている[17]．視床の主要な役割は，感覚入力を見張ったり，フィルターをかけることにある．その機能障害により，統合失調症における，感覚入力解釈の困難性，注意の転導性，思考の連合性の喪失などが現れる可能性がある．簡単にいえば，統合失調症患者は関係のない刺激を除去すること

ができないのかも知れない[12]．

　統合失調症における視床背内側核の役割に関しては，この構造が個々の大脳連合野の間の連携における要であるという事実により，この核の変化から皮質-皮質下および皮質-皮質結合の機能障害に至りうることが想定される．これはいわゆる統合失調症の disconection 仮説を支持する．

　MRI を用いた核の容積研究では減少しているという報告が多いが，逆の結果もあり，結論は得られていない．統合失調症と統合失調型パーソナリティ障害患者間の比較で，視床枕（視床最後方にある大きな核）の大きさが両者とも減少していたのに対し，背内側核の減少は前者のみみられたという[18,19]．剖検による報告でも背内側核の容積や細胞数のいずれも減少していたというものから，容積のみの減少というもの，さらにいずれの減少もなかったというものに分かれている．病型（年齢）を区別した研究では，早発型（かつて緊張病とよばれた病型で，重症例が多い）の場合に減少がみられたといわれ，晩発型ではむしろ大きくなっており，異常を代償するためであるとか，発症を遅らせることに対応しているのではとか推測されている．

　神経伝達物質からの検討も持続的なされてきている．ドパミンについての研究が多いが，皮質での減少と皮質下での増加というものがある反面，背内側核ではドパミン D2 受容体が減少しており，これが統合失調症における固有の感覚 gating（"見張り"）機能の不全に関わっているという研究がある[20]．このため，関連の情報に注意を向けることが困難になると思われる（思考障害，意識不鮮明，刺激への過敏性などの症状）．この他に，5-HT2A のような serotonin 受容体に関わる新規向精神薬の効果から，5-HT との関係も研究されている．

おわりに

　脳の深部にある視床の小梗塞（主に背内側核病変）により，急性期の意識障害からの回復後に強いパーソナリティ・情動障害と前頭葉症候群（遂行機能障害）を呈した症例を紹介した．明らかな記憶障害を伴っていなかったことが大きな特徴であり，脳における記憶回路と情動回路の独立性を考

えるうえで重要な症例と思われる．背内側核は前頭葉と皮質下の構造に想定される3つのサーキットのいずれにも含まれており，その小さな梗塞により前頭葉の広汎な機能障害としてのパーソナリティ障害と遂行機能障害が現れたという点でも貴重な症例と思われる．前頭葉病変ではパーソナリティ障害("sociopathy")と遂行機能障害が解離して出現しうるが，視床病変例では解離した報告はない．背内側核はパーソナリティ障害・コミュニケーション障害の最たる統合失調症の病態機序の研究においても，視床の役割である，感覚入力の"見張り"やフィルター機能の不全という観点で最近注目されている．脳深部の小病変例が統合失調症などの"sociopathy"の話題にまでつながるというのは報告者としても驚きである．

●文献●

1) Stuss DT, Benson DF : The frontal lobe. Raven Presvs, New York, 1986, pp 121-138
2) Tyrer T(ed) : Personality Disorders : Diagnosis, Management and Course. Wright, London, 1988
3) Moore BE, Fine BD(ed) : The American Psychoanalytic Association : Psychoanalytic terms and concepts. Yale University Press, New Haven, 1990(福島章・監訳：アメリカ精神分析学会　精神分析事典．新陽社，東京，1995)
4) 狩野力八郎，高野晶，山岡昌之・編著：日常診療でみる人格障害：分類・診断・治療とその対応．三輪書店，東京，2004
5) Shneider K : 1962(濱田秀伯：精神症候学．弘文堂，東京，1994から引用)
6) 吉田哲雄：器質的性格障害．懸田克躬・他・編：現代精神医学大系3B 精神症状学Ⅱ，中山書店，東京，1978，pp 166-190
7) 髙橋三郎，大野裕，染谷俊幸・訳，アメリカ精神医学会・編：DSM-IV-TR：精神疾患の分類と診断の手引．新訂版，医学書院，東京，2003
8) Fukutake T, Akada K, Ito S, et al : Severe personality changes after unilateral left paramedian thalamic infarct. Eur Neurol 47 : 156-160, 2002
9) 福武敏夫：視床病変と人格変化．神経内科 60 : 79-84, 2004
10) 小野武年，西条寿夫：情動と記憶のメカニズム．失語症研究 21 : 87-100, 2001
11) Carrera E, Bogousslavsky J : The thalamus and behavior : effects of anatomically distinct strokes. Neurology 66 : 1817-1823, 2006
12) Clark DL, Boutros NN : The brain and behavior : An introduction to behavioral neuroanatomy. Blackwell Science, Malden, 1999, pp 119-129
13) Burruss JW, Hurley RA, Taber KH, et al : Functional neuroanatomy of the frontal lobe circuits. Radiology 214 : 227-230, 2000
14) Hermann DM, Siccoli M, Brugger P, et al : Evolution of neurological, neuropsychological and sleep-wake disturbances after paramedian thalamic stroke. Stroke 39 : 62-68, 2008
15) Blair RJR, Cipolloti L : Impaired social response reversal : a case of 'acquired

sociopthy'. Brain 123 : 1122-1141, 2000
16) Harlow JM : Recovery from the passage of an iron bar through the head. Publ Mass Med Soc 2 : 327-347, 1868
17) Alelu-Paz R, Gimenez-Amaya M : The mediodorsal thalamic nucleus and schizophrenia. J Psychiatry Neurosci 33 : 489-498, 2008
18) Byne W, Buchsbaum MS, Kemether E, et al : Magnetic resonance imaging of the thalamic mediodorsal nucleus and pulvinar in schizophrenia and schizotypal personality disorder. Arch Gen Psychiatry 58 : 133-140, 2001
19) Byne W, Hazlett EA, Buchsbaum MS, et al : The thalamus and schizophrenia : current status of research. Acta Neuropathol 117 : 347-368, 2009
20) Takahashi H, Higuchi M, Suhara T : The role of extrastriatal dopamine D2 receptors in schizophrenia. Biol Psychiatry 59 : 919-928, 2006

〔福武敏夫〕

●こぼれ話●

色とコミュニケーション

　社会の中でのコミュニケーション手段として，色の果たす役割は極めて重要である．交通信号の赤・黄・緑（日本では青信号と言うが）はもとより，弔い事に使われる黒と白，あるいは祝い事における赤と白，これらの使用法を間違えれば，生命の危険が生じたり，社会的制裁を与えられたりしかねない．律令時代には，官位に応じた衣服の色が決められていたというが，今でも僧の衣や袈裟の色などは，その僧の位によって決められている．また，中国や韓国の歴史的建造物を訪れると，家の柱や欄間，あるいは壁の色などが，皇帝や王だけに許された色に塗られているという説明を聞く．宗教の場においても，聖母の衣は赤，マントは青に決められているが，これも聖母に神性を現す色の信号と言えるだろう．昔，ニューヨークにいたとき，聖パトリックの祝日では，アイルランド系の人たちが緑の服を着てパレードしていたが，これはアイルランドの守護聖人である聖パトリックのシンボルカラーが緑だからだ．そういえば，日本だって，特定の集団への帰属を表明する色として，源氏の白旗と平家の赤旗が使われたことは誰でも知っているし，運動会で赤組と白組に分かれるのはその名残というわけである．このように，色は，特定の状況や，社会的な身分や，役割，あるいは特定の集団への帰属を示すノンバーバルコミュニケーションの手段として，広く使われている．

　色の果たす社会的な役割にはもう1つ，流行色というものがある．女性のファッションでは，季節ごとにの流行色というものが出現してくるが，そうなると，時代の最先端をいっていることを誇示するために，皆こぞってその色を使うようになる．

　ルイ14世の王弟ムッシュー（Monsieur）は，ファッションメーカーとして，大変人気があった．あるとき彼はパリの賭殺場へ行った．ムッシューの履いていたハイヒール靴のヒールは，血の海の中を歩いたため，真っ赤に染まってしまった．ムッシューはそんなことにお構いなく，靴を履き替えることもせずに，舞踏会に出席してしまった．ところが，ムッシューの靴のヒールが真っ赤なことに気づいた人々は，それが新しいファッション・カラーだと思ってしまった．翌日になると，パリ中の高貴な男性の靴のヒールは，すべて真っ赤に塗られていたという．（岩）

3 わが道を行く症候群("going my way" syndrome)―ピック病のコミュニケーション障害

　ピック病は，認知症を来す脳変性疾患としてアルツハイマー病(Alzheimer disease；AD)とともによく知られている．しかし，AD では脳の後方領野が障害されるのに対し，ピック病では脳の前方領野が主として障害され，この病巣部位の相違を反映して極めて対照的な脳機能解体症状がみられる．この両者の全体的行動の相違に着目した田邉[1,2]は，ピック病患者にみられる行為の特徴を'わが道を行く'行動("going my way" behavior)と名づけ，AD 患者にみられる行為の特徴である『取り繕い』ないし『場合わせ』的行動と対比した．その意味するところは，反社会的あるいは脱抑制的と称される本能のおもむくままの行動を指し，前方連合野から辺縁系への抑制が外れた結果の行動と解釈している[2]．ただし，むやみやたらと好き勝手な行為に及ぶというよりも，著しい常同行動の出現に伴う人格・行動面における障害の特徴[3]として用いられている．"Going my way"とは，明らかに和製英語であるが(本来ならば，"having one's own way")，この症状のもつ特徴を言い表す句として，われわれ日本人臨床家の間では既に好んで用いられている．
　単位的行動に関して両者を比較すると，AD では後方連合野の障害を反映して，失語・失行・失認・健忘などさまざまな道具的機能の障害(神経心理学的症状)が出現する．一方，ピック病では高次の神経活動として複雑な行動の制御を担う前方連合野の著しい機能低下により，もはや単位的とは呼べない行動障害が生じるようになる．しかし，このピック病では，前頭-側頭葉内における病変の分布により，現れる症候に違いがある．萎縮の中心が前頭葉にある前頭葉優位型ピック病では，前述した行動障害によって社会生活上の困難が出現する．一方，側頭葉前方部に顕著な萎縮の

ある側頭葉優位型ピック病では，通常萎縮に左右差がある．その中で大多数を占める左優位の萎縮例では，具体語の呼称と理解が重度に障害される語義失語が出現する．また前者では著しい意欲低下や脱抑制のために，正確な評価ができない場合が多いものの，いずれのタイプにおいてもピック病の場合，ADに比べ道具的機能そのものは明らかに保たれることが多い．

1980年代後半になると，従来ピック病と呼ばれていた症例群に対し，ManchesterとLundのグループがほぼ同時に類似の疾患概念を独立して発表し，1994年には両グループが共同で前頭側頭型認知症（frontotemporal dementia ; FTD）という臨床ならびに病理学的な概念を提唱して診断基準を示した[4]．しかし，このFTDには，それまで側頭葉優位型ピック病と呼ばれてきた一群は含まれていなかったため，1996年にManchesterのグループが前頭-側頭葉に原発性の変性を有する前頭-側頭部脳萎縮例に対し，前頭側頭葉変性症（frontotemporal lobar degeneration ; FTLD）という上位概念を提唱した[5]．そして，これを臨床症状と萎縮部位から，前頭葉が主として障害されるFTD，側頭葉が主として障害される意味性認知症（semantic dementia ; SD），左シルヴィウス裂周辺に病変の主座をもつ進行性非流暢性失語（progressive non-fluent aphasia ; PA）に分類した[5]．このコンセンサスに従うならば，FTDは従来の前頭葉優位型ピック病に相当し，一方，SDと呼ばれる臨床概念がほぼ側頭葉優位型ピック病に相当する．ただし，PAの病変は頭頂葉にも及び，その点で古典的ピック病の概念には収まらないといった問題点も指摘されている[6]．本項においてピック病という用語はピック小体の有無にかかわらず，広義のFTDとSDをあわせた用語として用いることを確認しておく．

A ピック病の'わが道を行く'行動とは？

反社会的行動あるいは脱抑制（disinhibition）と称される本能のおもむくままの行動は，FTD症例の場合には，本人に悪気はないが店先の羊羹を勝手にとって食べる，勤務時間中にパチンコに行く，無賃乗車をするなど，しばしば反社会的行動となって現れる．これらは常習的特徴をもち，

禁じられても繰り返されるが，刺激誘導的に開始され，また一連の流れの途中で変更がきかないといった性質をもつ．また，診察中に鼻歌を歌う，関心がないと検査にまともに取り組まず当意即妙にいいかげんに答えるといった考え不精(Denkfaulheit)や，診察中でも気に入らない，あるいは関心が他に向くと勝手に出て行こうとする立ち去り行動(running away behavior)などの表現をとる．しかし，元来の性格または人格は百人百様であり，'わが道を行く'行動といっても，あまり周囲を困らせない許容できる範囲の行動から，何とも手に負えない困った行動までさまざまである[7]．

もう一方のピック病を代表する SD では，語義失語が前景となり，FTD のような反社会的と呼ばれるような障害は目立たないものの，進行とともに時刻表的生活(clock watch symptom)に代表される毎日決まった時間に決まった日課を行う常同行動が顕著となる．またこうした行動の中で，次第に他を顧みない危険な運転や，過度に規則を重視して周りの流れに臨機応変に対応できない行動が認められるようになる．また程度の差こそあれ，進行期には上述した FTD でみられる行動もしばしば認められる．これは，進行に伴い側頭葉に加え前頭葉にも萎縮が広がることと関連していると考えられている．しかし，側頭葉前方部が担う意味記憶障害が個人の社会的活動に及ぼす影響も軽視できないと思われる．

B 症例呈示

ここで，比較的長期にわたって典型的な症状の推移を観察できた FTD と SD の症例をそれぞれ示す．

〈FTD 症例〉
　66 歳，男性，右利き，中卒．
・既往歴：数年前より高血圧症．
・病前性格：おとなしく真面目．
・家族歴：父が脳出血，母が甲状腺癌で死亡．
・現病歴：X 年 5 月(66 歳)，家業である農業をしなくなり，一日中家でゴロゴロして過ごす(自発性低下)ようになった．一方で，毎日朝夕の同時

刻に自転車で同じコースを走り回る行動（常同行動）が出現した．また，以前よりも短気になるなどの性格変化も認められ，家族に連れられて同年9月当科初診となった．

・経過：初診時，「困っていることは」と尋ねると「元気だ．困ることはない」と答えた（病識欠如）．また，急に立ち上がって診察室から出て行こうとする（立ち去り行動），主治医が首をかしげると同じように首をかしげる（被影響性の亢進），診察室の中をキョロキョロと見回す（転導性の亢進），机の上にある物を触り続け，話を聞かない（被影響性の亢進，無関心），鼻でフンフンと笑う（脱抑制）などの行為がみられた．また，日常生活上では毎日同じ時刻に同じコースを自転車で走り，毎回庭の木に排尿する行動（常同行動，脱抑制）が認められた．臨床症状と画像所見（図53, 54）からFTDと診断し，以後当科外来に通院していた．

X＋1年，検査でよく考えずに即答し（考え不精），間違いを指摘されても他人事のように振る舞う態度（感情鈍麻）が目立った．

X＋2年，来院を渋るようになり，診察時の立ち去り行動は減少した（自発性低下）．また，一日に飴を10個以上食べるようになった（食行動異常）．

X＋3年，臥床時間が増加し，外出頻度は減少したが，外出時には寺や墓の供え物を勝手に食べる（盗食）行為が認められるようになり，家人が外出を止めると暴力を振るった（易怒性，興奮）．

X＋4年，自転車での外出をしなくなり（自発性低下，常同行動の消失），また，所構わず排泄する（脱抑制，無関心，不潔行為）などADLの低下が顕著となった．

X＋5年，自発性低下が食生活に及び，食事量は低下し，口に物を入れたまま飲み込まないという症状が認められ，一日のほとんどを臥床して過ごすようになった．

X＋6年，質問に対して「うん」，「知らん」と答えるのみで自発語はなく，一日中臥床（自発性低下）して過ごした．しかし，店先にあるコロッケを勝手に食べる（盗食）などの行動異常は続いた．また，失禁が目立ったが，下着を替えずに平気（無関心）で過ごしていた．

X＋7年，質問に対してオウム返しする（反響言語）が，自発語はほとん

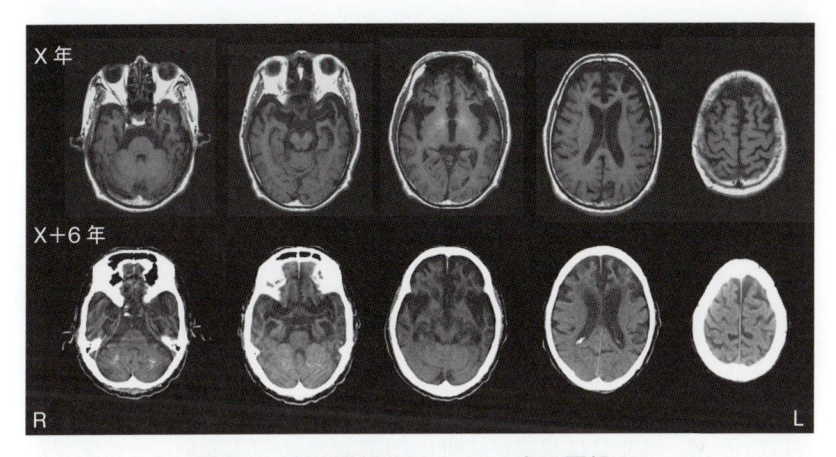

図 55　X 年の頭部 MRI と X＋6 年の頭部 CT

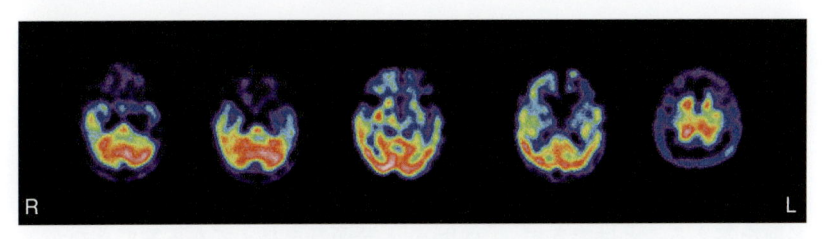

図 56　X＋2 年の頭部 SPECT（^{99m}Tc-HMPAO）

どなくなった．また，胆石症で手術が必要な状態であったが，痛みの訴えはなく，全く関心を示さなかった．

X＋8 年(74 歳)，血尿がみられたため精査を受け，進行した前立腺癌と診断されたが，やはり関心を示すことはなく，痛みの訴えもみられなかった．前立腺癌に対して，入院治療を受けたが，同年中に死亡した．全経過 8 年であった．

本症例では，初期には常同行動などの行動障害が目立ったが，経過とともに自発性低下と無関心が強くなり，常同行動などの行動障害は次第に消失し，寝たきりの状態となり，病死した．

・画像所見：X 年の頭部 MRI と X＋6 年の頭部 CT を比較すると，前頭葉を中心に強い限局性の萎縮が進行し（図 55），X＋2 年の ^{99m}Tc-HMPAO-SPECT では，脳の前方部に著明な血流低下を認めている（図 56）．

〈SD症例〉

65歳，女性，右利き，中卒．
・既往歴：特記事項なし．
・病前性格：几帳面，綺麗好き．
・家族歴：特記事項なし．
・現病歴：X年(62歳)より，人や物の名前が出にくくなった(語想起障害)．日常生活上では，次第に，電車に乗って12時にスポーツクラブへ行く，17時になると犬の散歩をする(時刻表的生活，常同行動)ようになった．また，毎日同じ店で饅頭を買う，500mlのジュースを3本飲む(食行動異常，常同行動)などの食生活上の変化も出現した．このような生活障害に加え，X+3年には親戚が訪問した際に会話が通じないことに気づかれ，同年近医神経内科を受診．診察時，'鉛筆'や'眼鏡'，'くし'を見せても名前を答えることができず(語想起障害)，認知症を疑われ，同年当科紹介受診となった．
・経過：初診時，生活で困ることを尋ねると「頭がボケてしまった」と答えたが，深刻味はなかった(病識欠如)．'利き手'を尋ねても「キキテって何？」と聞き返す反応がみられた(語義失語)．また，'ハサミ'を見せても名前を答えることはできず，「ハサ…」と語頭音を与えても正答できなかった(語頭音効果なし)．そのため，「これは，ハサミです」と名前を教えても「これ，ハサミと言うの？」と言い，既知感はなかった(意味記憶障害)．日常生活上では，毎日電車に乗って12時にスポーツクラブへ行く，17時に犬を連れて同じコースを散歩する，毎日長時間草むしりをする(時刻表的生活，常同行動)などの行動は続いていた．臨床症状と画像所見(図57, 58)からSDと診断し，以後当科外来にて言語訓練を開始した．

その後も定期的に当院外来に通院していたが，X+5年，胸痛を訴えて近医内科を救急受診した．その際，血糖値が400 mg/dlを超えており，2型糖尿病を指摘され，そのまま入院となったが，すぐに離院した．その後も入院前と同様に自宅で独居生活を送っていたが，一日に何個も饅頭を食べる，500 mlのジュースを3本飲む(食行動異常，常同行動)など食生活に変化はなかった．そのため，血糖値は400〜500 mg/dlと高値の状態が続き，糖尿病の治療と今後の生活処遇の検討が必要と考え，同年当科入院

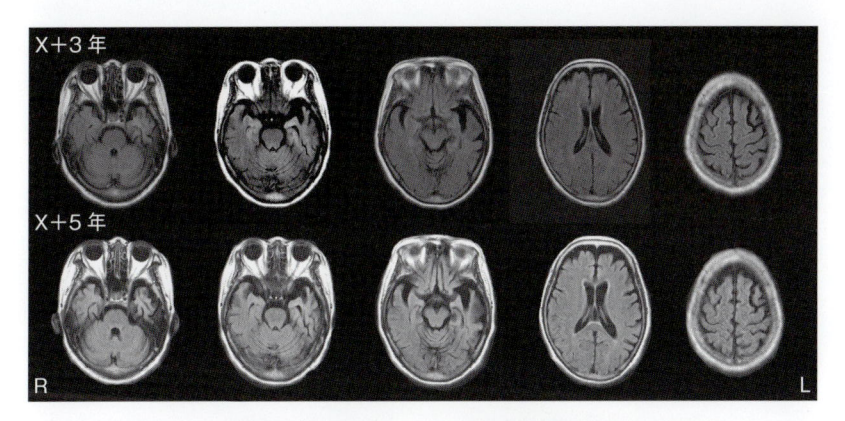

図57　X+3年とX+5年の頭部MRI

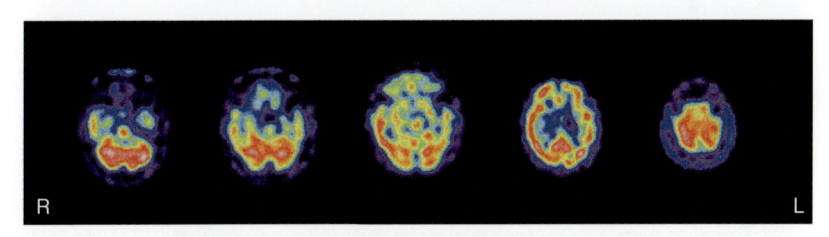

図58　X+3年の頭部SPECT(^{99m}Tc-HMPAO)

となった．

　入院してしばらくの間は，毎日12時や17時になるとナースステーションのドアを叩くなど興奮が続いた．また，その際には必ず「お姉ちゃん，ごはんしてや！（先生，家に帰らせてなどの意味）」と繰り返し，'お姉ちゃん'や'ごはん'など言いたい単語を別の単語に置き換えた（語性錯語）．入院期間を利用して適応的な生活に変えていくため，元来好きであった掃除のほか，塗り絵やパズルなども勧めていった．その結果，毎日行うようになり（常同行動），いったんは適応的な生活を送るようになった．しかし，徐々に自室で臥床する時間が長くなり，掃除や塗り絵，パズルを行わなくなった（自発性低下）．食習慣の改善と薬物治療により，2型糖尿病のコントロールは安定したが，著明な失語症状や行動障害は進行し，退院後の独居生活は困難であるとの判断から，X+6年，老人保健施設へ入所となった．

　本症例では，初期から毎日電車に乗って12時にスポーツクラブへ行く，

17時に同じコースを犬と散歩するなどの常同行動が出現した．入院後も同時刻になると興奮し，常同行動に対する固執傾向は顕著であった．こうした常同行動の出現には，意味記憶障害の進行に伴うコミュニケーション障害の悪化も関与していると考えられた．

・画像所見：X＋3年とX＋5年の頭部MRIを比較すると，左側頭葉底面の萎縮と左側頭葉前部の葉性萎縮が進行し（図55），X＋3年の^{99m}Tc-HMPAO-SPECTでは，左側頭葉を中心に血流低下を認めている（図56）．

C FTDとSDのコミュニケーション障害

　FTDとSDの臨床症状について行動障害を中心に実例をあげて紹介した．FTDとSDではそれぞれ固有の症状があり，FTDでは脱抑制，常同行動，考え無精など特有の'わが道を行く'行動パターンの出現によって著しい社会行動障害を呈し，その後脱抑制的な傾向を残しながらも急速に自発性低下が進み，無為・無関心となっていく様子が観察される．またSDでは，語義失語と呼ばれる特異な言語症状とともに常同行動への固執傾向が顕著となり，コミュニケーション障害がさらに重篤化する[8]．SDにおいて，初期には言語や相貌認知などの障害に比較して行動障害は目立たない．しかし，病前から几帳面であった場合もあるが，常同行動はSDの進行とともにその傾向に拍車がかかり，ついには自分の予定の行動を果たすまでどのような制止も効かなくなってしまう．そこではもはや他者の存在はほとんど考慮されず，決められた時刻に決まった場所で習慣となった行為を果たすことだけが唯一の目的となっている．このような目標に向かって突き進む様子は，あたかも傍若無人であり，'わが道を行く'行動そのものである．

　前頭葉は系統発生的にも個体発生的にも，最も遅れて発達する脳の領域である．前頭葉損傷例から得られた神経心理学的な知見からは，注意や記憶，さらには遂行機能といった高次の認知活動に関する障害が報告されているが，明らかな知能低下や失語・失行・失認など道具機能障害は生じない場合が多い．さらにピック病では，感情の易変性，衝動性，脱抑制，多幸など，前頭葉眼窩面の障害に由来し，社会生活に大きな影響を及ぼす情

動の制御が障害される．前頭前野は，小脳や基底核群あるいは辺縁系などの旧皮質と相互に結ぶ神経伝達路をもち，また各皮質連合野へ投射される神経回路網を有することから，過去の記憶やさまざまな行為の記憶を総括し，進行中の行為をさらに未来へと導く広範囲な記憶活動を可能ならしめ，自己本位から自己と他者との感情の一体化(共感)をはかるといった，人類の進化の極みにある精神活動を支える神経基盤として存在している可能性が考えられる[9]．FTD にみられる行動障害の特徴は，まさにこうしたヒトで最も進化した脳の領域を失った状態と見なすことができる．

　一方，SD で障害される側頭葉前部の損傷からは意味記憶障害として，言葉の意味がわからなくなる語義失語や，知人や有名人，あるいは有名建造物などがわからなくなる相貌認知障害が出現する．意味記憶は時間的・空間的文脈情報の制約を受けない概念的知識であり，感覚モダリティの枠を超えてアクセス可能なとりわけ柔軟な特性をもつ記憶システムと考えられている．SD の長期記憶に着目した検討から，SD 例が新たに獲得する情報は個人的史的記憶から得られる情報に偏り，一般的な意味や使用方法と異なる語の使用が認められたと報告されている(例；ドッグレースに熱中するようになった SD 例が犬 dog と運転免許 driving license を合成した dog license という新造語を話すようになった[10])．このような意味の狭小化に伴い特定の語を極端に一般化して使用する(例；すべてを「ごはん」という)傾向は，本来の意味と異なる個人的な用件のみを指し示す新造語化を促し，相互理解の道具としての語の働きを奪っていく．こうした観察からも，意味記憶を担う側頭葉前部は，社会生活を営むうえで極めて重要な役割を担う領域ということができる．

　FTD では系統発生的に最も新しい上前頭回外側部が，また SD では下側頭回前方部という 2 番目に新しい皮質領域が最も萎縮の目立つ部位であることが指摘されている(図59)[11]．また情動の中枢として古くから知られている扁桃体は，社会的行動において重要な役割を担う表情認知にも関わることが明らかとなってきた[12]．扁桃体はいずれの症候群においても高度な萎縮を呈する領域である．ピック病の特徴とされる他者への配慮を欠いた'わが道を行く'行動は，個人と社会との関連の中で，周囲の状況を察知して本能的生理的欲求を制御し，調和的な社会生活を営むうえで必要な

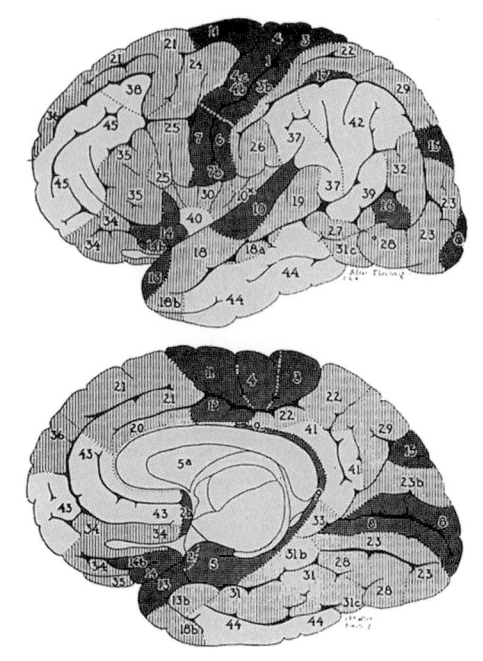

図 59 大脳皮質の髄鞘発生地図
(von Bonin G, 1950[13])
最も色の薄い領域(37〜45番)は髄鞘発生の遅い部位

神経活動(社会脳)が阻害されて生じていると仮定できる．その活動を担う神経基盤は FTD や SD において最も障害される脳の領域と，極めて高い比率でオーバーラップしていると推測される．

おわりに

FTD と SD の行動障害を中心にピック病のコミュニケーション障害について神経心理学的症候学の立場から紹介した．FTD では，初期から'わが道を行く'行動が，また SD では意味記憶障害の進行とともに常同行動への固執傾向が強まり，次第に'わが道を行く'行動が顕著となる．これらの症例における画像所見から，FTD 例では前頭葉の，SD 例では側頭葉の

系統発生上最も新しい脳の領域が，また辺縁系ではいずれの症候群でも扁桃体が著しく萎縮していることが観察される．ピック病にみられる'わが道を行く'コミュニケーション障害に対する予防精神医学的見地からは，こうした症候学の理解がケアやサポートの効果的介入法を確立するための根拠を与えると期待できる．また同時にこれらの症例に対する神経科学的アプローチは，ヒトで最も進化した社会行動を司る神経基盤の解明につながる可能性を秘めている．

● 文献 ●

1) 田邉敬貴，池田学，中川賀嗣・他：語義失語と意味記憶障害．失語症研究 12：153-167, 1992
2) 田邉敬貴：痴呆の症候学—ハイブリッド CD-ROM 付．医学書院，東京，2000
3) 田邉敬貴：症候学としての前方症状と後方症状—その臨床的意義—．Medical Practice 23：1158-1162, 2006
4) The Lund and Manchester Groups：Clinical and neuropathological criteria for frontotemporal dementia. J Neurol Neurosurg Psychiatry 57：416-418, 1994
5) Snowden JS, Neary D, Mann DMA：Fronto-temporal lobar degeneration；fronto-temporal dementia, progressive aphasia, semantic dementia. Churchill Livingstone, New York, 1996
6) 池田学，田邉敬貴：前方型痴呆の神経心理学．精神神経誌 102：113-124, 2000
7) 田邉敬貴：前頭側頭型痴呆にみる高次脳機能障害．医学のあゆみ 210：988-991, 2004
8) Kashibayashi T, Ikeda M, Komori K, et al：Transition of distinctive symptoms of semantic dementia during longitudinal clinical observation. Dement Geriatr Cogn Disord 29：224-232, 2010
9) MacLean PD：Neocortex, with special reference to the frontal granular cortex. In PD MacLean(ed)：The Triune Brain in Evolution. Plenum Press, New York, 1990, pp 519-566
10) Snowden JS, Griffiths HL, Neary D：Autobiographical experience and word meaning. Memory 3：225-246, 1995
11) 田邉敬貴：ピック病の位置づけ—前頭側頭型認知症との関連—．老年精神医学雑誌 18：585-590, 2007
12) 西条寿夫，小野武年：社会活動と扁桃体機能．岩田誠，河村満・編：社会活動と脳—行動の原点を探る．医学書院，東京，2008, pp 13-33
13) von Bonin G：Essay on the Cerebral Cortex. Charles C. Thomas, Springfield, Ill, 1950

〔清水秀明，小森憲治郎〕

4 心的外傷と感情抑制—PTSD の神経機構

　精神医学において，精神分析では無意識の心理機制を，生物学的精神医学では遺伝的脆弱性などを個体側の素因として想定し，精神疾患の成立機序として社会環境要因は一貫して軽視される傾向にあった．それに対し，心的外傷後ストレス性障害（post-traumatic stress disorder；PTSD）は疾患の定義に社会環境要因が含まれるほぼ唯一の精神疾患である．しかし，心的外傷によって引き起こされるこころの病という本来の捉えられ方の一方，90年代半ばから蓄積された脳画像研究の知見によって，辺縁系を中心とした脳の機能不全としての捉えられ方が明らかになってきた．

A PTSD の脳画像研究

　90年代から行われた MRI における体積測定法は，統合失調症などの機能性精神障害においても形態レベルで脳の異常が存在することを実証してきた．PTSD にも同様の方法が応用され，1995年頃より海馬体積減少が報告された．これまで海馬体積減少所見は，戦闘体験や非虐待体験などの慢性的な外傷体験による PTSD で，うつ病やアルコールなどの物質関連障害の合併も高率な患者群での報告が多い．それに対し，交通事故やテロ事件などの急性で単回の外傷体験による PTSD や，戦争帰還兵の戦闘体験による PTSD でもうつ病やアルコール関連障害の影響を除外した研究では海馬体積減少の報告が乏しく，外傷体験の性質や，合併症の影響は十分に考慮されるべきである．

　また，海馬体積減少の成因や出現時期についても議論がある．この点について Gilbertson らは[1]，戦闘体験による PTSD の一卵性双生児不一致例を対象に検討を行い，遺伝的な要因から海馬の小さい個体で外傷体験後の PTSD への罹患危険が増し，さらに生来の海馬体積が罹患後の PTSD

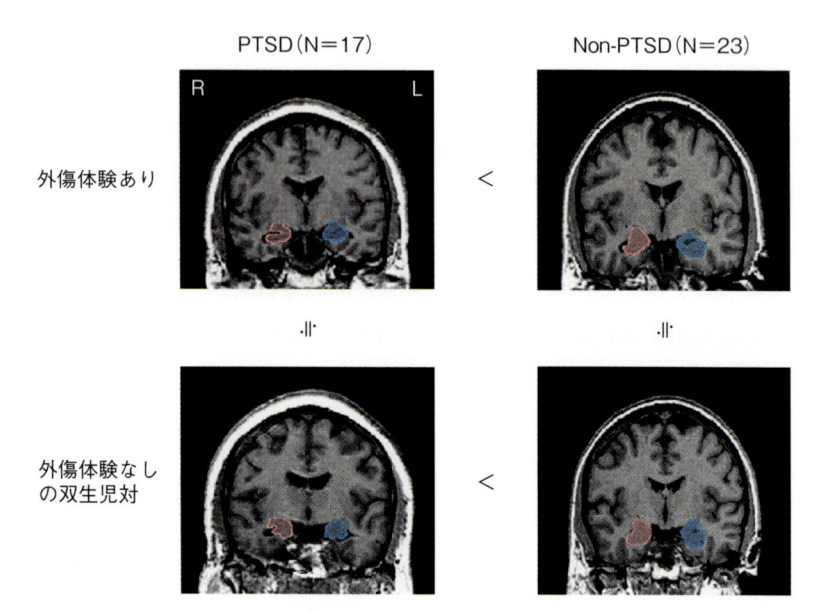

	PTSD(N=17)		Non-PTSD(N=23)
外傷体験あり		<	
	‖		‖
外傷体験なしの双生児対		<	

図 60 遺伝要因と関連した海馬体積減少
(Gilbertson MW, et al, 2002[1])

ベトナム戦争による PTSD を発症した群では PTSD を発症しなかった帰還兵よりも海馬体積が小さかった．さらに，PTSD を発症した群と同様の遺伝背景を有する一卵性双生児不一致例の群でも，外傷体験がないにもかかわらず海馬体積が小さかった．

症状の重症度まで予見すると示唆した(図60)．

　筆者らの研究グループでは，1995年に東京で起きた地下鉄サリン事件の被害者の方々にご協力頂き，脳画像解析などを用いた研究を行った．事件後5〜6年の期間に，PTSD の診断基準を満たしたサリン事件被害者9名と事件後 PTSD 症状が出現しなかった16名の同事件被害者を対象に，voxel-baesd morphometry(VBM)による全脳の自動形態解析を行った．これらの被験者では，アルコール関連障害患者は除外し，うつ病の合併も PTSD 群のうち1名で認めたのみであった．その結果，事件後に PTSD を発症した被害者では，PTSD を生じなかった被害者に比べて，左前部帯状皮質(anterior cingulate cortex；ACC)と両側扁桃体の灰白質体積が有意に小さいという所見が得られた(図61)．さらにこの PTSD 群における

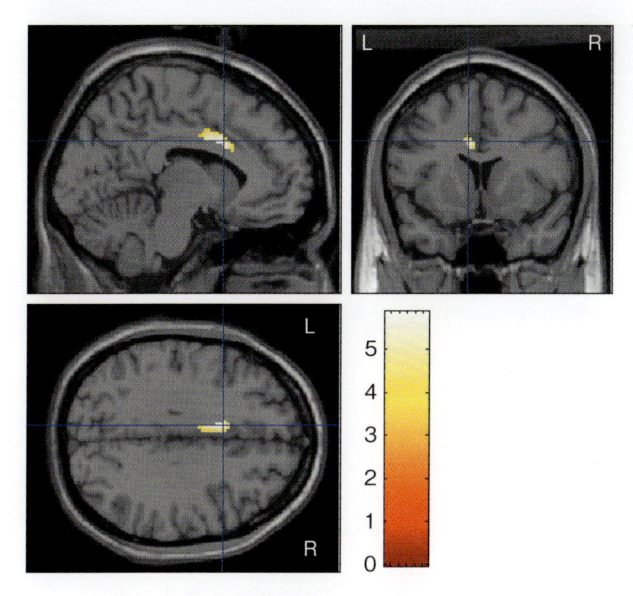

図 61　PTSD 診断と前部帯状皮質体積減少
(Yamasue H, et al, 2003[2])

地下鉄サリン事件被害者のうち，健常被害者に比べて PTSD と診断された被害者で灰白質体積が小さい部位を黄色で表示．

ACC 体積減少は，PTSD の重症度[2]，扁桃体の体積減少[3]（図 62）および事象関連電位 P300 振幅の減衰[4]（図 63）と有意な相関を示した．また，この ACC の体積減少部位と隣接する帯状束の領域では，白質線維内の水分子の拡散異常が認められた[5]（図 64）．VBM は各個人の MRI データを標準脳座標上に変換することで，自動的に全脳の形態学的解析を細かな画素の単位で行うことができる，比較的新しい方法である．仮説に基づいた関心領域のみを手書きで計測する従来の方法と対照的に，広範な部位を自動的に解析でき，測定者の違いに左右されないという特徴がある．筆者らの試みは，PTSD 研究に初めて VBM を応用し，これまで形態学的検討が行われていなかった ACC の体積減少を見出したものである．同時期に別の研究グループから報告された関心領域法による ACC 体積減少や，fMRI による同部位の機能不全所見とも一致し，PTSD の病態における ACC の重要性を支持すると考えられた．

図62 扁桃体体積減少と前部帯状皮質体積
(Rogers M, et al, 2009[3])
PTSD診断による扁桃体の体積の差異と，その前部帯状皮質体積との関連

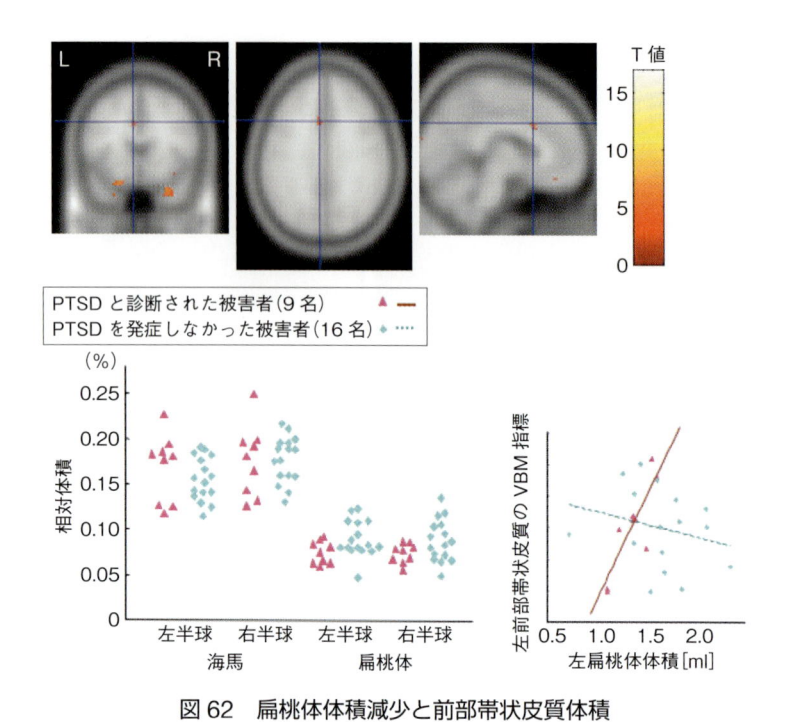

B PTSDの脳病態仮説

　実験動物研究によって，危険と結びついた刺激によって条件づけられた恐怖反応が，その後恐怖条件となっていた刺激が危険と無関係になった際に，恐怖反応の出現を解除する過程で，ACCの神経細胞の活動が不可欠だということがわかってきた．この際，ACCの神経細胞では遺伝子発現とシナプスにおける長期増強が起こり，恐怖反応の出現に関与していた扁桃体の神経細胞に対して抑制的に働くという．外傷体験から長い時間を経て危険と結び付く可能性が既に低くなった刺激によって，再体験症状や回避症状が遷延するPTSDの病像は，上述の恐怖の条件付けの解除過程の

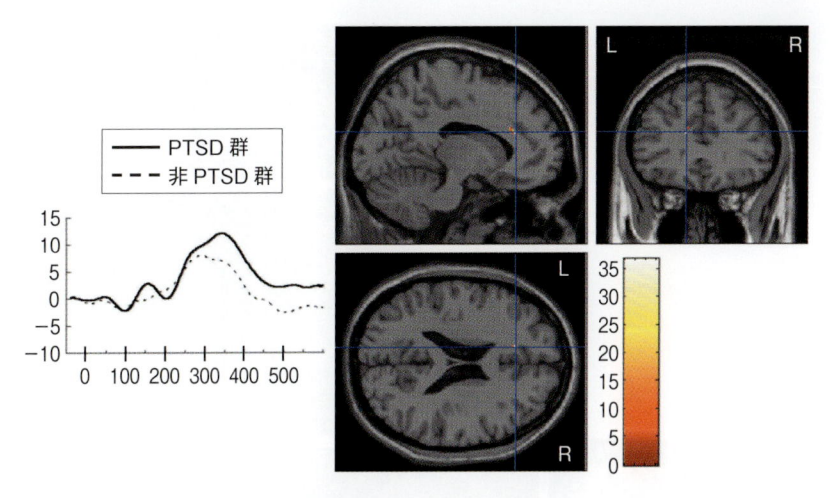

図 63 前部帯状皮質体積減少と P300 振幅減衰
(Araki T, et al, 2005[4])

PTSD と診断された群では，選択的注意機能を反映する事象関連電位 P300 振幅が，ACC 灰白質濃度低下と相関して低く，特に ACC 体積が小さい者ほど P300 振幅も低下していることが示された．

障害と類似しているとして，関心を集めている．すなわち PTSD の病態について，ACC に何らかの機能不全が存在するために，既に危険との結び付きを失った刺激に対して，刺激に対する新たな認識が形成されず，いつまでも外傷体験直後のような生々しい恐怖などの感情が再生され続け，たとえ一見非合理であってもその刺激を回避し続けるという理解が示される(図 65)．こうした見解は，PTSD 患者における ACC の体積減少および機能不全などの脳画像所見に支持されている．

C PTSD の病因仮説

ACC や海馬などを含めた PTSD の脳形態異常の成因は，現時点では明らかになっていない．しかし，最近の研究で Pezawas ら[6]は，健常成人において遺伝子解析・脳形態画像解析・脳機能画像解析を組み合わせた研究を行い，セロトニントランスポーター遺伝子多型が short/short または

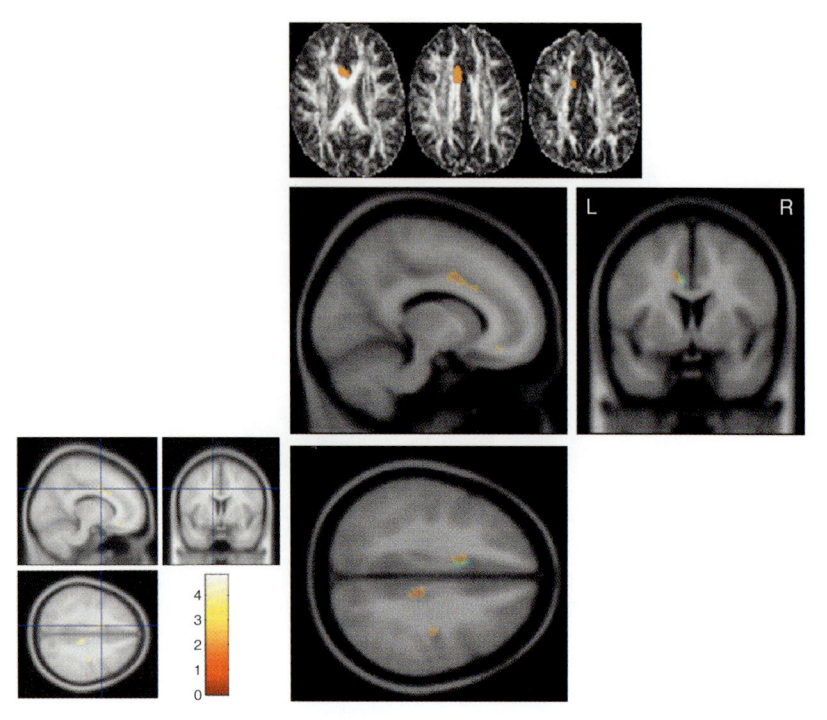

図64 帯状束の白質形態異常と前部帯状皮質体積
(Abe O, et al, 2006[5])

拡散テンソル画像によって示された，前部帯状皮質体積減少部位と隣接する帯状束の白質形態異常．

short/longの者では，long/longの者に比べて，ACCおよび扁桃体体積が有意に小さく，本来恐怖刺激中にこれら2つの部位は互いに関連して活動しているが，short/shortまたはshort/longの個体ではこの関連が弱く，この関連の弱さによって不安関連人格特性の個人差の30%が説明されると報告した．また，筆者らは，健常成人において，右海馬体積が小さい者ほど質問紙法で測定した損害回避傾向の得点が高いことを報告した[7]（図66）．これらの研究は，GilbertsonらのPTSD患者の海馬体積減少についての研究とともに，遺伝的に規定された脳基盤によって，不安特性や外傷体験が生じた際の転帰の個人差が規定されていることを支持している．その一方，サルを対象とした動物実験では，幼少期の数カ月間のスト

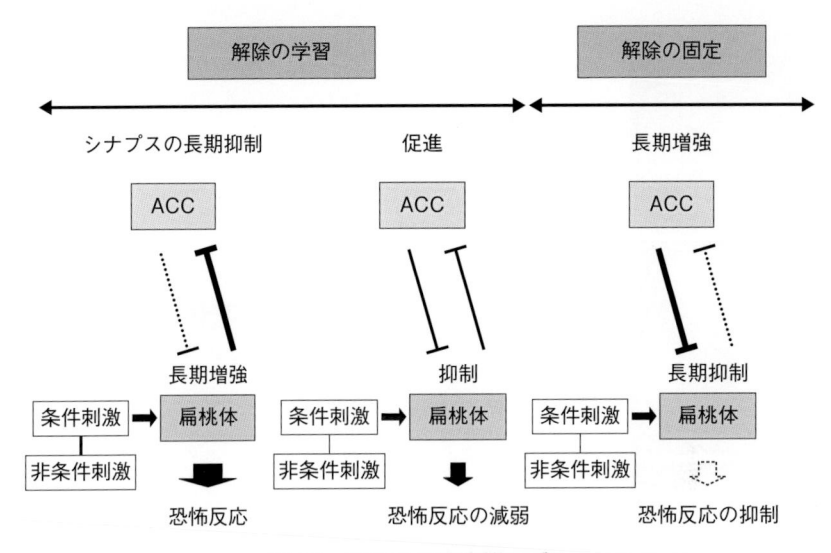

図65 PTSDの脳病態モデル

電気ショックなどの恐怖反応を生じさせる非条件刺激を電子音のように中立な条件刺激と組み合わせて反復すると，条件刺激のみで恐怖反応が出現する．しかし，その後も条件刺激を反復すると恐怖反応は消失する．近年，この条件付けられた恐怖の除去過程の背景に，シナプス可塑性を介したACCによる扁桃体への抑制的制御の関与が明らかにされてきた．

レス負荷で，10年後のACCのNAAが減少するが，海馬では不変だったと報告された．また，拘束ストレスによるラットの内側前頭前野の錐体細胞樹状突起減少も報告されている．こうした研究からは，後天的なストレスによる脳基盤形成の可能性が支持されている．遺伝要因と環境要因の関与についてCaspiらは[8]，セロトニントランスポーター遺伝子の多型，幼少期の非虐待体験の有無が，成人後のうつ病罹患にどのように関係するかを縦断的に検討した．その結果，セロトニントランスポーター遺伝子の多型がshort/shortの個体が幼少期に虐待を受けた場合には，成人後のうつ病への罹患率が高まるのに対して，long/longの個体が虐待を受けた場合にはうつ病の罹患危険は上昇しないことを報告した．こうした知見からは，遺伝要因はストレス性精神疾患への脆弱性を左右する重要な因子であることが支持されるものの，遺伝要因だけでなく，発達期の環境要因，さらには両者の交互作用も重要な因子であることが示されている．

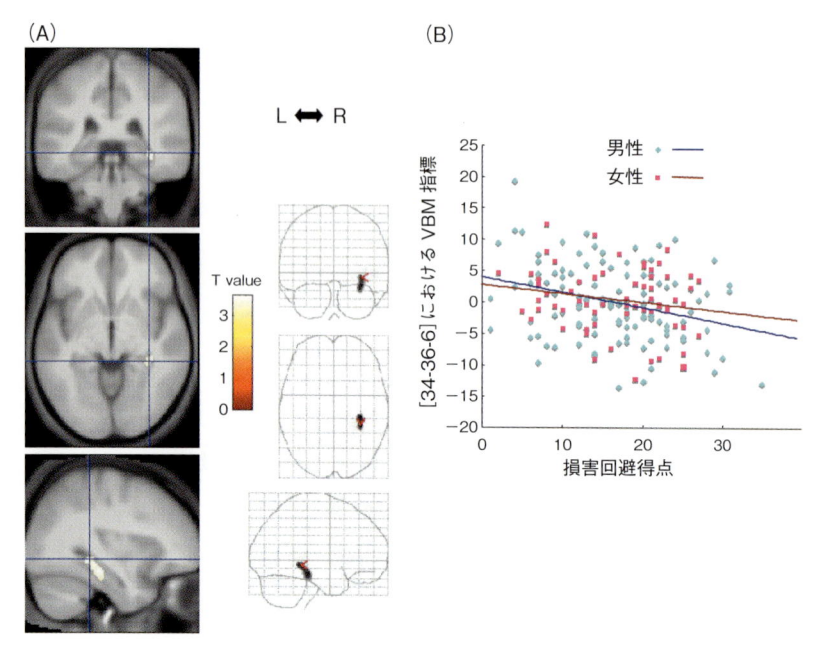

図66 健常成人における不安関連人格特性と海馬体積
(Yamasue H, et al, 2008[7])

精神疾患に罹患していなくも，不安が生じやすい傾向が強いほど右海馬体積が小さいという相関が認められ，外傷体験以前からの海馬体積の小ささが外傷体験曝露後のPTSD発症の基盤となっているというベトナム戦争帰還兵での研究結果を支持した．

筆者らは[9]，この環境要因と遺伝要因の脳形態異常への関与をPTSD患者群でさらに検討するために，Gilbertsonらが2002年に報告した一卵性双生児不一致群で，VBMを用いて全脳を対象に解析を行った．その結果，戦闘体験によるPTSD患者群では海馬，島皮質，ACCの体積減少を認めた．このうち右海馬については先行する用手的解析法の結果と同様に，VBMでも遺伝要因の関与を支持する結果となった．しかし，ACCについてはPTSDに罹患した群では，同じ遺伝背景を有するが戦闘体験がない双生児対に比べて体積が小さかった．PTSDに罹患していない双生児間ではこの部分に差がなかった（図67）．これらの結果は，ACC体積に関しては，遺伝要因を有する群でだけ心的外傷体験という環境要因の影響を受けたと示唆し，Caspiらのような遺伝と環境の相互作用を支持している．

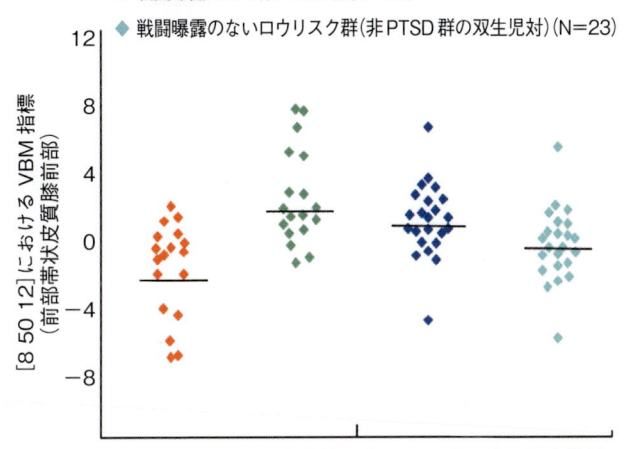

図67 前部帯状皮質における外傷体験と遺伝要因の交互作用
(Kasai, et al, 2008[9])

PTSDへの遺伝的脆弱性を有する群でのみ，外傷体験曝露による前部帯状皮質体積減少が出現したことが示唆された．

おわりに

　両親などによる虐待が繰り返されている児童への第三者の介入の是非については，近年わが国でも議論となることが多い．しかし，上述してきたような知見からは，早期介入の重要性を改めて確認させられる．今後は，研究から得られた知見がストレス性精神疾患の臨床にフィードバックされ，有効な診断，治療，介入に役立てられることが今後の目標であろう．

●文献●

1) Gilbertson MW, Shenton ME, Ciszewski A, et al : Smaller hippocampal volume predicts pathologic vulnerability to psychological trauma. Nat Neurosci 5 : 1242-

1247, 2002
2) Yamasue H, Kasai K, Iwanami A, et al : Voxel-based analysis of MRI reveals anterior cingulate gray-matter volume reduction in posttraumatic stress disorder due to terrorism. Proc Natl Acad Sci U S A 100 : 9039-9043, 2003
3) Rogers M, Yamasue H, Abe O, et al : Smaller amygdala volume and reduced anterior cingulate gray matter density associated with history of PTSD. Psychiatry Res 174 : 210-216, 2009
4) Araki T, Kasai K, Yamasue H, et al : Association between lower p300 amplitude and smaller anterior cingulate cortex volume in patients with posttraumatic stress disorder : A study of Victims of Tokyo Subway Sarin Attack. Neuroimage 25 : 43-50, 2005
5) Abe O, Yamasue H, Kasai K, et al : Voxel-based diffusion tensor analysis reveals aberrant anterior cingulum integrity in posttraumatic stress disorder due to terrorism. Psychiatry Res 146 : 231-242, 2006
6) Pezawas L, Meyer-Lindenberg A, Drabant EM, et al : 5-HTTLPR polymorphism impacts human cingulate-amygdala interactions : a genetic susceptibility mechanism for depression. Nat Neurosci 8 : 828-834, 2005
7) Yamasue H, Abe O, Suga M, et al : Gender-common and -specific neuroanatomical basis of human anxiety-related personality traits. Cereb Cortex 18 : 46-52, 2008
8) Caspi A, Sugden K, Moffitt TE, et al : Influence of life stress on depression : moderation by a polymorphism in the 5-HTT gene. Science 301 : 386-389, 2003
9) Kasai K, Yamasue H, Gilbertson MW, et al : Evidence for acquired pregenual anterior cingulate gray matter loss from a twin study of combat-related posttraumatic stress disorder. Biol Psychiatry 63 : 550-556, 2008

〔山末英典, 笠井清登〕

Ⅳ 脳科学の社会的意義

1 脳科学と社会の関係はいかにあるべきか？

はじめに―専門家集団と社会の関係

　専門家は，保持している専門的技能を行使するために，一般の社会規範に従わなくてもよい特権を有している[1]．外科医の手術はその典型だ．人体を鋭利な刃物で傷つける，それもしばしば内臓の奥深くまで切るということは，一般の社会通念からすればとてもではないが許される行為ではない．したがって外科医は，その専門的技能を，外科手術という限定された場面で，公的・社会的な要請を満たすことのみに使用することを厳しく義務づけられている．それを破った場合には専門家としての資格を喪失するなどの厳しい懲罰を科せられる．これは外科医に限らずどの専門家でも同じである．専門的職階として早くから社会的機能が確立し，その役割を付託されていたのは，医師のほかには法律家と宗教家がある．医師は，その倫理的な規範として「ヒポクラテスの誓い」を宣言するし，法律家はそもそもが規範である法律を遵守することが要求される．宗教家は神（またはそれに類するもの）への忠実を要求される．人類社会の中で，医師と法律家と宗教家は，専門家集団としての社会的規範が確立している．
　医師や法律家に比べるとだいぶ後の19世紀ごろになって，科学者もそのような専門家集団としての社会的認知が確立した．英語圏で"scientist"という用語を最初に使ったのは哲学者のWilliam Whewellで，1833年のことである[2]．これは，それまでいわば趣味の領域であった自然科学が，職業として確立してきたことを示している．けれども科学者の場合は，その活動のすべてが医師や法律家のようには直接社会に関与するわけではないこともあって，社会から専門的技能の行使に関して付託されているという認識が弱いように思われる．また，ヒポクラテスの誓いや法律あるいは

神に相当するものは，科学者集団には存在しない．科学者集団の内部では「科学的真実に忠実であること」がそれらに相当する規範としての働きをしているが[3]，それは法律や神のように外部集団に対しても明示的かつ有効なものではない．したがって科学者の場合は，一般社会との間に共有する行動規範を明示的にはもっていないといえる．

しかし，昨今話題になった事業仕分けではないが，今や日本にあっても，基礎研究者といえどもその社会的な役割を科学者以外にもわかるように簡潔明瞭に説明することが要求されている．そのこと自体には賛否両論あろうが，基礎科学者が専門的技能を社会から付託されているという構造を自覚するためにはよいきっかけになったと肯定的に評価したい．

このような社会状況の中で，脳神経科学は社会とどのように切り結ぶことができるのか—それが本項の主題である．

A 科学にとって「社会」とは何か？

今から6年前の2004年，日本のすべての国立大学が法人化されたが，その際に衝撃を受けたのは，社会全般におけるこの問題への無関心である．賛成にせよ反対にせよ，関連する意見はほとんどすべてが大学関係者からしか発せられなかった．国立大学の設置形態が変わるというのは1872年（明治5年）の学制発布以来という大変革であるにもかかわらず，世の関心は低かった．適度に勉強やサークル活動ができて，卒業証書がもらえれば，設置形態がどうであろうとかまわないというようなその反応は，日本の社会にとって国立大学がその程度の存在であるということを示しているようで，曰く言い難い虚脱感にとらわれたのを思い出す．社会の側にも問題はあろうが，大学関係者が自らの社会的存在意義を世に問うてこなかった—問う必要のない制度が続いていたということだと思う[4]．

これは，どう考えても不合理である．大学の運営費や研究補助金が税金でまかなわれているというだけではない．今や基礎科学であっても，その成果が社会に直接影響する領域も少なくない．その嚆矢は原子力爆弾の開発とするのがよいだろうが，特に近年は生命科学の領域でこの傾向が著しい．遺伝子診断，脳死と臓器移植，人工授精，遺伝子組換え食品，DNA

判定による犯罪捜査など，これらすべて，基礎的な生命科学の成果が大きな社会的影響力をもっている例である．つまり図式的にいえば，今や基礎科学も医療や法律と同じように，社会に向かってその規範を明示することが要求される時代になったといえるのだ．

　しかし，専門家集団内部の規範や論理というのは，しばしば，その外の社会と齟齬をきたす[5]．専門的技能は通常の社会規範に従っていては，獲得も行使もできないことが，非常に多いからだ．外科医の例で言えば，まず学生時代に外科手術の技術を身につけるために遺体解剖を行わなければならない．また，外科医になるためには，患者の身体にメスを入れても平常心を保てなければならない．これらの，外科医コミュニティの内部で必要不可欠な行為やそこで要求される能力は，通常の社会規範からは大きく逸脱している．外科医以外の専門家コミュニティであっても，程度の大小はあれ，基本的なパターンは同じである．しかし外科医や法曹関係者は，社会の中で専門家集団として確立してから長い歴史があり，内部規範と外部の一般社会の規範との間にも，かなり成熟した関係ができていると言ってよいだろう．手術以外の場面で外科的行為が許容されるとは，医師の側も社会の側も，露ほども思っていない．切り裂きジャックになってしまう．

　この認識は当然のことだろうか？　基礎研究者にとっては，そうではないのだ．実験室以外の場所でも科学的な論理や思考法が通じるし，通じるべきだ，と（無意識に）考えている科学者が，なんと多いことか．後ほど詳しく述べるが，科学者と一般社会とのコミュニケーションの難しさは，ここにある．単純化していえば，社会も科学者も科学の扱いについて，まだ慣れていないのである．

　必要なことは，自分の立ち位置を俯瞰し，相対化することである．自らが属する専門家集団と外部のさまざまな集団との関係を把握し，外部集団のメンバーの規範や価値観を理解はしなくとも少なくともある程度許容し，自らの規範や価値観とすり合わせることである．立場の異なる人間と付き合うというのは，要するに社会生活そのものだから，ある程度経験を積んだ成人であれば可能なはずだ．しかし，上で述べたように，専門家は専門家集団の中の規則や習慣を刷り込まれているから，自己の相対化や俯瞰が，とりわけ難しい作業となる傾向にある．

脳神経科学は，このような専門家集団が推進している，専門的な領域である．さらに，専門家集団の担い手が極めて多様である．基礎科学者もいれば臨床医師もいる．基礎科学者も，生理学から発生学，遺伝学，心理学，認知科学，機械工学，情報工学など，臨床も外科，内科，精神科，小児科のすべてに関わる．さらに最近は，経済学や経営学，政治学，法律学，教育学，哲学，倫理学，宗教学，芸術学など，人文社会系にも脳神経科学との連携領域が広がり，これらの方面での応用範囲も着実に広がっている．当然，専門領域ごとに社会との関わり方も多種多様だし，専門家たちの社会や倫理に関する認識も大きく異なっている．これを一括して，「脳神経科学と社会の関係」としてしまっては，精確さを欠く．専門家集団として古代エジプト時代から確立していた外科医と，倫理指針をもたない人文系の諸学界とを同列に扱うことは，どだい無理なのである．付言すれば，「倫理指針がない」ということは，社会との関係が未熟であるとか問題意識が低いということを意味するのでは，もちろんない．それぞれの研究対象によって，それぞれの学問領域にふさわしい一般社会との関係があるのであり，それを無視して何もかも医療分野の規制を適用するのは，健全な学問の発展を阻害し，ひいては社会と学問の健全な関係をも阻害してしまうだろう．重要なことは，それぞれの学問領域の担い手たちが，自らと社会の関係を俯瞰し，それぞれにふさわしい対社会関係を構築することである．

　さてしかし，脳神経科学は，その成り立ちが多様多彩である．つまり，「脳神経科学」として単一の対社会関係を築くことが，ほとんど不可能なのだ．脳神経外科医もニューロマーケティング研究者も，共に満足する（許容できる）ような倫理指針や倫理審査委員会のあり方など，どうやっても作れないだろう．これが本項の前提であり，ではどうしたらよいのか，それが本項のテーマである．結論として，特効薬はない．それぞれの分野の自律的対応を促しつつ，脳神経科学全体としてゆるやかな情報共有と情報交換を行っていくしかない．そのためには，脳神経科学と社会の関係を専門的に研究し，扱う人材が必要である．

　なぜそのような結論になるのか，まず次節で，科学者と社会の間のギャップを他の自然科学はどのように対処してきたのか，科学と社会の関

係を考察する「科学コミュニケーション」の観点から文化的・歴史的な背景といくつかの事例を概説する．次に，脳神経科学と社会の関係について研究する脳神経倫理（neuroethics）の最近の動向について紹介しながら，具体例を考える．最後に，今後の脳科学者と社会の関係のあり方について，提言を行う．

B 科学と社会―歴史的・文化的背景

　前述のように自然科学者が社会の中で職業集団として確立したのは19世紀であるが，それ以後の社会との関係を一言で表すと，《啓蒙から参加へ》という流れである[6]．科学の成果をわかりやすく社会に伝える活動は，その当時から必要だった．自然科学の知識がそのままでは社会には届きにくいことは当時の科学者たちにとっても自明であり，19世紀の半ばに相次いで，科学者による一般社会への普及啓蒙活動が組織化されていく．イギリスでは1825年，クリスマス休暇に一般向けの科学講義を行うクリスマス・レクチャーが開始された．創始者の1人である物理学者ファラデーの「ロウソクの科学」は人気演目で，何年にもわたって繰り返し演じられ，単行本として出版されている[7]．海をわたったアメリカでも，1848年に全米科学振興協会（American Association for Advancement of Science; AAAS）が発足する．世界的に最も権威のある科学雑誌の1つである『Science』の発行母体でもある．現在でも，科学者から一般市民までが集う大規模な年次集会の開催をはじめ，宗教と進化論の関係や脳神経倫理についての研究など，科学と社会の関係について幅広く堅実な取り組みを続けている．つまり，19世紀に科学が社会の中で制度化されたほぼ最初期から，社会とのコミュニケーションは科学者自身にとって重要な事項だったということである．その一番の原因は，科学的知識そのものの反日常性，反直観性にあると思われる[8]．

　科学では，作業仮説を立ててそれを検証することを何度も繰り返しながら，少しずつ知識を獲得していく（仮説-演繹サイクル）．日常生活でこのサイクルを何度も回すことは，まずない．新しくできたラーメン屋は美味しい，という仮説を立てても，1回行ってまずければ，もう行かない．し

かし科学では，作業仮説が肯定されれば次のステップに進み，否定されれば仮説を修正してまた検証する．いずれにせよ，手続きとしては同じことを何度も繰り返すのである．この繰り返し作業自体が，非日常的である．さらに，そうして獲得した知識は論文という形で蓄積され，科学者集団の共有知として蓄積されていく．集団の知識の進歩発展が，累積的で試行錯誤の連続なのである．これも，トップダウンや突発的な偶然などによって局面が大きく変わることのある日常生活とは，大きく異なる．

つまり自然科学は，知識獲得の手続きそのものと，それを集団で共有する手続きの，どちらもが非日常的なのである．これらの繰り返しによって獲得した知識(およびその到達した世界観)は，人間の直観とは大きく異なり，しばしば不快感や疎外感すらもたらす．地動説の発見にしても進化論にしても，社会からの反発はとてつもなく大きなものであった．

さらに科学は，それ自体は生産的な手段をもたないので，科学者集団を維持するための資源(人や場所や資金)を，外部社会に頼らなければならない．そのための「宣伝」をしないと，活動が維持できない．要するに科学というのは社会とのコミュニケーションを内在的に必要としており，科学コミュニケーションは科学の研究活動に付随的に追加されるものではなく，その本質的な核を構成する要素の1つなのである．だからこそ，19世紀に科学が社会の中で制度化されると同時に，社会とのコミュニケーション活動が盛んになったのである．

しかしながら19世紀の科学コミュニケーションは，まさに「啓蒙」であった．先に触れた，クリスマス・レクチャーでのファラデーの『ロウソクの科学』[7]は古典的名著だが，科学者が身近な題材を使って，物理や化学の話をわかりやすく説明した内容である．そこで説明された知識が，聴衆や読者にとってどのような意味があり，彼ら彼女らの生活や人生とどういう関わりがあるかという視点は，そこにはない．現在必要とされている科学コミュニケーションとは，この点が大きく異なる．今の科学コミュニケーション，あるいは科学技術社会論で強調されるのは，社会の中における科学技術の統治(ガバナンス)のあり方である[5]．専門家だけが科学技術の意思決定を担当するのではなく，一般市民の価値観や規範をそこにどう反映させるか，知識生産の上流過程に非専門家がどのように参画するか，

といった諸点が問題になっている．科学者が社会に「わかりやすく」，しかし一方向で働きかけるのではなく，科学と社会の双方向のコミュニケーション回路をどうデザインするかが，科学コミュニケーションの重要な課題として世界各国で試行錯誤が繰り返されている[注1]．

このように科学と社会の関係が変化した背景には，一般社会における知識の量が膨大に増加し，市民の知識水準も格段に高くなったという事情がある[9]．科学者と一般市民の間の知識格差は，社会全体の平均をとれば，19世紀よりはるかに小さくなっているのである．したがって科学コミュニケーションも，知識が高いところから低いところへ流れるという勾配モデル（欠如モデル）を想定したのでは，うまく機能しないことがある．科学と社会の間の摩擦やギャップは，知識の量的な差異が原因なのではなく，両者の間で価値規範が質的に異なると考えたほうがうまく説明できることが多いのである（これは，欠如モデルが機能する場面がないということを意味するのではない．知識，特に専門的知識の量的な差が原因のこともしばしばある）．

以上のような歴史的な経緯をふまえて，日本でも近年になって科学と社会のコミュニケーションを促進する動きが盛んになってきた．国や政府の政策レベルで見ると，2001（平成13）年に制定された第2期科学技術基本計画「第1章 基本理念　4．科学技術と社会の新しい関係の構築」に，「（1）科学技術と社会のコミュニケーション」という節があり，「科学技術と社会との間の双方向のコミュニケーションのための条件を整えることが不可欠である」と強調されている[10]．これを受けて，2004（平成16）年の『科学技術白書』では全3部のうちの第1部「これからの科学技術と社会」をすべて社会との関係にあて，「第1章　科学技術と社会の関係の深まり」，「第2章　社会のための科学技術のあり方」，「第3章　社会とのコミュニケーションのあり方」を論じた[11]．『科学技術白書』はそれまでは科学技術そのものの動向について述べていたもので，2004年度版のこの構成は，科学

[注1] 科学と社会のコミュニケーションに関しては，複数の学術専門誌（『Public Understanding of Science』，『Science Communication』など）やと複数の国際学会（Public Communication of Science and Technology, Society for Social Studies of Sciecen など）が活発に活動しているほか，アメリカやイギリスにはいくつかの大学で大学院に専攻やプログラムなどが設置されている．

技術社会論や科学技術行政の周辺では画期的なものとして受け止められた．2006年3月に制定された第3期科学技術基本計画でも，引き続き科学技術と社会の良好な関係が必要不可欠であることを強調されており，「社会・国民に支持され，成果を還元する科学技術」を目指すことが不可欠であると宣言している[12]．

以上のような国の方針を受けて，日本でも2000年代半ばから，科学技術コミュニケーションの人材養成プログラムや科学コミュニケーション活動の多くに予算が付き，さまざまな試みが進展するようになってきている．例えば，科学技術振興調整費によって2004年度から2009年度まで，東京大学・北海道大学・早稲田大学で科学技術コミュニケーター養成のプロジェクトが実施された．そのほか，大阪大学・お茶の水女子大学・九州大学・東京工業大学・名古屋大学など，さまざまな大学で科学コミュニケーションの活動や人材育成が行われ，理化学研究所や自然科学研究機構などの諸研究機関では専属の科学コミュニケーターを雇用する動きが加速している．また，先駆的な試みとしてゲノム科学をテーマにした文部科学省科学研究費補助金(科研費)の特定領域が2002年から行っていた「ゲノムひろば」は，研究者が一般市民を相手にポスター発表をするという斬新なスタイルで，生命科学者の間に科学コミュニケーションの重要性を根付かせることに成功した．また，科学技術振興機構(JST)が主催して2006年から始まったサイエンス・アゴラは，科学コミュニケーターを中心としたフォーラムとして，科学者，技術者，マスメディア，一般参加者など，多様な人材の集う場になっている．サイエンス・アゴラではほぼ毎年，脳神経科学関係のイベントも行われており，多くの集客が記録されている．

日本の社会の中で，問題点・課題は多々あるものの，科学技術コミュニケーションは着実に根付きつつあると言ってよいだろう．その中で，脳神経科学が社会とどのような回路を構築するべきなのか，それが次節の検討課題である．

C 脳科学と社会―脳神経倫理の動向

自然科学のさまざまな領域の中でも，脳神経科学の成果は一般社会に最

も大きな影響をもっている分野の1つである．脳は人間の意識や記憶，性格，知能などの源であり，それに関する何か新しい科学的知見は，社会生活や自己啓発のノウハウとして，たちまちに流通するという事態が日本でもしばしばみられる．状況はどこでも似たり寄ったりで，2000年頃から脳神経科学と社会，あるいは他分野との関係を検討する必要性がさまざまな場面で主張されるようになってきた．ここではそういう運動全体を一括して「脳神経倫理 neuroethics」と総称することにする．

この名称自体は1960年代から一部の専門家の間では使われていたが[13]，2002年にサンフランシスコで開かれた会議"Neuroetchics : Mapping the Field"よって人口に膾炙するようになった．アメリカのダナ財団が主催し，『The New York Times』のジャーナリストだった故 William Safire の呼びかけで始まったこの会議は，脳神経科学者や脳神経科の医師だけでなく，哲学者，心理学者，倫理学者，法律学者，ジャーナリストなど幅広い分野のメンバーが参集して脳神経科学と社会の関係を考察することの必要性をアピールしたものだった[14]．背景としては，脳神経科学が一般社会に大きな影響をもっているということと，社会からの関心に（ある意味，安直に）呼応する成果が出てき始めていたということの，両面がある．後者の例としては，経済学やマーケティングと脳神経科学が結びついたニューロエコノミクスやニューロマーケティング，あるいは教育学と脳神経科学の連携などがあげられる．

これら，研究の広がりそのものは大いに歓迎すべきことなのだが，その副作用としていくつか懸念すべき事態も生じてきている[注2]．第一は，人間を被験者とする研究の進め方の問題，いわゆる《脳科学の倫理》の問題であ

注2 本項で述べた問題点も含め，脳神経倫理に関するより包括的な考察は以下の諸文献を参照されたい．
1) Fukushi T, Sakura O, Koizumi H : Ethical considerations of neuroscience research : the perspectives on neuroethics in Japan. Neurosci Res 57 : 10-16, 2005
2) 佐倉統，福士珠美：脳神経倫理―脳科学と社会の健全な関係をめざして．生命倫理 17：18-27，2007
3) 信原幸弘，原塑・編：脳神経倫理学の展望．勁草書房，東京，2008
4) Illes J (ed) : Neuroethics : Defining the Issues in Theory, Practice, and Policy. Oxford University Press, Oxford, 2006（高橋隆雄，粂和彦・監訳：脳神経倫理学―理論・実践・政策上の諸問題．篠原出版新社，東京，2009）

る．医学や生理学などの領域では，ヒトを対象とした実験研究には長い歴史があり，被験者の人権保護のためのさまざまな制度が整備されてきている．理念的には1964年に採択されたヘルシンキ宣言が，その後の度重なる改訂を経て，世界共通の指針となっているし，それに則した形で日本でもヒトを対象とした「疫学研究に関する倫理指針」（文部科学省・厚生労働省），「臨床研究に関する倫理指針」（厚生労働省）などが定められている．また，研究を始める前に研究計画を所属機関の倫理審査委員会に提出して認可を経なければならないことも，手続きとして定められている．しかし，非医学系の研究分野では，このような理念や指針・手続きは，必ずしも確立したものではない．特に，人文・社会系の場合は，研究者の所属する学部に倫理審査委員会そのものが存在しないことも多く，脳神経科学と連携した研究を進める際の倫理的安全性をどこでどのように保証するかということ自体が曖昧なまま，研究が盛んになってきているというのが実情である．また，医師が立ち会わずにヒトを対象とした実験を行う場合，疾病の可能性のある所見が偶発的に得られた際の手続きについて，医療行為ができないのでどのような対応をするか事前に同意を得る必要があるが，そのあたりの手続きについても，非医学系の研究機関では明確な規定がないことがある．

　脳神経科学のすそ野が広がることの第二の問題点は，科学的に不明瞭な結果であっても，しばしば社会に流布してしまいかねないことである．典型的なのは，数年前に流行したゲーム脳である．テレビゲームをやりすぎると脳に悪影響があるという言説が一世を風靡したことがある．出典は2002年に出版された，森昭雄の『ゲーム脳の恐怖』[15]で，著者が「脳科学者」であったために，「科学的根拠」をもった成果として注目された．しかし，脳波の測定の仕方や解釈に大きな誤りがあることがその後指摘され，現在では科学的根拠はほとんどないとされている．

　このように，科学的根拠が薄弱な情報であっても，「脳科学的」というレッテルが貼られることで，しばしば，社会的に大きな権威として機能することがある．このほかにも，外国語の早期習得についてや，パズルによるボケ防止効果など，程度の差は多々あるが，同様の現象がみられる．任天堂の携帯ゲーム機DSには，「脳トレ」として親しまれている一連のソフ

トがある.東北大学の川島隆太教授が監修することで科学者からの「お墨付き」を得たこのシリーズは,高齢者の認知症に効果がある,あるいは児童生徒の勉強によいということで爆発的な売り上げを記録した.しかし,その科学的根拠にはあいまいな点が多いとして批判も出されている[16].

けれども,脳トレやさまざまな脳科学ブームは,それらの科学的な不正確さを批判するだけでは解決はしないと思う.流行となっているのは,必ずしも科学的な妥当性だけではないからだ.科学的な正確さはさておき,純粋にゲームとして楽しんでいるんだからいいではないか,という人も多いかもしれない.東京大学大学院学際情報学府の大津奈都子と加瀬郁子(私信)は,このような科学の扱い方を「ネタ科学」として分類できるとした.2ちゃんねるなどで,コトの真偽は問わずにその場の盛り上がりのために楽しむことを「ネタ」という.それと同じパターンで,科学を「ネタ」として楽しもうというわけだ.なお,このことは流行的言説の科学的妥当性を批判することが意味がないということではもちろんない.科学的妥当性の検討はもちろん必要不可欠だ.ただそれだけではなく,社会的な流行の位相でも分析を加える必要があるというのが私たちの主張である.

《正統科学 vs 疑似科学》という二項対立図式だと,議論はすれ違いのままだ.心ある科学者は科学的妥当性を批判し,擁護者は科学的妥当性の問題ではないのだとすり抜ける.これでは事態は何も変わらない.そこに「ネタ科学」という概念を導入することで,状況を《正統-疑似-ネタ》の3つの関係として捉え,さらにそれぞれは固定したものではなく,同じ情報でも受け取り手や場の特性によって,さらには同じ受取り手でもそのときの心的状態や周囲の状態によって,この三極を流動的に移動しつつ対応しているとみなすことができる.

科学的情報を「ネタ」として扱っている人たちに対して,あるいは「ネタ」として扱われている科学的情報に対して,科学的妥当性や正確性を批判することは,有効な戦略ではないと思われる.むしろ,ネタとして使われているうちは害がないのであって,「本当にそうだと信じて困った行動を起こされる」——つまり実害のある疑似科学として流布することが問題なのである.科学者は,ネタ科学を批判するのではなく,ネタ科学が疑似科学に転じないよう監視するべきなのである.例えばゲーム脳も,「飲み会の

話題」で盛り上がっているぶんには目くじらを立てるほどのことではないだろうが，小学校で児童の脳波を測定してゲーム脳と「判定」された子からゲーム機を取り上げるとなれば，これはもう，疑似科学による差別と言えるだろう．

つまり，ネタ科学か疑似科学かは，どのような場面，文脈で使われるかによって決まるのであり，批判すべきかどうかはその「使われ方」によって判定されるべき事柄である．科学者は文脈に依存しない科学的な真実を追究する訓練を受けているため，文脈に依存して真偽が決まることへの抵抗が強いが，社会的な事象の中には真偽（というか妥当性）が文脈依存的なものは決して少なくない．ポピュラー科学の品質保証が専門的な科学より難しいのは，この文脈依存性が高いからである．専門科学は専門家の集団が，確立した手法で判定する．しかし一般社会の中で広く流通するポピュラー科学は，さまざまな場面，文脈で，さまざまな使われ方をするので，妥当性をどのように判断するのか，統一的な基準を設けることができない．事例ごとに個別の検討が必要になる．学会や協会が指針を出せばすべて片付くというものではない．

また，中等教育や高等教育における脳神経科学についても，再考の必要があろう．現在の中等教育（中学・高校）のカリキュラムでは，人間について扱うのは理科ではなく保健体育という傾向があり，ヒトの言語や記憶，認知などの脳神経科学的な内容を理科で扱いにくい雰囲気があると聞く．このような制約が，実際どの程度の効力をもって運用されているのか，筆者はまだ調査を十分に行えていないが，科学者集団の学協会も，初等中等教育の関係者らと綿密な情報交換を行いつつ，協同関係を構築していく必要があるだろう．

おわりに

脳神経倫理に限らず，科学コミュニケーションや研究倫理の問題は，科学的研究にオマケとして付け加わったものではない．科学者集団が外部の一般社会とどのような関係を構築するかという，本質的で重要な問題であり，つまりは社会の中における科学のあり方そのものを問う問題である．

あるいは，社会における科学知識のあり方の問題である．かつても，原爆に対して反対声明を出したラッセル＝アインシュタイン宣言やそれを受けてのパグウォッシュ会議，遺伝子組換え技術の乱用を生命科学者たちが自主規制したアシロマ会議など，科学者たちが社会的道義的責任から自らの活動を規制する指針を出した例は少なくない．脳神経科学についても，その社会的影響について，研究者自身で何らかの対応をするべき状況にあるのではなかろうか．

　最後に，脳神経科学者たちがマスメディア上でピア・レビューに似た働きをした事例を紹介する．2007年11月11日付けの『The New York Times』に，カリフォルニア大学ロサンゼルス校の認知神経科学者，Marco Iacoboni のグループが論説記事を掲載した[17]．異例の盛り上がりを見せたアメリカ大統領選挙の前年にあたる．ミラーニューロンの研究者としても名高い Iacoboni たちは，誰に投票するかをまだ決めていない浮動層に大統領選候補者の写真などを見せ，被験者の脳活動を測定することで投票行動が予測できるとした．また，候補者たちが今後どのような点に注意して選挙活動をしたらよいかも示唆した．よく言えば大胆で刺激的な内容だが，科学的な論拠はいかにも弱い．果たしてこの論稿掲載のわずか3日後に，17名の認知神経科学者たちが連名で批判記事を同じ『The New York Times』に掲載している[18]．被験者はわずか20人，刺激の内容や提示方法も単純なものだし，扁桃核の賦活化と候補者への意見を短絡的に結びつけているという批判だ．Iacoboni らが学術専門誌に論文を投稿して専門家の査読を受ける手続きを経ずに新聞記事を掲載したことも非難されている．論争はその後もウェブサイトや科学雑誌などで続いたが，2008年の大統領選挙が行われるまでにはおおむね終息した．

　客観的に見て，批判者たちの論調にもやや極端なところがあり，Iacoboni 批判に前のめりになりすぎている感は否めない．しかし重要なことは，マスメディア上でも，同業専門家による批判がきちんと行われたことである．科学的情報，特に脳神経科学の情報が，非常に大きな社会的影響をもちつつある現在，一般向けの情報やマスメディア上の情報についても，脳神経科学者はきちんと対応し，ときに批判することで品質保証を行う必要がある．その機能──社会的ピア・レビューが機能するためには，そ

れを科学者の役割としてきちんと業績評価に組み込むことが必要だ[19]．今や，好むと好まざるとにかかわらず，脳神経科学者は直接社会と関わらざるをえない状況にあると言ってよいだろう．

　本研究の一部は，文部科学省脳科学研究戦略推進プログラムにより実施された「ブレイン・マシン・インターフェースの開発」の成果である．また科研費（21300321）の助成を受けたものである．

● 文献

1) Gardner HE, Csikszentmihalyi M, Damon W : Good Work : When Excellence and Ethics Meet. Basic Books, New York, 2002
2) 村上陽一郎：西欧近代科学—その自然観の歴史と構造．新曜社，東京，1971
3) Gardner et al., op cit
4) 佐倉統：文化のグローバリズムとローカリズム，そして国立大学法人化．Inter Communication 48：154-168，2004
5) 藤垣裕子：専門知と公共性—科学技術社会論の構築へ向けて．東京大学出版会，東京，2003
6) Burns TW, O'Connor DJ, Stoclemayer SM : Science communication : a contemporary definition. Public Underst Sci 12：183-202, 2003
7) Faraday M : The Chemical History of a Candle. Griffin, Bohn, and Company, London, 1861（邦訳 M. ファラデー『ロウソクの科学』は岩波文庫，角川文庫などがある）．
8) Dunbar R : The Trouble with Science. Harvard University Press, London, 1996（松浦俊輔・訳：科学がきらわれる理由．青土社，東京，1997）
9) 佐倉統：科学技術コミュニケーターの社会的役割と文化論的展望．科学 76：42-47，2006
10) 第2期科学技術基本計画 http://www.mext.go.jp/a_menu/kagaku/kihon/honbun/005.htm（2010年2月23日確認）．
11) 2004年版『科学技術白書』http://www.mext.go.jp/b_menu/hakusho/html/hpaa200401/index.html（2010年2月23日確認）．
12) 第3期科学技術基本計画 http://www.mext.go.jp/a_menu/kagaku/kihon/06032816/001/001.htm（2010年2月23日確認）
13) Fukushi T, Sakura O : Exploring the origin of neuroethics : from the viewpoints of expression and concepts. AmJ Bioeth 8：56-57
14) Marcus S(ed) : Neuroethics : Mapping the Field. Dana Foundation, New York, 2002
15) 森昭雄：ゲーム脳の恐怖．日本放送出版協会，東京，2002
16) 藤田一郎：脳ブームの迷信．飛鳥新社，東京，2009
　坂井克之：脳科学の真実—脳研究者は何を考えているか．河出書房新社，東京，

2009
17) Iacoboni M, Freedman J, Kaplan J : This is your brain on politics. The New York Times, November 11, 2007
18) Aron A, Badre D, Brett M, et al : Politics and the brain. The New York Times, November 14, 2007
19) Illes J, Moser MA, McCormick JB, et al : Neurotalk : improving the communication of neuroscience research. Nat Rev Neurosci 11 : 61-69, 2010

〔佐倉　統〕

●こぼれ話●

1,000年後の科学と人間

　学生時代，地方の旧家を訪ねたときのことである．100歳を超えたかという婦人が出迎えてくれた．玄関の土間の天井には「籠」がつり下げられていた．彼女の祖母の嫁入りに使われたものだという．「昔は質素な嫁入りだったけれど，最近はだんだんと豪華になってきて…」との説明だった．しかし話が進むうちに，江戸時代の生まれである100歳を超えるその人にとって，「最近」とは元禄時代，「昔」とは戦国時代を指すのだと気づいたとき，新しい世界が開けた．

　1,000年前の平安時代を「実感」する術は，個人個別の問題だ．既に明治維新の遷都以来の「東京時代」は奈良時代をしのぎ，鎌倉時代の長さに迫ろうとしている．家に伝わる昔語りを辿れば各個ユニークな方法があろう．1,000年前，宗教，科学（学問），政治，文学は，分かち難く一体のものであった．それらをもとに構築される「人間観」は，混然として自然環境に埋め込まれていた．おおかたの人間活動は，まだ自然現象の一部であり，人間の生は故に極めて「刹那的」であったが，反面自然そのものと一体化し，自然と同様に恒久であった．

　500年程前から科学と宗教が決別を始め，200年程前から哲学と科学が分離を始めた．芸術はそれらの間の中洲か膠のように立ち現れ始めた．これらが明確に分離された（と感じる）ようになったのは，ここ数十年程のことである．自然と一体化し環境に埋め込まれた存在であった人間とその活動が，人間の想いの深層の部分から，機能別に，環境との相互作用の様式別に，徐々にはがれてその形を現してきたのが，過去1,000年の時間

経過であった．この時間の流れの中で，はぎ取られた機能の核に「人格・主体」が取り残され，改めてその実体を現したといえよう．人々は，現代を「人間性」喪失の時代という．しかし，むき出しになった「人間」は変わらない．変わったのは，人間と環境を結びつける，千切れた機能とのつながりである．

　この1,000年間にわたって継続してあったもの．それは，「不変の人間存在」と「一定の時間経過」である．人間存在の周辺は大きく変化する．環境に埋め込まれた存在であった人間は，その環境をも操作し始めた．環境を操作することによって，環境との関わり方も相乗的に変化せざるを得なかった．社会をつくることによって，個人の領域は融合した．しかし，「人間存在の根元」は変わらない．社会はそれを反映するだけである．「人間」と「時間」は1,000年後も変わらずに存在し続けるだろう．さて，その不変の物は，変化する周辺とどのような関わりをもっていくのか．（入）

あとがきにかえて

■顔が語るもの

　岩田　私が前から面白いと思っているのは，人の瞳孔です．先生とこうやって相対して話をしていても，瞳孔の大きさはわからない．日本人は皆そうなんです．ところが，外国人，特に青い目の人は，瞳孔の大きさがよくわかるんです．瞳孔というのは，内面的なものに対してものすごく反応するので，何か話しているときに瞳孔がグーッと広がってくると，「ああ，私の話に大きく反応している」というのがわかるし，瞳孔がスーッと小さくなっていったら「無関心なんだな」ということがすぐにわかる（笑）．私は，フランスに留学していたときに，話している相手の瞳孔があまりにも大きく反応するのでビックリしたんです．

　ところが日本人の場合は，瞳孔の大きさなんて相手にまったくわからないでしょう？　そうすると，瞳孔の大きさで相手の心の変化を読むことに慣れている外国人が「日本人は何を考えているかわからない」と言う．

　河村　瞳孔が大きくなることによって，自分に注目してくれていることがわかるわけですね．この本の中でも視線認知のことがテーマの1つになっていますけれども，例えば対面している相手がどこを見ているかというのも大切なことで，話をしている相手がどこかを見ると，そちらの方向を見てしまいますよね．共同注意というらしいですけど，そういう機能もあるということが書いてあります．

　それからもう1つは「まなざし」で，まなざしによって，相手のもっている感情がある程度わかる．まなざしによって感情を表現することができるということだと思います．それに加えて，西洋人の場合は瞳孔がはっきり見えるので，相手の感情を受け取りやすいということになるのでしょうか．

　岩田　これも絵の話になりますが，女性の顔を描くときに，特にルネサンス時代では，瞳孔をどのくらいの大きさに描くかというのはとても大事

なことなんですよね．瞳孔を小さく描くと，その人はすごく冷淡な，嫌な感じに見えてしまう．逆に，女神とか，美しい女性を描くときには瞳孔を大きく描くわけです．肖像画でもそうです．それによって，その人が愛らしく見えて，自分に対して好感をもっているように見える．それは，関心があれば瞳孔が開くということをよく知っているからそう描くわけですよね．

河村　確かに心理学的な研究もありますね．Desmond Morris が『マン・ウォッチング』という本の中で，瞳孔の大きさを変えた 2 枚の同一人物の写真を見せて，どちらが魅力的かを選ばせるという実験結果を紹介していますね．

岩田　ぜんぜん感じが違っちゃうんですね．日本人は虹彩が黒いから，瞳孔と虹彩との境界がわからないでしょう．それが，ある意味からいうと不自由なところだと思うんですね．

　それと，まなざしについて面白いと思っていることがあるんだけど，いわゆる「見返り美人」というのがありますよね．流し目で振り返っている．それは，1 つの感情を表しているわけですが，私がビックリしたのは，菱川師宣の描いた見返り美人は，目が首とは反対側を向いているんです．あるとき，拡大して見て気がついたんですが，あのまなざしが表しているのは，「あんたなんか，イヤよ」という拒絶反応なんですね．そこまで考えて菱川師宣があれを描いたとすると，ものすごい表現です．

河村　そこまで表現できるんですね．

岩田　たぶん，歌舞伎とかお芝居でそういう所作が使われているんじゃないかと思うんですけどね．

　視線というのは面白いもので，「あっち向いてホイ」という遊びがあるでしょう？　あれで，反対側を向くというのは難しいですよね（笑）．それく

河村　満

らい，視線というものは，社会的にできあがったある行動パターンがあって，それに逆らって動くというのは，何ものかを意味しているのだと思います．

河村 よくわかりました．そういうことに，神経科学領域の人たちが興味をもつようになってきて，脳との関連で語られるようになったのは，わりに最近のことですよね．

岩田 そうですね．特に視線に関しては，あまり脳科学としての研究はなかったでしょう．

ただ，私は前から顔について面白いと思っていることがあるんです．私が診ている患者さんの中には，Lewy 小体型の認知症の方が多いのですが，そういう方には，いわゆるカプグラ症状といって，自分のいちばん親しい人，例えば亭主に対して「あなたは，私の夫に非常によく似ている」「そっくりだ」と言うけれども，自分の亭主ではないと思っている．顔として個体認識ができているけれども，自分に対する親近感がないということじゃないかと思うんです．非常に奇異ですが，非常に親しい人にしか出ない．私のことは，患者さんは必ず「岩田先生」と言うんだけれども，自分をいちばんよく面倒を見てくれる娘に対してカプグラ症状が起こる．「夫は，どこかほかにいる」というようなことを言うんですね．だから，介護をする人は嘆くんですよ．

だから，顔には表情とか，個体認識といったこととは別に，個体認識の付属品みたいなもので，その人と自分との関係の深さを認識するものが，何かあるみたいなんですね．そういうふうに考えると，カプグラ症状というのは，わりと理解しやすいんじゃないかと思います．

ある意味でのノンバーバルコミュニケーションが，そういうかたちで行われている．だから，知った人に会うと，なんとなくうれしくなる．私たちも，知らない人ばかりのパーティの会場で，誰か1人知った人を見ると，それで自分の居場所があったという感じを受けることがありますよね．あれも，顔がもっている1つの役割で，あのときに何が起こっているのか．まだ，脳科学ではそういうことはあまり言われていないけれども，カプグラ症状を出しているような人が，この研究対象になるなと思っています．

河村 Lewy 小体型認知症は，視覚性幻覚を生じることで有名ですけれ

ども，確か半分は顔なんですね．先生のおっしゃるように人の顔であることが多いんですけれども，動物の顔だったりもするということを，山形県立保健医療大学の平山和美先生がおっしゃっています．

岩田 こどもがよく出てきますね．やはり，患者さんの中に記憶として顔が，パッと出てくるんでしょうね．だけど，それが親近感を伴っているかどうかということが，大きな問題になっていますね．知った人に出会ったときに感じる，何かすごくうれしい感じもあれば，逆もあるわけです．嫌な人の姿を見ると，パッと道を変えるとかね．

河村 顔の認知というのは，紡錘状回が重視されていて，側頭・後頭葉の底辺ですけれども，どちらかというと，右半球優位なんでしょうか．

岩田 はい．右半球だけでも，相貌失認が起こる人がいるわけですね．

河村 顔には，人の顔だけじゃなくて，これは先生に名前をつけていただいたのですが，「街の顔」というのがあるわけです．

風景というのを1つの顔になぞらえて見ることができますが，相貌失認の患者さんの多くは，自宅の近辺の景色がわからなくなるということがあるわけです．

岩田 先生の報告された，自宅の写真を見せてもわからないというのを，カプグラ症状みたいだと思ったんですよ．それこそ，「埴生の宿はわが宿」というぐらいで，自分の住み慣れたところに来ると，人間は何か感じるでしょう．わが家というのは，何も形だけ，視覚的なものだけで覚えているものではなくて，「ここに来るとホッとする」という，雰囲気的なものを全身で受け止めているものがあるということだと思うのですが，それまで失うというのはすごく劇的なことだと思うんですよ．

河村 雰囲気ですか．雰囲気というのは，非常に大切なノンバーバルな刺激だということですね．たぶん，今後はその研究も必要なんじゃないかと思います．

■嘘つきな言葉・正直者の情動行動

河村 この本の第Ⅱ章は，「コミュニケーション・スキルと脳」ですけれども，これはどちらかというと医学系よりも，生理学だとか，心理学だとか，工学といった領域の方の研究が多くて，研究の数自体が多いことも特

徴だと思います．

　岩田　私はこれを編集しながら，動物のことをもうちょっと入れたほうがよかったかなと思ったんですよ．というのは，全体の原稿を読みながら思い出したのは，Konrad Lorenz の『攻撃＝aggression』という本のことで，実は動物は身体的なコミュニケーションしかできないから，逆にそれがものすごく発達しているんですね．しかも，動物としていちばん大事なのは，お互いが敵意をもっているかどうか，攻撃をするかどうかの警告のようなものを出しているかどうかです．それを出すことによって無益な殺傷を控えているんです．

岩田　誠

　彼は，平和のシンボルに使われるおとなしいハトだけれども，ハトが相手のハトを殺してしまうと書いています．ハトは，自分が攻撃するぞということを相手に知らせる方法をもっていない．だから，とことんまでやってしまうのだと書いていますね．攻撃力の強くなってきた動物は，そういう身体的なコミュニケーション・スキルがないと，死滅してしまうということなんじゃないか．

　そうすると，いったい人間は何だろうか．人間も，そういうコミュニケーションはかなり発達しているはずなのです．ところが，戦争はあるし，殺し合いをするということで，そういう制御が効かなくなっている部分があるのが不思議だなと思うんですね．

　そのことを思い出して，この本の中にローレンツの『攻撃』みたいなことに関するお話を，ちょっと入れておいてもらったら面白いかなと思って反省しました．

　河村　確かにそうですね．『攻撃』という本は，私たちの学生時代に非常に流行って，皆が読んだ本ですが，そういう観点にはぜんぜん気がつきませんでした．いま，そういう研究は実際になされているんでしょうか．

岩田 あると思います．私が，『脳とコミュニケーション』という本を書いたときに，オオカミが歯をむき出して相対している写真を出したことがあるんです．コミュニケーションの基本というのはそういうことで，「俺はこう考えている」ということを相手に知らせる．社会生活の中で，それは大事なことで，動物はそれを言葉を使わなくても非常にうまくやっているわけですよね．

人間は，それを言葉を使ってやるわけです．ところが，さっきも言ったように，言葉で嘘を言うこともできるから，歯止めが利かなくなる．「あいつは，歯をむき出して怒っているように見えるけど，ホントは怒ってないんじゃないか」とか，逆に「ニコニコしているけれども，腹の底では何を思っているかわからない」というように，相手が嘘をついているかもしれないと頭が回りすぎるのが人間なんじゃないか(笑)．ある意味，非常に素直じゃないね．

河村 そうですね．

岩田 犬なんかは，強い相手の前ではお腹を見せますよね．あれは「私は，闘う意思はありません」ということになるわけだけれども，人間の場合は，そういうふうにやっていても，いきなり相手を刺すかもしれない．

河村 同意しているような格好をしながら，悪口を言っている場合もありますよね．

岩田 そうそう．そういうこともあるから，人間というのは，相手を騙すような技術に優れてしまった．それも，ある意味からいうとノンバーバルコミュニケーションなんだけどね．本心を隠してね．面白いなと思います．

河村 私も，面白いと思いました．

■「なぜ」を探る脳研究

河村 Ⅲ章は，「社会の中でのコミュニケーション」というふうにタイトルがついていますけれども，「個と社会」ということで，この『脳とソシアル』のシリーズの中核になるようなテーマです．こういうことが脳科学の中で注目されたのも，やはり最近のことですね．

岩田 最近ですね．しかし，こういう言い方をすると，研究をしている

人に怒られるかもしれないですけど，どちらかというと後追い的な研究ばかりですよね．

　何かをしたときに，脳はどうやって働いているのかを研究するので，どうしてそうなったのかということに対しては，脳科学は何も答えていない．脳科学の範囲外だと言われてしまえばそれまでなんだけれども，実際問題として社会の中の個人のいろいろな行動を見るときに，どうしてそう行動するのか，あるいは個人の行動がなぜ社会の行動とならない場合があるのか，そういった「なぜ？」に対して脳科学が，どこまで答えられるかが，今後は大きな問題になると思うんです．

　これに関しては，Arthur Koestler が『JANUS（ヤヌス）』（日本では『ホロン革命』）という本の中で，個体の個の行動が，それの集合体である社会の行動とは必ずしも一致していないということを非常にはっきり示しています．それは，ある意味からいうと，いまの行動科学みたいなことを書いているわけですが，本が出た当初は，脳科学者は必ずしも興味をもっていなかったということでしょうね．それが，いま興味をもってきたというのは，すごくいいことだと思う．人間というのは，あくまでも群をつくって社会の中で暮らす生活者ですよね．群の中で生活している以上，社会の中での行動とはどうなのか，それから逆にもっと興味があるのは，人間1人ひとりの行動に対して社会はどう動くのかとか，そういったことが，脳科学の言葉でちゃんと喋っていかれないと，皆が納得できるような解決策は見出せないんじゃないかなと思うんですけどね．

河村　非常に大切なことです．社会学，政治学，そして経済学も，同じ目的で研究がなされていたわけですよね．

　それが，脳科学でも取り扱われるようになったということだと思います．例えば，われわれ神経内科医としては，認知症の研究はけっこうこういうことを示唆するといいますか，個と社会ということに対して，いろいろなヒントを与えてくれるような気がしますけれども，どうでしょうか．

岩田　そう思いますね．私も，この頃は認知症の患者さんによく接するのですが，認知症の方は，決して社会との接触がなくなっているわけではなくて，社会性というのが非常に強く出ているんです．ただ，その方々がつくっている社会性の世界というのが，認知症になっていない人には理解

できない．そういう意味で，認知症の人たちが，あたかも社会性を失っているかのように見られるのですが，まったくそういうことはないです．

例えば，介護施設の職員の人たちを自分の部下だと誤認して朝礼をするとかいうことはいくらでもあるのですが，それは社会性がなくなっているのではなくて，そういう社会的行動をしたいことの表れなんですよね．だから，それはそれなりに受け入れてあげるべきだと思います．

それから，認知症の人は認知症の人同士で仲良くなりやすいですよね．そうじゃない人とは接しようとしないということがあるけれども，それもやはり社会性があるからなんですよ．自分と同じ，話が合う人ということがちゃんとわかってるわけで，そういう人を選んで接しようとする．

それから，面白いなと思うのは，ある施設に入っている認知症のおじいさんと，おばあさんがいて，まったく無関係の2人なんですが，私の前では，小学校からずっと幼馴染だったという話をしてくれたんです．だからてっきりそうだと思っていたんですが，後でまったくそうじゃないことがわかった（笑）．だけど，そういうふうになれちゃうんですよ．

これは本人たちに聞いてもわからないから，私の解釈にすぎませんが，お2人とも相手が言ったことに誘発されて自分の子ども時代に戻ることができる．それで，人物がよくわかっていないから，簡単に自分の小学校時代の友だち同士に戻って話をすることができてしまう．そういう才能が出てきてるんですよ．私たちには，それはできない．まったく見ず知らずの人と，そういう話はできないし，相手は何を考えてるのかなというようなことばかり考えて，親しくなるということがしにくいけれども，認知症の人はわりと簡単にそうなれちゃう．

それは，決して社会性がなくなっているのではなくて，社会性こそが保たれているんじゃないかと思うんですよね．

河村 よくわかります．また，そういうことは現実でないわけで，非常に創造的ですね．

それで気がついたのは，アルツハイマーでみられる被害妄想の中の「ものとられ妄想」，日本人では特に女性に多いようですが，財布，通帳，印鑑がなくなったと言って，いちばん熱心に介護してくれている方が盗ったという．この被害妄想の責任病巣はプレクネウス（precuneus），頭頂葉の

内側だというデータがあります。
　たぶん，このシリーズの続編に掲載されると思いますけれども，最近，理研で将棋の棋士たちの直観能力を見たアクティベーションスタディがあって，それがプレクネウスなんですね．だから，ある意味では被害妄想というのは，直感とか，創造性とかと関係しているのかなと思ったのです．
　岩田　推理能力ですよね．あることとあることをつなげる，その推理なんでしょうけどね．シャーロック・ホームズとか，メグレ警視の脳を調べたら，そういうところが大きいかもしれない（笑）．
　河村　いままで，注目されていたかもしれないけれども，機能がわかっていなかった，いわば脳の中の"日陰者"だった領域だと思うんですが，そういうところに案外大きな意味があるのかもしれませんね．
　岩田　道順障害も似たような場所がおかされているから，推理という点で似ているのかもしれないですね．
　河村　これに関連して，「心の理論」の脳の関連領域というのが，最近『Movement Disorders』誌に出ていました．そこには，まなざしやその認知などに関係している脳の領域として，前頭眼野，扁桃体，それから側頭葉の上側頭溝（STS）領域，この3つがいちばん大事だろうと書かれています．これらはいずれも，辺縁系の中の一部だと思います．
　論文によると，それらの領域がお互いに関連し合って，他人のこころを推察したりしているということです．最近の研究では，この中のBrodmannの12野が，前頭側頭型認知症でよくみられる行動障害としての紋切り型の行動と，食生活が変わってしまう食行動異常という，2つの障害の責任病巣だとされています．そして，12野と扁桃体というのは，従来から非常に強いコネクションがあることがわかっています．
　岩田　この2つは，実際に脳の標本で見てもものすごく近いんですよ．隣同士です．くっついていると言ってもいいくらいです．
　河村　そういう意味では，Broca野やWernicke野も隣ですよね．それから，道順障害を起こす脳梁膨大後域と，街並失認を起こす海馬傍回もお隣り同士ですね．運動野と体性感覚野ももちろん隣ですね．
　岩田　扁桃核というのは変なところで，いろいろな部分からなってるでしょう？　由来が均一じゃないわけですよ．その中の一部分は大脳皮質の

原基からできていて、それは前頭葉の部分とほとんど同じものですよね。だから、オリジンも非常によく似たところから出ているんじゃないですかね。

　でも、そういう社会性に関係する脳の領域がわかってきたことはものすごく大事なんだけれども、そのわかったことの本当の働きというのは、いったい何なのだろうか。私たちが知りたいことは、脳の中で、例えば言語でいうと Broca の領域で、「ここがやられると、こういうことが起こりますよ」「こういうことをやったときは、ここが働きますよ」ということはわかるけれど、実際にどういうふうな神経細胞の働きがあるので言語に関係しているのかはぜんぜんわかっていない。

　河村　そういえばそうですね。

　岩田　そういったことが、もっと漠然としているのが扁桃体といった領域です。コンピュータサイエンスの方からいえば、神経回路のアルゴリズムがどうなっているか。作動するときのアルゴリズムに還元した言葉というのは、まだいまのところないですよね。それが、これからの研究のターゲットとしては、すごく大事な部分なんじゃないでしょうか。

　そこまでわかってくると、非常に面白いことになる。例えば、随意運動において小脳の役割については、アルゴリズムのところまで、ある程度の研究が進んでいますよね。そういうふうなところまでいくと、「本当にわかった！」というつもりになるんじゃないかなと。

　河村　ただ、こういう領域はみんな、いわゆる辺縁系で、情動領域ですよね。それが大事なことなんじゃないでしょうか。その仕組みを考えるうえで。

　岩田　確かにそうですね。情動というのは、ある意味からいうと、そういうものの総合されたものとして、私たちの中に出てきているものじゃないかと思うんですけどね。逆からいうと、情動に関係のない脳の活動というのが、いったいどのくらいあるのかということですよね。あまりないんじゃないですか。

　河村　もしかすると、そうかもしれないですね。

■時代とともに変化する脳

　河村　社会的な意義ということに関連して、この本では最後に道徳観と

いうか，研究の倫理性みたいなことも書かれていますけれども，それについてはいかがですか．

岩田 これは，非常に大事な問題を扱っていただいて，私はこれを書いてくださった方に非常に感謝していますけれども，倫理観というのは，時代によって変わっていくわけですよね．これが何を意味しているかというと，要するに環境が働きかけているという意味ですよね．

河村 なるほど．

岩田 だから，人間の脳の中には，生まれたとたんに「これはできるぞ」という能力，例えば言葉を喋る能力をもっているわけです．それで世の中に産まれて，お母さんが日本語で喋れば日本語になっていくというのと同じように，倫理観というものも，ロジカルな思考，感情的なものの受け取り方などがあって，社会的な行動の中で決まっていくんだけれども，それがもっと長いスパンで，個人の一生ではなくて，何世代にもわたってどんどん変わってくる．それが，いわゆる倫理の世界ですよね．

だから，ここで語られていることも，現在の脳科学の，特にこういった社会活動的なことを見るための脳科学がどうあらねばならぬか，どういう問題があるかということを指摘されているわけだけれども，これは時代が変わって，例えばあと50年経ったらまったく変ってしまうと思います．

そういった変化がどうして起こってくるのか．人間の脳というのは，個人の生まれてから死ぬまでの発達段階とはまったく別に，世代を重ねることによって変わっていくという側面があって，それが結局は文化をかたちづくる．だから，ここで扱っていることの大きな部分は，個体の一生の中で完結してしまうような脳活動なのですが，もう1つ視野を広げて，世代を重ねることによって初めて完成していく脳の働きというものがあって，それがいちばん最後のチャプターに端的に表されていますね．

だから，この本のこれからのシリーズで，そういう世代間のことは，例えば芸術などを扱えば，当然出てくるわけですけれども，それはまた新しい脳科学の1つのターゲットになるんじゃないか．それが面白いなと思います．

［岩田　誠・河村　満］

索 引

ギリシャ

β リズム　133
μ リズム　133

数字

3 次元実形状 1 層頭部(脳)モデ
　　ル　9
3 次元実形状 4 層頭部モデル
　　10, 11
5-HTTLPR　97
50 音パラダイム　130

欧文

anterior cingulate cortex　180
backward masking　31
brain computer interface(BCI)
　　128, 133
Broca 領域　115, 117
COMT　99
cultural neuroscience　103
dipole tracing method(DT 法)
　　9
DSM-IV-TR　155
electroencephalogram(EEG)
　　23
emitted P300　129
empathy　104
extrastriate body area(EBA)
　　78, 79
face inversion effect　29
Farwell　121, 126

fMRI　112, 141
frontotemporal dementia(FTD)
　　168
frontotemporal lobar degenera-
　　tion(FTLD)　168
Giacomo Rizzolatti　107
imaging genetics　98
intermediate　32
joint attention　68
Klinefelter 症候群　100
magnetoencephalography
　　(MEG)　10, 23
MAO-A　100
masking　31
mini-mental-state examination
　　(MMSE)　158
model-based 強化学習　143
model-free 強化学習　143
MRI　179
middle temporal(MT)野　26
multidimensional scaling(MDS)
　　6, 7
N170　10, 25
neuroethics　195, 199
near-infrared spectroscopy
　　(NIRS)　50, 127
non-target 刺激　124
oddball paradigm　122, 130
P300　121
────を用いた意思伝達装置
　　132
Papez の回路　158
PF 領域　109
Phineas Gage　161
pSTS　42

post-traumatic stress disorder (PTSD)　179
Rubber hand illusion　87, 88
semantic dementia(SD)　168
shared attention　68
social and affective neuroscience　104
sociopathy　153, 161
somatosensory evoked potentials (SEPs)　9
spatial cueing paradigm　64
SSFB モデル　10, 11
subliminal 刺激　31
subthreshold　32
superior temporal sulcus region (STS)　61, 63, 70, 80
　──，損傷　62, 64
suprathreshold　32
target 刺激　124
temporal difference(TD)モデル　142
temporoparietal junction(TPJ)　68, 88
V5　26
VEP　32
visual evoked potentials(VEPs)　10
voxel-baesd morphometry　100, 180
Wisconsin Card Sorting Test　158
Yakovlev の回路　158

和文

あ

アイコンタクト　9, 12
アシロマ会議　203
アルツハイマー病　38
イルカ　38
意識下　95
意識障害　161
意図　40, 84
意味記憶障害　172, 175
意味性認知症　168
遺伝子多型　98
ウィリアムズ(Williams)症候群　30
ウェクスラー成人知能評価尺度 (WAIS)　158
うつ病　101
絵文字パラダイム　132
遠心性コピー　86, 87
縁上回　40
オラウータン　38

か

下前頭回　40
下前頭溝　40
下側頭回　25, 44
下側頭回前方部　175
下頭頂小葉　113
下部頭頂葉　109
仮現運動　27
仮説-演繹サイクル　195
科学技術基本計画，第2期　197
科学技術基本計画，第3期　198
科学技術白書　197
科学コミュニケーション　193, 195, 196, 198, 202
科学者集団　192, 196, 202

海馬体　5
外的環境　96
顔　37
　――のアイデンティティ　5-8
　――の表情　12,13,19
　――の向き　9,12
　――に対するヒト視覚誘発電
　　位　11
顔検出システム　104
顔ニューロン　5,7-9,12
顔認知　16,20
顔表情筋　13
顔模式図形　55
鏡　37,41
感情認識ソフトウェア　14
慣習的動作　78,82
環境　94
考え不精　169
気質　97,154
記憶の回路　158
喜怒哀楽感情　13,14
　――の進化　4
偽無作為　124
疑似科学　201
客観的自己像　42
共感性　104
恐怖の条件付け　182
鏡像　37
近赤外線分光法　50,127
クリスマス・レクチャー　195
具体的思考　160
空間分解能　23
偶発的所見　200
ゲーム脳　200,201
ゲノムひろば　198
欠如モデル　197
言語の獲得　116
固執傾向　174
固有知覚　40
個人差　45
語義失語　168,172,175
語性錯語　173

勾配モデル　197
行動価値関数　142
後頭側頭部　24
心の理論　68,114,150

さ

サイエンス・アゴラ　198
作業仮説　195
罪悪感　43
シミュレーション説　53
視覚記銘力検査　158
視覚誘発電位　10
視覚誘発脳波　32
視床　162
視床下部　96
視床背内側核
　　　　　153,157,160,162,163
視床傍正中動脈　158
視線　19,26
　――に対するヒト視覚誘発電
　　位　11
　――の向き　12
視線認知　61
自我　44
自己　37
自己意識　43
自己概念　39
自己参照　44
自己身体認知　40
自己像　38
自己認識　44
自己認知　37,96
自己認知障害　42
自己評価　43
自伝的記憶　44
自発性低下　170,173
自発的な反応　43
自分　37
　――の名前　42
自閉症　69
事象関連電位　25

時刻表的生活　169, 172
写真映り　43
社会・感情神経科学　104
社会規範　433
社会的インタラクション　150
社会的行動　16, 38
社会的情報　42
社会的認知　16
社会的反応　42
主観的感情体験　103
囚人のジレンマゲーム　139
羞恥心　43
集合シナプス電位　9
処理抑制機構　44
衝動性　161
上前頭回外側部　175
上側頭回　148
上側頭溝　24, 61, 80
上側頭溝後部　42
常同行動　167, 172, 173
情動の回路　158
情報処理アーキテクチャ　44
食行動異常　170, 172
身体運動像　40
身体性コミュニケーション　77, 78
身体像　39
神経回路網　4
神経症傾向　103
進化　13
新生児模倣　54
人格　153
人格変化　153
ストレス脆弱性　98
遂行機能障害　158, 160, 161, 164
セロトニン　97
セロトニントランスポーター　97
性格　154
性格形容詞　43
舌状回　25
専門家　191

専門家集団　191, 193, 202
線条体　141
全米科学振興協会　195
前頭間溝　40
前頭眼窩面　161
前頭前皮質　5
前頭前野内側　43
前頭側頭型認知症　168
前頭側頭葉変性症　168
前頭葉下部　78, 84
前頭葉眼窩面　162
前頭葉損傷　153
前部下側頭皮質　5, 7
前部下側頭皮質腹側部　7, 9
前部上側頭溝　5, 8, 9
前方内側部　11
ゾウ　38
双極子　10
相貌失認　20, 24
相貌認知障害　175
側頭-頭頂連合部　24
側頭頭頂接合部　68
側頭葉前部　4, 174, 175
損害回避　97
損傷患者，扁桃体　66

た

ターナー（Turner）症候群　100
他者認知　42, 43
他者の意図　115
他者理解　68
立ち去り行動　169, 170
多次元尺度法　6, 7
多変量解析　6
体性感覚誘発電位　9
大脳左半球　37
大脳右半球　37
脱抑制　168, 170
単一神経細胞活動記録　107
チンパンジー　38
注意障害　161

沈黙野　153
デフォルト・モード　96
適応現象　112
転導性亢進　161
電流双極子　9
電流発生源　9
ドパミンニューロン　143
島皮質　44
倒立顔効果　20
倒立顔認知　29
統一性　44
統合失調症　69,162
頭頂・前頭領域　40
頭頂葉　83
頭頂葉下部　78,81
頭皮-頭蓋骨-脳脊髄液-脳モデル
　　　10,11
動機付け　161
導電率　23

な

ナッシュ均衡　140
内側前頭前野　96
内分泌反応　96
ニューロエコノミクス　199
ニューロマーケティング　199
脳科学の倫理　199
脳活動パタン　40
脳機能イメージング　40
脳機能画像　112
脳指紋　121
脳指紋研究所　126
脳磁計　23
脳磁図　10,23
脳神経倫理　195,199,202
脳トレ　200
脳内双極子　10
脳内双極子追跡法（DT法）　9
脳内電流発生源　10
脳波　9,23

は

パーソナリティ障害
　　　153,154,164
ハト　39,41
バイオロジカル・モーション
　　　61,79,80
パグウォッシュ会議　203
パレート最適解　140
パントマイム　78,82,83
長谷川式簡易知能評価スケール
　　　158
背外側前頭前野　96
反響言語　170
反社会的行動　168
ピア・レビュー　203
ピック病　167
　——，前頭葉優位型　167
　——，側頭葉優位型　168
皮質下経路　95
皮質経路　95
非言語的社会的コミュニケー
　　ション　4,16
非他者　42
被影響性の亢進　170
表情模倣　54
腹側運動前野　107
文化　103
文化神経科学　103
文脈依存性　202
ヘルシンキ宣言　200
扁桃体
　　　5,12,61,63,70,85,86,93
扁桃体損傷患者　66
扁桃体体積　101
報酬予測　143
報酬予測誤差　143
紡錘状回　5,11,24

ま

マーク・テスト　38
マッチング　40
ミラー・システム　112
ミラー・ニューロン
　　　　　53, 81, 82, 107, 109
右前頭葉腹側部　44
無関心　170
メタ認知　44
免疫系　44
モナ・リザの顔表情　14
モラル　43
模倣　78
模倣行動　117

や

抑制　44

ら

ラッセル＝アインシュタイン宣言　203
理想の自己像　43
倫理審査委員会　200
臨床研究に関する倫理指針　20
ルージュ・テスト　38
レオナルド・ダ・ヴィンチ　14

わ

'わが道を行く'行動　167